研究統合
與後設分析（第四版）

Research Synthesis and Meta-analysis (4th edition)

▶ **Harris Cooper**◎著

▶ 張明玲◎譯

第四版序言

　　每一種科學研究一開始都是研究者先檢視與欲探索的主題相關的研究報告。若省略這個步驟，研究者就無法對該領域產生完整的概念，也將無法預期自己能做出何種貢獻，更無法藉助他人的研究成果獲得進展。再者，閉門造車的研究人員註定會重蹈前人所犯的錯誤。

　　時至今日，指導研究者從事研究統合的書籍仍不多，這類型的書主要是教你如何尋找過去針對某一特定主題所進行的研究、從研究報告中蒐集資料、評估研究的品質、整合研究成果、解讀累積的研究發現，並且就整合的發現提出一份充實完整且條理分明的報告。本書提供了執行研究統合時的基本步驟。對於不熟悉研究統合與後設分析，但是對於基本的研究方法與統計學已擁有入門背景知識的社會學家與行為科學家而言，這本書將對他們相當有助益。

　　本書所介紹的研究統合方法與三十年前所做的研究回顧反其道而行。本書不採用主觀、敘事的方法，而是提出一種客觀、系統化的取向。在此，你將瞭解如何根據好科學（good science）的原則進行研究整合。我們所預期的結果是：一個研究統合可以被其他人複製、可以在學者之間建立共識，也可以就尚未解決的議題開啟建設性的辯論。同樣重要的是，使用這種方法的研究者應該在完成研究統合的同時，就清楚並且確信他們未來主要的研究能夠對該領域有所貢獻。

　　研究統合的科學取向很快就獲得認可，在撰寫第四版的這幾年間，本書中所概述的步驟也從備受爭議的做法變成廣為研究者接受的取徑。事實上，在許多領域中，本書所概述的方法在今日

皆已不可或缺。近幾年來，統合技術亦有相當的進步。在文獻檢索方面的技術產生了大幅的改變。後設分析的統計理論基礎（亦即與研究結果相結合的量化數據）也有長足的發展，而且這些步驟的應用也變得更加容易。另外，許多新技術陸續出現，使得研究統合能以對其讀者有意義的方式呈現出成果。方法學家更想方設法讓統合研究不易招致批評。這些改變皆收錄在第四版中。

　　許多機構與個人對於本書各版次的前置作業皆提供大力協助。首先，在第一版和第三版的草擬階段，美國教育部提供了研究支援。在此也要特別感謝多位曾提供協助的研究生：Kathryn Anderson、Brad Bushman、Vicki Conn、Amy Dent、Maureen Findley、Pamela Hazelrigg、Ken Ottenbacher、Erika Patall、Georgianne Robinson、David Tom 以及 Julie Yu。每位研究生都在我的指導下就他們感興趣的領域撰寫研究回顧。每一位的成果都成為本書的範例，在本版次中，我援用了其中四篇來說明各種不同的整合技術。我之前的一位學生 Jeff Valentine 與我合寫了第五章，探討如何評估研究品質。有四位圖書館的參考資料館員 Kathleen Connors、Jolene Ezell、Jeanmarie Fraser 和 Judy Pallardy 協助完成有關文獻檢索的章節。Larry Hedges 和 Terri Pigott 則審核了我對於統計技術的闡述。還有三位研究生，Ashley Bates Allen、Cyndi Kernahan 和 Laura Muhlenbruck 閱讀了本書每個版次，並做出心得報告。Angela Clinton、Cathy Luebbering 和 Pat Shanks 負責打字和校閱我的手稿。我要對這群朋友與同事獻上我最誠摯的感謝。

Harris Cooper
謹誌於　北卡羅萊納州德倫市

鳴謝

SAGE 出版公司在此特別感謝以下三位評論家：

曼菲斯大學的 Jeffrey S. Berman
北佛羅里達大學的 Kathaleen C. Bloom
范德比爾特大學的 Douglas D. Perkins

目錄

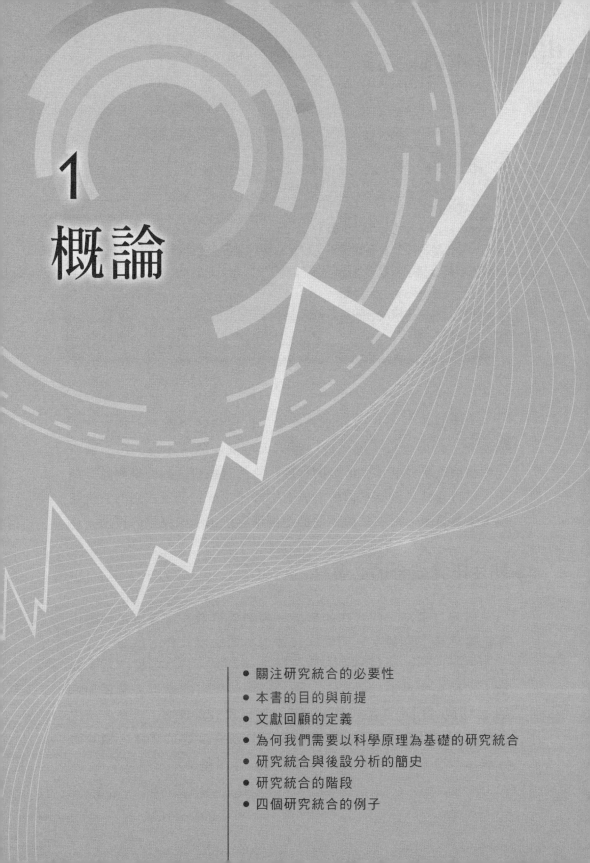

1
概論

- 關注研究統合的必要性
- 本書的目的與前提
- 文獻回顧的定義
- 為何我們需要以科學原理為基礎的研究統合
- 研究統合與後設分析的簡史
- 研究統合的階段
- 四個研究統合的例子

本章綱要

- 關注研究統合方法之所以重要的理由。
- 本書的目的。
- 研究統合與後設分析的定義。
- 比較傳統的研究統合敘事方法和以科學原理為基礎的研究方法。
- 本書所介紹之研究方法的發展簡史。
- 研究統合方法的七大步驟。
- 介紹四種將應用於後續章節範例中的研究統合方法。

　　科學是一門合作與互助的事業。你可能花了數百小時進行一項研究，但最終只不過完成一張偌大拼圖中的一小塊。每一個研究的價值取決於其承先啟後的程度。雖然有些研究的確得到較多關注，但這通常是因為它們所完成的拼圖塊（或它們所找到的新拼圖塊）極為重要，而不是因為他們本身就能拼出一張完整的拼圖。

關注研究統合的必要性

　　假若科學是一門合作的事業，那麼累積過往研究所得到的可靠記述就是一座層次分明的知識建構體的必要條件。然而，直到二十五年前，社會科學家才開始注意到研究人員該如何定位、評估、總結和闡釋過往的研究。由於社會科學研究數目大量增加，加上 1960 和 1970 年代出道的社會科學家數量驟增，這個方法學上的疏漏日益顯著，更加凸顯出系統性統合步驟的欠缺。隨著研究數量的增加，同時也需要有可靠的方法來彙整這些研究發現。

取得社會科學學術成果的管道也有了劇烈的變化。尤其是線上參考資料庫和網際網路的出現，讓我們能夠更便捷地尋找他人完整的研究成果。從前要擬定一份與你感興趣的研究主題相關的研究論文清單通常需要費時費力檢閱已發表的論文概要；而今日只需要按幾個鍵，就可以列出這張表，並檢閱和修改。過去看到一篇你感興趣的論文摘要後，你可能得花上數週時間才能與其他研究人員聯繫交流，而現在只要按個鍵，利用電子郵件和檔案傳輸的功能就能在數秒間分享文件。

社會科學的分科愈來愈細，因此也迫切需要從過往研究中找到可靠的記述。今日，大部分的社會科學家除了他們特別感興趣的一些主題領域之外，不太可能有足夠的時間遍覽初級研究。四十年前，Garvey 和 Griffith（1971）就寫道：

> 每個科學家都快被科學資訊所淹沒。也許對「資訊危機」感到恐慌是因為在近來資訊倍增的年代裡，有一段時間每個心理學家都被壓得喘不過氣來，再也無法掌握和吸收與其主要的專業領域相關的所有資訊了（p. 350）。

比起 1971 年，這段話在今日更加適用。

最後，由於愈來愈多人呼籲採用以實證為基礎的決策方式，使得大家更加瞭解到：研究執行的方法、研究發現以及累積實證的啟發等等才是最佳的研究實務取向（American Psychological Association's Presidential Task Force on Evidence-Based Practice, 2006）。譬如，在醫學領域有一個國際性的研究人員聯盟（Cochrane Collaboration, 2008），每年生產數千篇論文，檢驗了各項前人累積的醫學實證，涵蓋範圍從公共衛生倡導到外科手術步驟不等。在公共政策領域方面，現在也成立了與醫學領域類似的聯盟（Campbell Collaboration, 2008），以及

以嚴謹的實證為基礎，為推動行政效率而促進政府做決策的組織
（例如，Coalition for Evidence-Based Policy, 2008）。這
種種的努力都有賴於研究統合來協助實踐者和決策者做出增進人
類福祉的重大決定。

本書的目的與前提

　　對於想要在社會科學與行為科學領域從事研究統合與後設分
析的人來說，本書提供了入門的方法。我所採用的方法就是把蒐
集完整資料的基本原則，運用到全面整合過去針對某一主題所做
的研究上。我也假設各位同意我的看法：不論研究人員是在蒐集
新資料（初級研究）還是進行研究統合，嚴謹且有系統的社會科
學研究調查規範皆如出一轍。然而，這兩種研究所需用到的技術，
隨著其研究目的不同而有所差別。

　　本書所提及的研究方法有個重要前提，那就是**將個別的研究
計畫整合成一個完整相關的研究，其中驗證知識正確性的推論，
就如同從初級資料的分析中得出結論的推論一樣重要。**當你讀了
一篇研究統合的結論，千萬不要照單全收，以為這些論點全都站
得住腳。這些研究的結論必須接受科學標準的檢驗，才能證明他
們是否屬實。社會科學家每做一次研究統合，前前後後必須做許
多決定，這些決定也會影響他們研究的結果。他們所做的每個選
擇可能增強研究結果的可信度，但也可能使其大打折扣。因此，
如果想從研究統合中得到可靠的社會科學知識，研究人員就必須
像從事初級研究的人一樣，用嚴格的方法學標準，來要求自己所
從事的研究工作。

　　隨著 Campbell 與 Stanley 合著的專書《實驗性與類實驗性
研究設計》（*Experimental and Quasi-Experimental Designs*

for Research, 1963）出版問世，當代的社會科學研究人員在判斷初級研究資料的正確性時，才有了依據。之後所出版的一連串著作，將這門研究取徑修正得更加完善，例如，Bracht 與 Glass（1968）、Campbell（1969）、Cook 與 Campbell（1979）、Shadish、 Cook 與 Campbell（2002）等。然而，Campbell 與Stanley 的開創之作問世之後十五年，社會科學家才瞭解到他們也需要研究統合的方法，為他們的研究提供有系統的指導方針，以評估其研究結果的有效性。本書將說明：(1) 評斷研究統合之有效性的系統架構；(2) 使用在統合研究結論上最有效的技巧。

文獻回顧的定義

本書中許多將研究活動歸類的用語都可交替使用，像是文獻回顧（literature review）、研究回顧（research review）、系統性回顧（systematic review）、研究統合（research synthesis），以及後設分析（meta-analysis）。事實上，應該只有若干用語可以通用，因為有些用語的涵意較廣，有些則較狹隘。

最廣義的用語就是文獻回顧。文獻回顧一般都出現在內容詳盡的獨立研究中，或是出現在新的初級資料報告的簡要概述中。當文獻回顧似乎與新資料無關時，它可能具有許多不同的目的。文獻回顧可能有各式各樣不同的焦點、目標、觀點、涵蓋範圍考量、組織架構，以及對象（見**表 1-1**；Cooper, 1988）。舉例來說，文獻回顧可以聚焦在研究成果、研究方法、理論，和／或應用面。文獻回顧可試圖：(1) 整合其他人曾做過的研究和曾說過的話；(2) 評述之前的學術研究；(3) 連結相關的主題領域；(4) 找出研究領域中的重要議題。相較而言，若是為了介紹一則新的初級研究，

表 1-1   文獻回顧的分類法

特性	類別
焦點	研究發現
	研究方法
	理論
	實務或應用
目標	整合
	概括性
	解決衝突
	破除語言藩籬
	評論
	確認重要議題
觀點	中立表述
	擁護支持的立場
涵蓋範圍	完整詳盡
	完整詳盡,但選擇性地引用資料
	具有代表性的
	核心的、重要的
組織架構	歷史性的
	概念性的
	方法學上的
對象	學有專精的學者專家
	一般學者
	實務工作者或是決策者
	一般大眾

資料來源:Cooper (1988, p. 109). Copyright©1988, Transaction Publishers. Reprinted by permission.

文獻回顧的範圍就會變得相當狹隘,會被限制在與新研究所處理的特定議題相關的理論著作及實證研究上。

結合兩組特定焦點與目標的文獻回顧,通常都是科學方面的文獻。這類型的文獻回顧,同時也是本書的重點,向來通稱為研

究統合、研究回顧，或是系統性回顧。**研究統合聚焦在實證研究，
並試圖從許多處理相關或相同假設的研究調查中得出概括性的結
論，亦即將過去的研究做摘要整理。研究統合學者的目的在於描
述關於重要關聯性的知識狀態以及強調尚未解決的重要議題。**從
讀者的觀點來看，研究統合的目的是「取代那些在研究前線後方
不被注意的早期研究報告」（Price, 1965, p. 153），而且也為
後進研究人員指點迷津，讓研究統合可以產生最大量的新資訊。

第二類的文獻回顧則是理論性質的探討。在此，探討者希望
用既有的不同理論去解釋一個特定現象，然後去比較這些理論的
廣度、內部一致性和預測的性質。理論的探討通常包含：(1) 說
明已經做過或是建議過的重要實驗；(2) 評估哪個理論最有力並
與目前已知的各項關聯性相符；(3) 有時必須重組和／或整合各
個不同理論的抽象概念。

通常，廣泛的文獻回顧都會處理上述各項議題。研究統合尤
其常見，但理論回顧一般僅涵蓋某些研究的統合。當然，研究統
合同時提到多項相關的假設議題也是常有的事。一份研究統合可
以檢驗若干不同的獨立變項或預測變項和某一個相依變項或效標
變項之間的關係。舉例來說，Brown（1996）就總結了先前幾種
有關工作參與度的研究，包括個性、工作性質、主管，以及角色
知覺等變項。或者，一份研究統合可以嘗試去總結研究中一系列
暫時連結的假設議題。Harris 與 Rosenthal（1985）在他們的
第一份研究統合中，探討了人際期望效應的傳遞；他們研究了期
望如何影響期望者的行為，也研究了這種期望者的行為對於目標
行為會產生何種影響。

本書的主題是研究統合。研究統合不但是社會科學研究中最
常用的文獻回顧方式，它所包含的許多決策點也出現在其他類型
的回顧中。我個人比較喜歡用「研究統合」這個詞甚於其他文獻

回顧的說法，原因是「研究回顧」與「系統性回顧」這類的說法偶爾會造成困惑，因為這類方法也可應用在研究報告審閱的過程中，譬如嚴謹評估將在某一科學期刊中發表的一則研究。因此，刊物編輯可能會要求學者提供一份針對他們的論文所做的「研究回顧」或「系統性回顧」。「研究統合」一詞則避免了這樣的困擾，而把統合的活動放在首要的位置。另外，研究統合這個說法也用在《研究統合與後設分析手冊》（*The Handbook of Research Synthesis and Meta-Analysis*, Cooper, Hedges, Valentine, 2009）這本書中，此書將前述的各種研究方法做了更進一步的說明。

「後設分析」這個術語經常被認為與「研究統合」、「研究回顧」、「系統性回顧」同義。本書所提到的「後設分析」僅限於統計學上的量化步驟，也就是以統計方式合併個別研究的成果（見第五章）。

為何我們需要以科學原理為基礎的研究統合

本書所提到的研究方法尚未問世之前，大多數的社會科學家是藉由蒐集相同主題的各項研究調查報告，並以敘事方式說明的過程，發展出實證研究的摘要。這些研究統合人員將研究按照時間順序逐一說明，然後依照他們對於整體文獻的解讀將研究發現做一結論。

以傳統敘事方式進行的研究統合受到諸多批評。反對者認為傳統的研究統合及其所得到的結論，無論是過程或結果都不夠精確。尤其，傳統的敘事研究統合所用的舉證缺乏明確的標準。因而，讀者與使用這些統合研究的人們無從得知該統合研究運用哪些取證標準，以決定哪些研究支持其結論（Johnson & Eagly,

2000）。就算傳統的研究統合學者本身很清楚推論的過程，但除了他們自己之外，幾乎沒人知道他們到底用了哪些規則去做研究統合。

　　過去所做的傳統研究統合還有三項缺失。首先，傳統的研究統合甚少用到系統化的技術來確保：(1) 所有相關研究都可在此統合報告中找到；(2) 從每個研究所蒐集到的資料皆正確無誤。傳統的文獻研究做法是：一旦進行統合的學者集結了他們已經知道的研究，或是從單一參考資料庫中找到研究報告之後，他們就會停止繼續搜尋文獻。其次，傳統的敘事研究統合傾向使用事後驗證的標準來判斷個別研究的研究方法品質是否達到可為人所接受的門檻，也正因為這種缺乏事前檢驗的品質標準，才讓 Glass（1976）做了以下的批評：

> 欲整合數個不一致的研究結果，最常見的方法就是針對每項研究設計或分析方面的缺失極盡挑剔之能事──但對於一、兩篇自己或是學生及友人的研究報告則放寬標準。這一、兩篇報告的品質也就理所當然地變成「可被接受的」（p. 3）。

　　最後一點，傳統的敘事研究統合就其本質而言，並不足以說明研究當中各個變項之間的關聯性及其重要性。在傳統的敘事研究統合中找不出下列問題的答案：「重要相關的變項之間有多大關聯性？」或「介入方案會造成多少改變？」或「這種變項之間的關聯性或介入方案的影響是否大過其他重要相關變項之間的關聯性或其他的介入方案？」

　　有鑑於傳統的敘事研究統合存有潛在的錯誤與不準確性，因此促使社會科學研究方法學者發展出較嚴謹且較清晰的替代方案。今日，最先進的研究統合是採用一套方法學與統計學的技巧，

使得研究統合蒐集初級研究資料及編目的過程標準化。舉例來說，文獻蒐集的策略可設計成：盡量縮小已取得與未尋獲的研究報告之間的差異。開始搜尋文獻之前，就有一個明晰的標準讓研究人員可以判斷一份研究資料是否夠完備，而能用在自己的研究統合中。之後，不論其研究結果是否支持或推翻研究人員的假設，這些標準也一直應用在審核所有的研究資料中。研究報告的資料須由受過訓練的編碼人員利用預設的編碼加以分類，使評判者間的一致性（interjudge agreement）達到最大化。後設分析統計方法目的是將資料做摘要整理，然後就累積的研究發現，提供量化的說明。如此一來，不論是研究統合還是以統計學方法彙整的研究結果，就跟初級科學研究的資料分析一樣，都是在相同的架構與嚴謹態度下完成。

在 Robert Rosenthal 和我（Cooper & Rosenthal, 1980）所做的一項研究中，裡面有個例子可以看出最新的研究統合方法如何改變累積的研究發現。在這項研究中，我們要求研究生與教職員針對一個假設議題去評估一份文獻：工作持續力是否會因性別不同而有差異？所有參與者都使用同一份持續力研究報告為材料，但是有一半的參與者使用量化步驟去評估，而另外一半則用他們自己偏好的推理方式來評估。我們發現使用統計方法的統合研究人員認為有多數資料支持性別差異的假設，且變項之間的關聯性也較強；再者，他們也跟其他的統合研究人員同樣認為未來無需重複相關的研究，不過統計組與其他統合研究組之間的差異並未達到統計顯著性。

研究統合的主要成果

最新式的研究統合除了運用嚴謹與系統化的方式來累積研究資料之外，我們也希望這種方法能提供資訊，讓我們在累積的研

究成果中探討幾種不同形式的研究發現。首先，若理論命題仍在推敲中，那麼研究統合報告的讀者會希望你能給他們一個全面性的評估，根據虛無假設是否能被拒絕，以及假設命題本身的詮釋力是否充足，來判斷該假設命題可得到多少的支持。倘若你正在探究某一已被應用的命題，那麼讀者會期待你可以評估介入方案的效果或是政策的影響。但你無法就此打住。你的讀者也會希望看到你所做的檢驗，看看此關聯性或效應評估是否會因脈絡的變化（理論或介入方案所提出的脈絡）而受到影響、這份研究是如何進行的，以及有哪些人參與。讀者還會想知道研究結果是否會隨著操作或介入方案（如果有的話）的特性、研究執行的時間與地點、參與者之間的差異，以及測量工具的特性等而產生系統性的變化。

研究統合與後設分析的簡史

在前面的章節，我已指出社會科學研究數量日增，資訊科技日新月異，加上對於政策領域之可靠研究統合的需求，皆促成了本書所介紹的研究統合方法的發展。對於發展這些研究技術有貢獻的人士與活動，稍後我將提供一份簡史表〔參見 Cooper、Patall 與 Lindsay（2009），書中有介紹相似的歷史〕。

一般咸認 Karl Pearson（1904）是首創後設分析的學者（Shadish & Haddock, 2009）。Pearson 從十一份針對新的傷寒疫苗效果測試的研究中蒐集資料，並精算每一筆他剛取得的統計數據，這樣的精算方式稱為相關係數（correlation coefficient）。以平均的相關係數來看，Pearson 的結論是：其他的傷寒疫苗都比這個新的疫苗來得有效。

1932 年，Ronald Fisher 在他的經典作品《研究人員專用的

統計學方法》（*Statistical Methods for Research Workers*）中寫道：「很少或（根本沒有）統計測試可以單獨宣稱其重要性，雖然偶爾還是會看到這種例子，不過整體而言，這種可能性是微乎其微。」（p.99）Fisher 觀察到統計檢定經常不足以拒絕虛無假設，只因為檢定本身缺乏統計檢定力。然而，如果將這些「不夠強」的檢定合併起來，那麼累積的檢定力就大多了。Fisher 提出的一個新研究方法，就是將針對同一假設議題所做的各項獨立的統計檢定所得到的 p 值（p-value）加以合併。

在 1960 年以前，有十幾篇方法學的報告追隨 Fisher 的論點（Olkin, 1990）。但這些分析技術並未用在研究統合上面。Gene Glass（1976）採用後設分析（meta-analysis）這個術語來說明將個別研究結果以統計方式分析，「以達到整合研究發現的目的」（p.3）。同時，Glass（1977）認為：「應當將累積的研究發現視為複合的資料點，若未經統計分析，這些資料點就跟單一研究裡的上百筆資料點一樣難以解讀」（p.352）。

1970 年代中期，有幾個知名的量化研究統合技術的應用實例聚焦在後設分析上。這些研究小組的結論是，傳統的研究統合已經不敷使用了。不約而同地，這些研究小組對於 Pearson 與 Fisher 提出的解決方式，有了新的發現。在臨床心理學界，Smith 與 Glass（1977）統整了 833 份治療測驗，以評估心理治療的效果。在社會心理學界，Rosenthal 與 Rubin（1978）發表了一項研究統合報告，囊括了 345 份針對人際行為期望所做的研究。在教育界，Glass 與 Smith（1979）進行了一項班級大小與學業成績之關係的研究統合，從 90 萬名學生的資料中，取得 725 個估計值。在人事心理學界，Hunter、Schmidt 與 Hunter（1979）研究黑人與白人員工的工作區分效度（differential validity），發現了 866 項的比較結果。

當此同時，有若干人士不受後設分析運動所主導，他們嘗試
將研究統合的方式帶入更廣泛的科學範疇中。1971 年 Feldman
發表了一篇文章，標題為「運用他人的研究成果：研究回顧與整
合的一些觀察」。他寫道，「系統化的回顧與整合……某一領域
的文獻本身或可視為一種研究型態——是一種運用一組獨特的研
究技術與方法的研究。」（p.86）同年，Light 與 Smith（1971）
主張，如果處理得宜，那麼相關研究所得出的不同結果就可能成
為有價值的資料來源，而不是引起恐慌不安的源頭，就像在傳統
的統合方法中所呈現的那樣。Taveggia（1974）介紹了六種常
見的文獻整合活動：(1) 選定研究題目；(2) 檢索研究內容，並加
以編目與編碼；(3) 分析研究發現之可比較性；(4) 累計可比較之
研究發現；(5) 分析成果的分布狀態；(6) 報告成果。

有兩篇在 1980 年代早期的《教育研究評論》（Review of
Educational Research）期刊所發表的文章，將後設分析與研究
統合的觀點整合為一。首先，Jackson（1980）認為六項研究統
合的工作項目「等同於初級研究的工作項目」（p.144）。1982
年時，我將研究統合與初級研究之間的類比，做了一個合理的結
論，並且提出一個五階段的研究統合模型，以及探討影響研究效
度的因素，這篇文章就是本書第一版的前身。

同樣在 1980 年代，有五本專門探討後設分析方法的書籍
陸續出版。Glass、McGaw 與 Smith（1981）合著的書中提
到後設分析是一種新的應用，它可用來分析變異與多元迴歸的
步驟，並將效應值（effect size）視為相依變項（dependent
variable）。Hunter、Schmidt 與 Jackson（1982）則介紹了
後設分析的步驟，重點在於：(1) 將研究成果中所觀察到的變異
與偶發事件所預期的變異相互比較；(2) 針對已知的偏差來源（如
取樣錯誤、範疇限制、不可靠的測量等等），修正可觀察到的相

關性與其變異。Rosenthal（1984）則整理了後設分析方法的概要，除了其他主題外，也涵蓋了顯著程度、效應值估計，以及效應值的變異分析這些題材。對於效應值的估計，Rosenthal 的檢定步驟並非以傳統推理的統計學為基礎，而是奠基於一組新的技術，它所使用的假設是特別為了分析研究成果而量身制訂。Light 與 Pillemer（1984）發表了一個研究方法，特別強調結合數字與敘事的重要性，以期有效詮釋與傳達研究統合的結果。最後，在1985年，隨著《後設分析的統計方法》（*Statistical Methods for Meta-Analysis*）出版，Hedges 與 Olkin 將量化統合研究提升為統計科學中的一門獨立學說。我在這本書中則將過去十年內每位學者所做的計畫發展狀況，做了摘要總結與擴大延伸，同時也建立了一套正統的步驟以呈現嚴謹的統計論證。

1980年代中期以降，也有其他幾本著作以後設分析為主題相繼出版。其中有些書用概括的方式來討論後設分析這個主題（例如本書；Hunter & Schmidt, 2004；Lipsey & Wilson, 2001；Roberts & Petticrew, 2006）；有些書的觀點是將後設分析視為特殊的研究設計概念化過程（例如 Eddy, Hassleblad, & Schachter, 1992；Mullen, 1989）；有些書則是結合特殊的套裝軟體（如 Johnson, 1993；Wang & Bushman, 1999）。也有其他書籍認為研究統合的未來必須著眼於科學（如 Cook et al., 1992；Wachter & Straf, 1990）。1994年，《研究統合手冊》（*The Handbook of Research Synthesis*）第一版問世，然而遲至2009年才有第二版（Cooper, Hedges, & Valentine, 2009）誕生。

研究統合的階段

探討社會學研究方法的教科書將研究計畫視為一組連續性的

活動。即使方法學家對於研究階段的界定有些許不同的意見，但大家對於最重要的階段分野仍具有高度共識。

　　如前所述，我在1982年就主張研究統合跟初級研究方法類似，共有五個階段（Cooper, 1982）。每個階段有其必須完成的主要任務，讓統合人員針對其研究議題或假說，能毫無偏頗地說明累積實證的狀態。我將每個階段會問到的研究問題、該問題在統合中的主要功能，以及採取不同步驟可能會導致結論的差異，加以整理。舉例來說，在初級研究與研究統合中，在問題形成的階段須定義相關的變項，而在資料蒐集階段則須蒐集實證資料。研究統合人員，和初級資料的蒐集人員相仿，可以選擇執行研究的方式，而不同的方法會讓他們的研究結論有所差異。

　　最重要的是，研究統合每個階段決定用的研究方法，可能會強化或降低其結論的可信度，用一般社會科學的術語來說，亦即它可能會影響研究結論的效度（validity，有關效度的正式定義詳見第四章）。在我1982年那篇文章與本書先前的版本中，我採用了「影響研究統合之推論效度的因素」這個概念。我指出十項可能會降低研究統合中研究發現之可信度的因素。這十項因素主要來自於累積研究資料的過程，比方說，進行文獻搜尋時遺漏了相關的研究報告。Matt和Cook後來將這種影響效度因素的研究方法應用在他們的研究統合中（1994，2009修訂），他們指出二十項影響因素，而Shadish、Cook與Campbell（2002），後來又增加到將近三十項影響效度因素。在這兩本書中，作者咸認影響效度的因素跟研究統合過程本身所引起的潛在偏差有關，也跟構成研究統合實證基礎的初級研究資料蒐集不足有關，舉例來說，在初級研究資料中重要的參與者母群體缺乏代表性。

　　表1-2將本書前三版所介紹的模型修正做了摘要整理。在新的模型中（Cooper, 2007a），研究統合的過程可分成七個步驟：

1.步驟一：擬定問題。

2.步驟二：檢索文獻。

3.步驟三：從研究報告蒐集資料。

4.步驟四：評估研究資料的品質。

5.步驟五：分析與整合研究結果。

6.步驟六：解讀實證資料。

7.步驟七：撰寫研究成果。

這七步驟構成本書主要的架構。這個新模型與我先前的概念化過程不同之處在於，最初的兩個階段又再分成四個階段。首先，文獻搜尋以及從研究報告中摘錄資料的過程現在分為兩個階段。其次，(1) 從個別研究中總結與整合實證資料，以及 (2) 從這些分析中解讀累積的研究發現，這兩個過程也一分為二。根據最新的研究顯示，這些研究統合活動最好還是各自獨立為佳。研究統合人員可以全盤地或概略地檢索文獻，然後他們可以任意從每筆資料中擷取他們想要的部分。同樣的，研究統合人員可以任意將個別研究的實證資料做成摘要或整合起來，接下來，即使摘要整理正確無誤，他們仍得解讀這些累積的研究發現準確與否。

步驟一：擬定問題

從事所有研究的第一步驟就是擬定問題。在擬定問題的過程中，須為所有跟問題有關的變項賦予抽象與具體的定義。在這個階段你會問自己兩個問題：「我要研究哪些概念？」以及「要怎麼做才能呈現這些概念？」在回答這些問題時，你會判斷哪些研究的實證資料跟你的研究問題或假說有關（或無關）。而且，在擬定問題的過程中，你要決定你的目的只是想說明重要的相關變項，還是想深入探索兩個或兩個以上變項之間的關係，以及變項間是互聯關係還是因果關係。

表 1-2　將研究統合概念化為研究計畫

研究統合的步驟	此統合階段應思考的研究問題	在研究統合中的主要功能	可能造成不同結論的步驟差異
擬定問題	哪些研究實證資料與研究統合中的重要問題或假設相關？	界定重要的 (1) 變項及 (2) 變項之間的關聯性，如此方能區別相關研究與非相關研究	不同的概念廣度與定義細節可能導致研究操作的差異 (1) 被視為相關和／或 (2) 被檢定出具有調節作用
檢索文獻	應採取哪些步驟以搜尋相關的研究資料？	確認：(1) 資料來源（如參考資料庫與期刊）；(2) 用來搜尋資料的關鍵詞	資料來源的不同可能會導致檢索之資料產生系統性的差異
從研究報告蒐集資料	每筆研究資料中有哪些資訊跟研究主題或假設有關？	以可靠的方式從研究報告中蒐集相關資料	(1) 所蒐集的資料差異可能會導致對累積研究結果所造成的影響有所不同；(2) 編碼方式差異可能會導致編碼表的條目不同，和／或 (3) 決定哪些研究結果被視為無關的規則不同可能會導致不同的資料數量與特殊性，而產生不同的研究結論
評估研究的品質	研究統合所應包含的研究類型取決於：(1) 研究統合主題的方法是否合適，和／或 (2) 研究執行方面的問題？	訂立標準，用以區分哪些是以符合研究主題的方式執行的研究報告，哪些則否	決定研究內容的標準不同，可能導致統合研究中系統性的差異
分析與整合研究結果	該採取哪些步驟以濃縮及合併研究結果？	設定步驟，用以：(1) 合併所有的研究結果；(2) 測試研究結果之間的差異性	用以分析個別研究結果的步驟（敘事、投票計數，平均效應值）若有差異，則可能導致研究結果有所不同

（續）表 1-2　將研究統合概念化為研究計畫

研究統合 的步驟	此統合階段應思考 的研究問題	在研究統合中的 主要功能	可能造成不同結論 的步驟差異
解讀實證 資料	從累積的研究實證 資料中，可以做出 哪些結論？	將累積的研究實證 資料依照優點、概 括性及限制，做成 摘要	以下情況可能導致對於研 究發現有不同的解讀：(1) 將研究結果列為「重要」 的準則；(2) 對研究報告細 節的重視
撰寫研究 成果	在統合研究報告中應 該包含哪些資料？	設定編輯綱要以及 評判標準，以決定 該報告的讀者必須 瞭解的方法與結果	撰寫報告的方式不同，可 能會 (1) 讓讀者更相信或 更不信服研究統合的結果； (2) 影響其他人能否複製研 究結果

在第二章，我針對在問題擬定階段會遭遇到的決策點，做了一些闡述。這些決策點首當其衝跟概念的廣度有關，所謂概念的廣度就是重要的相關性及其與用來研究它們的操作過程切合的程度。再者，這些決策點也跟初級研究所採用的研究設計種類及其與你想做成的推論相符的程度有關。

步驟二：檢索文獻

在蒐集研究資料的階段，必須先決定研究目標的要素母群體。在初級的社會科學研究中，通常研究目標包含了個體或是團體。而在研究統合中，要確認目標母群體會比較複雜，因為你會想要同時做出關於兩個目標的推論。首先，你希望累積的研究結果可以反映出之前所有研究的結果。其次，你希望所含括的研究可以為這個主題領域歸納出通則。

在第三章，我所要討論的就是尋找研究報告的方法。該討論涵蓋了社會科學家可用的研究資料來源、如何取得及應用最重要

的資料來源，以及每筆資料來源中可能會產生偏誤的資訊。

步驟三：從研究報告蒐集資料

在研究資料編碼階段，研究人員必須考慮他們想要在每份資料中取得哪些資訊。在初級研究中，資料蒐集的工具可能包含了問卷調查、行為觀察和／或實際測量。在研究統合中，資料蒐集係指你要決定與重要問題有關的每筆研究資料。相關的資訊不僅須包含從理論面所衍生的問題——亦即獨立變項與相依變項的性質——還須包含研究如何進行、研究設計、執行過程，以及統計結果。除了決定要蒐集哪些資料以及明確界定這些資料外，本階段也要求研究人員發展出一套可以用來訓練資料蒐集人員的步驟，並確認他們蒐集的資料信實可靠且能夠解讀。

第四章將會提供幾個具體的建議，讓你知道該從哪些實證研究報告中蒐集到相關的資料。第四章也會介紹如何按部就班適當地訓練研究報告編碼人員。倘若你找不到跟你的研究主題相關的研究報告，或是手上的研究報告裡沒有你需要的資料，第四章也提供了幾項建議。

步驟四：評估研究資料的品質

蒐集資料之後，研究人員必須嚴謹判定資料的「品質」，或是其與引發研究動機的問題相關聯的程度。每個資料點都須依據相關證據來檢驗，以判斷該研究是否涵蓋太多跟研究主題無關的因素。假如有這種現象，則必須捨棄不良的資料或不予採用。比方說，初級研究人員就會審查每一位參與者是否確實遵循研究計畫。研究統合人員則必須評估研究方法，來判定蒐集資料的方法是否不適合處理手上的研究主題。

在第二章，我提到不同的研究主題需有不同的研究設計（亦

即，互聯關係或因果關係），在第五章，我提到了如何評估研究報告的品質。我也同時探討了對於品質判定的偏見，並對於評判者間的信度提出了一些建議。

步驟五：分析與整合研究結果

在資料分析階段，研究人員將所蒐集到的個別資料點做重點摘要，並將其整合為一個完整的概念。研究人員在分析資料時，必須能夠區分系統化資料模式與「雜訊」（noise），或是偶發事件波動的差異。不管是初級研究還是研究統合，這個過程通常需用到統計的步驟。

在第六章，我會針對合併個別研究結果的幾種方法或後設分析的方法加以說明。另外，我也會示範如何評估關聯性的程度或介入方案所造成的影響。最後，我會提供一些分析技巧，讓讀者可以瞭解為何不同的研究會發現不同的關聯強度。

步驟六：解讀實證資料

接下來，研究人員需要解讀所累積的實證以及判斷該資料足以做出何種結論。這些結論可以連結事證，探討該事證是否支持重要的相關性，以及支持的強度。這些結論也可以就不同單位的型態、處理方式、結果與情境來討論研究發現的概括性（或特殊性）。

在第七章，我提供了幾項在撰寫研究統合之論點時應該運用的決策法則。其中包含解讀結論的強度與概括性，以及關係強度與介入方案效應等觀念。

步驟七：撰寫研究結果

製作一份公開文件，描述研究調查的過程，研究人員的努力才算大功告成。在第八章，我提出了幾個具體的指導方針，讓讀

者知道如何去執行前面的六個步驟，以及哪些資料必須記錄在研究報告中。

　　不同於本書之前的版本，我將在本書的第九章（最後一章）討論關於影響效度的因素（threats to validity）。此外，我將會把研究統合各階段的討論，歸納成二十個問題，這些問題是研究統合人員與讀者對於結論的效度有可能會問到的問題。在我的教學當中，我發現這個方法簡單可行，也有助於學生在研究統合的進程中，可以一直保有完整的概念。若每個問題皆措詞得當，那麼得到的肯定回答就可以放心納入研究統合的結論中。在每個階段討論之初會提出相關的問題，接下來相關步驟的差異也可能強化或削弱結論的可信度——換言之，必須要完成哪些事才能得到「是」的答案。雖然這二十個問題並非鉅細靡遺，然而之前的研究所指出的影響效度的因素，大多都已包含其中。**表 1-3** 列出這份問題清單。

表 1-3　關於研究統合結論之效度的問題一覽表

步驟一：擬定問題
1. 重要的相關變項是否都具有清楚的抽象概念定義？
2. 以實證方式定義重要相關變項的實際操作過程，是否符合該變項的抽象概念定義？
3. 問題是否陳述得夠明確，因此處理該問題所需要的研究設計和實證也能夠有清楚的說明？
4. 問題是否置於有意義的理論脈絡、歷史脈絡和／或實務脈絡中？

步驟二：檢索文獻
5. 是否運用適當且詳盡的關鍵詞來檢索和審查參考文獻資料庫與研究報告？
6. 是否使用相互補強的檢索策略去搜尋相關的研究？

步驟三：從研究報告蒐集資料
7. 使用的步驟是否能夠確保下列項目並無偏頗且確實可靠：(1) 判斷研究資料之具體相關性的標準；(2) 從研究報告裡檢索取得的資料？

（續）表 1-3　關於研究統合結論之效度的問題一覽表

步驟四：評估研究的品質

8. 若因設計與執行的考量而須將研究資料排除在統合報告之外，這些考量是否：(1) 有明確的操作型定義；(2) 適用於所有的研究資料？
9. 這些研究資料是否已分門別類，以便區別其研究設計與執行方式？

步驟五：分析與整合研究結果

10. 是否使用適當的方法合併各項研究結果並加以比較分析？
11. 若是進行後設分析，是否採用合適的效應值測量指標？
12. 若是進行後設分析，是否 (1) 記錄了平均效應值與信賴區間；(2) 採用適當的模型以評估獨立效應與效應值之誤差？
13. 若是進行後設分析，是否測試了效應值的同質性？
14. 是否將下列事項視為研究結果的可能調節變項而加以檢驗之？(1) 研究設計與執行的特性（如問題 8 所示）以及 (2) 其他重要的研究特性，包括歷史、理論，以及實務上的變項（如問題 4 所示）。

步驟六：解讀實證資料

15. 所進行的分析是否檢驗了研究結果受到統計假設過多的影響？假如是，這些分析能夠用來協助解讀實證資料嗎？
16. 研究統合有無 (1) 討論實證資料庫裡遺漏資料的範圍；(2) 檢視統合研究發現的潛在影響？
17. 研究統合有無討論統合研究發現之概括性與限制？
18. 解讀統合結果時，統合研究人員是否在因研究而產生與因統合而產生的實證資料之間，做一適當的區分？
19. 若是進行後設分析，統合研究人員是否 (1) 將效應強度與其他相關效應量相互比對和／或 (2) 就效應之顯著性提出實務上的解讀？

步驟七：撰寫研究成果

20. 研究統合的步驟與結果是否清楚且完整地被記錄建檔？

資料來源：摘錄自 Cooper, H. (2007a). *Evaluating and Interpreting Research Syntheses in Adult Learning and Literacy*. Boston, MA: National Center for the Study of Adult Learning and Literacy, World Education, Inc., p. 52。

◗ 四個研究統合的例子

　　我選了四個研究統合的例子來說明執行嚴謹的研究總結之實際操作面。這四個研究統合的主題相當於一個廣泛的社會科學研究範疇，含括了社會／發展心理學、臨床／社群心理學、教育心理學與健康心理學。這些研究統合包括不同的概念變項與操作變項。即便這四個主題不盡相同，但卻相當平易，其他領域的讀者也會覺得這四個研究很具有啟發性，而且不需要具備個別研究領域之深厚的背景知識就可以輕鬆讀懂。即便如此，對每個主題做簡要的介紹，對讀者還是有所裨益的。

選擇對於內在動機所造成的效應
（Patall, Cooper, & Robinson, 2008）

　　在西方文化裡，很重視個人做選擇的能力，選擇的種類不勝枚舉，例如行動計畫、產品或政治候選人等皆是。許多心理學理論皆假設，若給予個體不同的任務選項，將可增進他們參與該活動任務的動機。在這份研究統合中，我們檢視了選擇在動機與行為上所扮演的角色。首先，我們檢視了選擇對於內在動機的整體效應與相關的結果。我們也檢視了選擇的效應是否會受到一些理論上的調節變項（包括選擇的型態、選擇的項目，以及選擇的總數量等）所影響而強化或減弱。在此研究統合中，研究活動主要使用實驗性質的設計，並且在社會心理學實驗室中進行。

家庭作業對於學業成績所造成的效應
（Cooper, Robinson, & Patall, 2006）

　　要求學生在非上學時段做功課，是正規學校教育的慣例。然而家庭作業對於學習是否有效，依然見仁見智。一般大眾對於家

庭作業的看法在整個 20 世紀變動不定,而其爭論也延續至今。
這份研究統合的重點就是要回答該文章標題所反映的問題:「家
庭作業可以改善學業成績嗎?」我們也探究了家庭作業效應的調
節變項,包含學生的級別與科目。這份研究統合的結果統整了實
際在教室中所做的數個實驗性研究、若干將統計模型(多元迴歸、
路徑分析、結構方程式模型)應用到大型資料庫中的研究,以及
許多只是探討學生寫功課的時間與其成績是否相關的研究。

對於性犯罪所持態度的個體差異
(Anderson, Cooper, & Okamura, 1997)

性犯罪是一個嚴重的社會問題。每天都有許多婦女被男性強迫
性交。這份研究統合探討人口特徵、認知、經歷、情感與人格等因
素是否與對性犯罪所持的態度有相關。我們研究了男性與女性對於
性犯罪的態度。人口特徵和對於性犯罪所持態度相關的因素包括年
齡、族群與社經地位。經歷的關聯因素包括自己曾是性侵案件的當
事人、知道周遭有人與性侵案件有關,以及使用暴力色情工具等。
人格的關聯因素則包含對權力與自尊的需求。針對性犯罪所持態度
之研究做摘要整理,其重要性為何?我們希望我們的研究統合可以
用來找出哪些人最可能獲得性侵防治介入方案的幫助,進而改善性
侵防治的方案。這些研究在本質上都互有關聯。

增加老年人的體能活動
(Conn, Valentine, & Cooper, 2002)

即使知道體能活動有益健康,然而老年人的運動量還是偏
低。近年來,推行了許多介入方案,並嘗試讓老年人多伸展筋骨。
這份研究統合聚焦在評估這些介入方案的影響。我們感興趣的
是這些介入方案的成功與否、不同類型的介入方案是否成效也不

同，以及哪些類型的老年人會參與。這些評估包括：研究將參與者隨機分配到運動治療或非運動治療的條件中，另有一些是讓同一批參與者同時投入運動治療與控制組（非運動治療）的條件中，也就是說，本研究的目的是要比較參與介入方案（運動治療）前後所測得的活動量。

本章習題

閱讀本書之際，最好的練習就是在你有興趣的領域裡，著手計畫與執行一份研究統合。這份研究統合應該採用後面幾個章節所概述的指導方針。如果不能做到這點，你應該試著執行每章最後所附的習題。通常，透過班上同學的分工合作，這些習題就會變得簡單許多。

2

步驟一：擬定問題

哪些研究實證資料跟研究統合中的重要問題或假設相關？

- 變項在社會科學研究中的定義
- 在研究統合中的多重操作變項
- 定義重要的關聯性
- 判斷研究資料的概念相關性
- 因研究而產生與因統合而產生的實證資料
- 研究統合的價值

在研究統合中所發揮的主要功能：

界定重要的 (1) 變項及 (2) 變項之間的關聯性，如此方能區別相關研究與非相關研究。

可能導致統合結論不同的步驟差異：

不同的概念廣度與定義細節可能導致研究操作的差異 (1) 被視為相關和／或 (2) 被檢定出具有調節作用。

在研究統合中評估問題擬定時須問的問題：

- 重要的相關變項是否都具有清楚的抽象概念定義？
- 以實證方式定義重要相關變項的實際操作過程，是否符合該變項的抽象概念定義？
- 問題是否陳述得夠明確，因此處理該問題所需要的研究設計和實證也能夠有清楚的說明嗎？
- 問題是否置於有意義的理論脈絡、歷史脈絡和／或實務脈絡中？

本章綱要

- 在研究統合中，抽象概念與實際操作之間的關聯性。
- 如何研判初級研究與研究統合問題之間的相關性。
- 研究設計與研究統合問題之間的關聯性。
- 因研究而產生與因統合而產生的實證資料之間的區別。
- 處理研究統合中的主效應以及交互作用。
- 為一個新的研究統合建立價值的方法。
- 先前的研究統合在新的研究統合中所扮演的角色。

　　所有的實證研究一開始都會審慎考量將要研究的問題。就最基本的形式來說，研究問題包括了兩個變項的定義以及研究兩個變項關聯性的基本理論。其理論基礎可能是預測兩變項間特殊關聯性的理論、可能是因果關聯性，或者可能只是單純的正相關或負相關。舉例來說，自我決定理論（self-determination theory, Deci, 1980）預測，假若讓人們在執行何種任務或是如何執行任務方面有所選擇的話，對於人們執行工作並持之以恆的內在動機將會產生正面的因果關聯性。因此，操控選擇，然後測量內在動機，將可證明理論的真實性。或者另一種理論基礎可能是基於實務上的考量，只要被找出的關聯性都可能是重要的。譬如，即便幾乎沒有理論告訴我們能預期何種關聯性，但是發現對性犯罪所持態度的個別差異可能意味著，藉由確認最可能從各種性侵害防治方案中獲益的對象，將可設法改善性侵害防治方案。兩種理論基礎皆可用以瞭解初級研究或研究統合。

　　在初級研究中選擇欲研究的問題是受到個人興趣以及周遭的社會環境所影響。當你要選擇研究統合的主題時也是一樣，但有一點很不相同。當你在做初級研究時，你在選擇主題方面只會受限於你自己的想像。而當你執行研究統合時，你必須探討的是已經出現在文獻中的主題。事實上，除非某個主題已經在某個學門領域中引起足夠的興趣，因而激發了充分的研究，值得研究人員努力將它們整合在一起，否則它可能並不適合拿來做研究統合。

　　縱然研究統合只能探索形成過往研究的問題，但並不表示研究統合不比初級的資料集來得創新。相反地，你的創意將以不同的形式呈現在研究統合中。當你必須提出最重要的架構以釐清許多相關但並非相同的研究時，就要將創意加入到研究統合中。各個研究所使用的方法差異甚大，而且永遠比用在任何單一研究中的步驟差異要大得多。例如，探討選擇與內在動機的研究在所允

許的選擇型態上並不相同，有些是關於任務的選擇（例如重組字遊戲或數字遊戲），有些則是關於執行任務時環境的選擇（例如刺激物的顏色，無論是用原子筆或鉛筆），這只是其中的兩個變項。身為一名研究統合人員，你可能發現自己對於這些差異應該如何有意義地歸類，才能判斷它們是否影響選擇與動機之間的關聯性毫無頭緒（例如，若將選擇操控因素依照它們是否與任務相關來歸類，可導致重要的發現嗎？）。或者，理論可能顯示為有意義的分類，但是要發現這些理論預測的結果為何就是你的職責所在了（自我決定理論如何解釋「任務相關性應該會影響選擇對動機所產生的效應」之假設？）。將研究界定出有意義的歸類，並解釋它們的用途，主導權在你的手上。你要找出能夠解釋為何在不同研究中會導致不同結果的變項，並且闡釋這些關聯性，這些能力都是在研究統合過程中具有創新和挑戰性的層面。

變項在社會科學研究中的定義

抽象概念與實際操作在初級研究與研究統合中的相似性

任何一個社會科學研究所包含的變項都必須以兩種方式來定義。首先，必須賦予這些變項**概念型定義**（conceptual definitions）。所謂概念型定義就是描述與時間和空間無關的變項性質，並用以區別哪些是與概念相關的事件。舉例來說，關於「成就」的概念型定義可能是「一個人在學術領域中的知識水準」；「家庭作業」可能在概念上被定義為「老師分派給學生在非上課時間應做的功課」。

概念型定義在廣度上可能有所差異，也就是說，它們所指稱的事件數不同。因此，假如「成就」被定義為「透過努力所獲得

的某樣事物」，那麼這個概念就會比上一段所使用的定義要來得廣，而不僅侷限在學術上。第二個定義會被認為是在社會、政治以及學術界投入努力所得到的成果。我們也可以說，當概念定義愈廣泛，它就愈抽象。

無論是初級研究或研究統合，都必須為其研究的問題變項選擇一個概念型定義及定義廣度。兩者都必須判斷一個事件代表一個重要相關變項例證的可能性有多高。雖然有時候並不明顯，但即使是非常具體的變項，像是家庭作業，也需要概念型定義。因此，當你在為研究統合擬定問題時，你要問自己的第一個問題是：

重要的相關變項是否都具有清楚的抽象概念定義？

為了讓概念符合具體事件，變項也必須具有「操作型定義」。所謂**操作型定義**（operational definition）就是描述可觀察的變項特質，以判斷該事件是否代表概念變項發生。換言之，「具體說明用來產生及測量概念的步驟」就是概念的操作型定義（Elmes, Kantowitz, & Roediger, 2005）。舉例來說，有關「內在動機」概念的操作型定義可能包括「一個人在空閒時間花在某一任務上的時間數」。在此要強調的是，無論是初級研究或是研究統合都必須具體說明包含在概念型定義中的操作過程。

抽象概念與實際操作在初級研究與研究統合中的相異處

在這兩種研究中，定義變項的方式也有相異之處。初級研究幾乎沒有選擇，只能在開始研究之前將概念賦予操作型定義。它們要等到研究中的變項獲得經驗上的驗證才能開始蒐集資料。譬如，探討「選擇」的初級研究在第一位參與者受測之前必須先定義「選擇」如何被操控或測量。

另一方面，研究統合不需如此精確的操作型定義，至少不是

從一開始就要定義。就研究統合而言，文獻檢索可以在一開始只
具備概念型定義，以及少數已知的相關操作過程。接著，當相關
的操作過程與研究愈來愈密切時，亦可適時加以補充。舉例來說，
你可能知道用以提升老年人體能活動的介入方案包括提供實質酬
賞給做運動的參與者，並讓他們簽署規定他們增加運動量的書面
合約。一旦你開始做文獻檢索後，你可能也會發現還有你未注意
到的介入方案型態存在，像是自我監控（寫體能活動日誌）、社
會模仿行為（觀看其他人運動），以及提供一份健康風險評量表。
身為一名研究統合人員，當你在文獻中發現不同的操作變項時，
你比較有豐富的材料能夠評估概念的相關性。

　　當然，有些操作變項的先驗說明是必要的，因此在你心中
至少必須具備一些經驗上的驗證，方能開始進行你的統合研究。
不過，在文獻檢索階段，遇到你不知道但卻跟你正在研究的構念
（construct）相關的操作變項也是常有的事。總而言之，做初級
研究的研究人員在開始蒐集資料之前，必須準確地知道哪些事件
構成了研究的取樣範圍；但研究統合人員也可能在過程中發現未
預期的操作變項剛好符合相關的範疇。

　　這兩種研究的另一個區別是初級研究對於同樣的構念通常只
包含一個或少數幾個操作型定義。相反地，研究統合對於每一個
重要的相關變項通常包含許多經驗上的驗證。雖然在個別的研究
中，不會有兩個參與者[1]的受測方式一模一樣，但是跟參與者因
受測的方式不同所造成的變異以及在不同研究中所測得的結果相
較之下，這個差異一般而言並不大。例如，一個關於選擇與動機
的研究可能包含了給參與者玩重組字或數獨的選擇。但是，遍覽

---

[1] 在此，我所使用的是廣義的「參與者」，可能指一個人或一隻動物，或是一群人或一
群動物。為了闡述之便，我將繼續使用「參與者」一詞以取代「被研究的對象」這種
較累贅的說法。

過去所有做過的選擇研究後，統合研究人員可能發現操作過程使用了重組字、填字遊戲、數獨、找字、解密碼、電玩等等。除此之外，研究統合人員也會發現，執行研究的地點（不同的地理區域、實驗室、教室，或是工作場所）和樣本群（大學生、兒童或勞工）的差異性更大。在研究統合中所涵括的多重操作變項將引發一連串獨特的議題，這些都需要仔細地加以檢驗。

🥧 在研究統合中的多重操作變項

　　研究統合人員必須注意他們在文獻中遇到的種種操作變項所引起的兩個可能的分歧。首先，你可能會用籠統的概念型定義開始做文獻檢索。但是，你可能會發現在先前相關研究中所使用的操作變因比你的概念所指涉的範圍要來得小。例如，一位探討對性侵害所持態度的研究統合人員可能一開始會採用廣義的「性侵害」，包括任何非自願發生性關係的情況，以及女性對男性的強制性交。然而，文獻檢索可能顯示過往的研究只將男性當作是性侵害事件的加害者。當遇到這種情況時，你必須將統合研究的概念基礎縮小，使它更符合既有的操作變項。否則，研究的結論可能會顯得比資料所證明的還要更廣泛。

　　研究統合人員也可能面臨另一個相反的問題：一開始採用狹義的概念，但是之後遇到的操作型定義卻顯示重要的相關概念應該要擴大。我們就以關於「成就」的定義為例來說明這個問題。研究統合人員可能一開始是搜尋有關探討家庭作業與成績的研究報告，希望將成就定義為只跟學業成績有關。然而，在審閱了文獻之後，他們可能會碰到探討諸如音樂課及工藝課的家庭作業之研究。這些研究亦符合「家庭作業」的定義（亦即，老師分派給學生在非上課時間應做的功課），但是成果變項可能不符合成就

的定義，因為這些課屬於術科，而不屬於學科。那麼這些研究應
該被包含在內嗎？要這麼做也可以，但是你必須清楚說明現在你
對於成就的定義也囊括了非學術領域的成績。

　　當在做研究統合時，**隨著你的文獻檢索工作的進展，很重要
的是你要留心去重新評估重要相關概念的定義廣度與初級研究人
員用來定義這些概念的操作過程差異之間的關聯性。**因此，當你
在評估你將研究統合的問題闡述得夠不夠清楚時，下一個問題就
是要問你自己：

　　以實證方式定義每個重要相關變項的操作過程是否與變項
　　的概念型定義一致？

　　要確定的一點是，你決定要含括某些尚未在你定義範圍內的
研究或是納入在文獻中遺漏的操作變項，並不表示不須縮小概念
型定義的範圍。在初級研究中，於研究進行中途重新定義一個問
題是為人所不喜的。但是在研究統合中，有些彈性處理似乎有其
必要性，事實上是有所裨益的。

多重操作論以及概念與操作的一致性

　　Webb、Campbell、Schwartz、Sechrest 和 Grove（1981）
提出有力的論證，主張以多重操作變項去定義相同的基礎構念之
重要性。他們將「多重操作論」（multiple operationism）定
義為：在研究中所採用的多種測量方式具有一個共同的概念型定
義，「但是卻有各種型態的不相關成分」（p. 35）。一個構念具
有多重的操作變項將產生正面結果，因為：

　　一旦某個命題經過兩個以上獨立的測量過程確認，那麼該
　　命題的闡述就能大大地減少不確定性……假如一個命題能

夠歷經一連串有瑕疵的測量，以種種不相關的偏誤攻擊後還能安然存在，那麼我們就應對該命題產生信心。當然，假若盡可能地將每項工具的偏誤降到最低，以及合理地相信偏誤的來源會造成截然不同的影響，便能提升信心程度（Webb et al., p. 35）。

雖然 Webb 等人提出，當各種操作變項存在時，還是有強化推論的可能性，就像在研究統合中會發生的一樣，但是也必須重申它們的區隔條件。假若你的研究統合中所包含的操作變項至少跟研究構念或多或少相關的話，那麼多重操作變項可以增強概念與操作的一致性。這種推理類似於應用在古典測量理論的論證。就以學科考試為例，在一個多重選擇的測驗中，如果最低程度的有效項目數量夠多的話，那麼各個選項之間些微的相關性，以及一名參與者「真正的」成績，這兩項加總起來即可作為學業成就的可靠指標。同樣地，在一個研究統合中，若所包含的研究之操作變項與基本概念並不一致，或者如果操作變項符合另一個範圍比原定概念更廣的不同概念，那麼其結論將不成立。無論有多少操作變項包含在內皆然。

舉例來說，當考慮成果變項時，就會很容易瞭解多重操作變項的重要性。當我們進行了成就測量後，包括單元測驗、班級成績，以及標準化成就測驗等，我們相信家庭作業確實會影響廣義的「成就」概念變項，而無論成就測量方式為何，家庭作業與學業成就之間的關聯性均呈現正相關。但是如果只用班級成績作為研究結果，我們就不敢斷定有這層關聯性存在。假如只採用班級成績，有可能老師也加入了家庭作業的成績在內，那麼便可解釋這層關聯性，可是如果以單元測驗或標準化測驗作為測量工具的話，家庭作業可能就沒有影響了。換言之，這些測驗並沒有共同

的「偏誤」來源。但是單元測驗與作業內容密切相關，不過標準化成就測驗一般而言關聯不大。因此，當多重操作變項提供類似的結果時，就會顯示這些操作變項聚集在相同的構念上，因而我們對於結論也就更加有信心。舉例來說，如果我們發現家庭作業對單元測驗有影響，但是對標準化成就測驗則否，那麼我們可能會推測只有當作業內容與成就測量高度相關時，家庭作業才會影響成績。

獨立變項（independent variables，在用來檢定理論的實驗中所操控的變項）或是介入變項（intervention variables，在應用環境中的操控變項）之多重操作變項的重要性也可增加我們對於結論的信心程度。例如，假若家庭作業的實證研究執行的方式全部都是請中學老師派給一個班級家庭作業，而另一班則不派家庭作業，我們知道老師們也提供其他各種形式的指導。因此，不管是不是蓄意，無論是否分派家庭作業，老師可能以不同的方式對待兩個班級的學生；他們可能對於有家庭作業的班級會抱較高的期望，並且在課堂中嘗試多教學生一點。所以，無論過去執行過多少個相關的研究，「導致成就差異的原因可能是學生被對待的方式不同，而非家庭作業」的對立假設（rival hypothesis）不可能被排除。不過，如果有研究是在同一個班級裡操控家庭作業這個變因，那麼這些研究就會讓對立的解釋變得比較站不住腳。更重要的是，還有第三種研究類型，在研究中許多位不同科目的老師共同教一個班級，他們有些會派家庭作業，有些則否，這種班級所處的情況就是隨機決定的。

總而言之，在研究文獻中，假如研究結果讓你排除不相關的影響來源，那麼各種操作變項的存在表示可能對研究有所裨益，它們可以讓推論更加強而有力。假如研究結果與各個操作變項不相符，那麼你就要去推測在各個操作變項之間可能有哪些重要的差異存在。

■操作變項的應用並非原本就與概念有關

在進行文獻檢索時，偶爾會發現在一個不同於你想要探索的概念架構下被描述的研究，但是該研究卻包含了與你感興趣的概念相關的操作測量或是操作過程。舉例來說，有幾個類似於「職業倦怠」的概念也會出現在研究文獻中，像是「工作壓力」以及「職業疲乏」等。很重要的一點是，即使用詞不同，我們也要思考跟這些不同的構念有關聯的操作變項是否與你的統合研究相關。當與各個不同的抽象概念有關聯的相關操作變項獲得確認後，它們當然應該被考慮納入你的統合研究中。事實上，在相似的操作變項背後不同的概念與理論往往可以被用來解釋研究成果的穩固性。想要確認操作變項是否包含不同型態的偏誤，最好的方式就是讓具有不同理論背景的研究人員執行相關的研究調查。

■以新概念取代舊概念

有時候你會發現社會學家引用新的概念（和理論）來解釋舊的研究發現。例如，在古典社會心理學的實驗中，「認知失調」（cognition dissonance）的觀念被用來解釋為什麼一個只拿到 1 美元酬勞被要求表達相反態度主張的人，後來比另一個拿到 25 美元做相同舉動的人經歷更大的態度轉變（Festinger & Carlsmith, 1959）。失調理論認為，因為金錢多寡不足以解釋對相反態度主張的支持，只有透過態度的改變才能降低當事人的不自在感。但是，Bem（1967）提出自我覺察理論（self-perception theory），重新描述該實驗的結果。簡而言之，他推測，注意到自己支持相反態度主張的參與者是以觀察者的相同角度在推斷他們的看法：假如參與者看到自己為 1 美元提出一個主張，他們會認為因為他們沒有足夠理由表現出這樣的行為，所以他們必須讓自己對於所討論的態度抱持正向看法。

無論你發現了多少個複製 1 美元／ 25 美元的實驗你都不能用這些結果來評估這兩個理論的正確性。你必須費心去區別預測同一組操作變項的相同與相異結果的概念與理論。如果預測各不相同，那麼累積的實證資料可以被用來評估各個理論的正確性，或者在不同環境中的每個理論都是正確的。不過，假如各個理論皆做出相同的預測，那麼就有可能找不到根據研究結果所做出的比較性判定。

■多重操作變項對於研究統合的影響

多重操作變項不只可能針對概念變項做更細微的推論，它們也是處理相同主題的各個統合研究的結論中最重要的變異來源。各式各樣的操作變項都可能在以下兩方面影響統合結果：

1. 所包含之操作型定義的差異。在兩篇討論相同主題的研究統合中所採用的操作型定義可能互不相同。在抽象概念上使用同一名稱的兩名統合研究人員也可能採用相當不同的操作型定義。每個定義都可能包含另一個研究所排除的一些操作變項，或者其中一個定義完全包含另一個定義。

2. 操作過程細節的差異。當統合研究人員注意到文獻因所採用的研究方法不同而導致變異時，即表示多重操作變項也會影響結果。這個影響是由於在檢索過文獻之後，處理研究操作過程的方式不同所導致。就這一點而言，研究統合人員就要扮演偵探去尋找特殊的線索，以釐清「為什麼在不同的條件下，兩個變項之間會有不同的相關性」（Cook et al., 1992, p. 22）。他們會利用所觀察到的資料模式作為線索來解釋在何種條件下可發現兩個變項之間的關聯性是正相關、負相關或是無關。

　　統合研究人員要從事多少調查工作因人而異。有些會鉅細靡遺地探究操作變項。他們決定要在檢索的文件中小心翼翼地確認操作過程的差別。有些則認為會隨著研究方法或參與者而產生變化的相關性不太可能用來確認這些差異，或根本不太關心此事。

🕐 定義重要的關聯性

　　無論你是否正在進行初級研究或是研究統合，除了定義概念之外，你也必須判斷變項之間的哪一種關聯性對你而言重要且相關。雖然變項的概念型定義將決定不同操作變項的相關性，但是關聯性的型態將決定不同研究設計的相關性。為了能夠判斷不同研究設計的適切性，你必須要提出關於引起你的研究統合動機的三個問題〔參見 Cooper（2006），書中對於這些議題有較完整的討論〕：

1. 研究結果應該以數字還是敘事方式表達？

2. 你所探討的問題是關於一個事件的描述、事件之間的相關性，還是一個事件的因果關聯性說明？

3. 該命題或假設試圖要瞭解 (1) 單一參與者在一段時間內進展的過程？還是 (2) 在參與者之間或參與族群之間有何關聯性或是如何解釋他們之間的差異性？

應該用量化研究還是質性研究？

　　關於「研究結果應該以數字還是敘事方式表達？」這個問題，就我在此關注的研究統合型態而言，答案是「數字」。不過，這並不表示敘事或是質性研究在量化的研究統合中未能發揮任何作用。舉例來說，在我們關於家庭作業的研究統合中，質性

研究被用來協助編製一長列家庭作業可能造成的效應清單，好壞效應都有。事實上，連民眾投書都予以採用，譬如出現在報紙中對家庭作業投訴的文章（擔憂家庭作業對兒童造成太大的壓力）。質性研究也被用來幫助確認家庭作業效應中可能的調節因子（moderator）與中介因子（mediator）。例如，在家庭作業的文獻檢索工作中發現，有一份問卷調查和訪談研究（Younger & Warrington, 1996）顯示，女學生對家庭作業所抱持的態度通常比男學生更正面，而且也會花較多心力做家庭作業。這個研究認為，學生之間的個別差異可以調節家庭作業與成就之間的關聯性。Xu 和 Corno（1998）針對六個家庭做了一份個案研究，內容包括了訪談以及居家攝影記錄以檢視父母親如何安排做家庭作業的環境，並且如何幫助孩童克服分心的因素，好讓他們能專心做功課。該研究清楚地主張，父母親在孩子做家庭作業的過程中作為中介因子的重要性。

當然，質性研究的成果也可以成為研究統合的核心焦點，而不僅是量化研究統合的輔助而已。比我更加精通量化研究的學者對於如何執行這類研究回顧的討論不遺餘力。假如你對這類研究統合有興趣，你可以參考 Noblit 和 Hare（1988）、Paterson、Thorne、Canam 和 Jillings（2001），和／或 Pope、Mays 和 Popay（2007）的著作，書中對於統合質性研究的方法皆有詳細介紹。

事件描述、互聯關聯性還是因果關聯性？

■描述性研究

第二個問題將研究問題分成三大部分：「你所探討的問題是關於一個事件的描述、事件之間的相關性，還是一個事件的因果關聯性說明？」首先，一個研究問題可能絕大部分是描述性的，

而且採用「發生什麼事？」的一般形式。在此，你可能會有興趣
獲得某一事件或現象的精確描述。在初級研究中，你可能會針對
這部分進行問卷調查（Fowler, 2002）。例如，年長者可能被詢
問關於他們做體能活動的頻率。你的結論可能是「有 X% 超過 Y
歲的成年人規律地從事體能活動。」在研究統合中，你會蒐集所
有關於某個特定問題的問卷調查，而且或許你會將活動頻率的估
計值加以平均以獲得一個更精準的估計值。例如，在問卷調查中，
參與者的平均年齡可以用來檢驗體能活動隨著年齡遞減的假設：
「參與者平均年齡為 Y 歲的研究比參與者平均年齡為 Z 歲的研究
顯示更高的活動頻率。」

　　在學術性的社會科學文獻中，這種描述性的研究統合並不常
見。然而，類似的做法卻會出現在大選前數週的晚間新聞中，節
目中新聞主播將報導許許多多關於選民的民意調查累積結果，大
致上就是詢問選民所支持的候選人或是有關投票的議題。若欲統
合出現在社會科學期刊裡各類研究中描述性的統計數字，有部分
的問題是這些研究報告往往採用不同的量表來操作相同的變項。
譬如，在介入方案研究中所發現的體能活動程度很難統合，因為
有些研究可能是給參與者一台計步器，然後計算他們所走的英里
數來測量活動量；有些研究可能是以測定肺活量來測量活動量。
測量花在家庭作業上的時間就比較沒那麼困難。在各研究之間測
量時間的度量方法應該要一致，或者各研究的數據要很容易轉換
（例如將小時換算成分鐘）。成績的測量就可能比較困難，因為
有時候是單元測驗，有時是年級測驗，有時候又是標準化成就測
驗中的分數[2]。

---

2 當研究的特性被當作第三個受檢驗的變項時，非標準化測量結果的問題就會跟著減
　少，因為研究中的雙變項關聯性可以轉換成標準化的估計效應量，因此得以控管不同
　的量表（參見本書第六章）。

彙整描述性統計數據的另一個問題就是：很難弄清楚最後的平均值是指哪一個母群體。不像選前的民意調查，為了學術目的而撰文的社會學家通常會利用便利樣本。雖然我們或許能夠確認每個研究的參與者是從哪一個母群體（往往範圍狹小）中抽樣出來的，但若要說這些便利樣本的綜合體是從哪一個母群體中抽樣出來則幾乎是不可能的事。

■互聯關聯性研究

　　第二類描述性研究的問題可能是：「哪些事件或現象一起發生？」此時，研究人員將他們的描述又往前推進一步，並思索各個變項是否同時發生或彼此相互關聯的問題。有若干變項共現（同時發生）的情況出現在我們的統合研究案例中。對性侵害所持態度之相互關聯的統合研究只強調簡單相關。關於家庭作業的研究也只關注學生花在家庭作業上的時間數與成績之間的簡單相關上。

■因果關聯性研究

　　第三個研究問題是尋求對事件的說明：「哪些事件造成其他事件的發生？」在這種情況下，就會執行一項研究，在某一事件（因）和另一事件（果）之間並找出一個直接、有意義的連結。要為因果關聯性的塑造提供有力的證明是一個複雜的問題，我將在第五章詳細說明。在實務上，有三種研究設計最常被用來協助做因果關聯性的推論。第一種我稱之為模型研究（modeling research）。這個設計藉由檢視在多重變項架構中的共現情況，又將相關性研究往前推進一步（Kline, 1998）。舉例來說，探討家庭作業的統合研究關注的是建立複雜模式（使用多元迴歸、路徑分析或是結構方程式模型）以描述許多變項共現情況的研究報告，包括家庭作業以及學業成績。

發現因果關聯性的第二個方法稱為「類實驗研究」（quasi-experimental research）。這種方法和模型研究不同的是，研究人員（或一些其他外力）控制介入方案或事件的發生，但是並未精準地控制可能的參與對象〔參見 Shadish、Cook 與 Campbell（2002），書中對這些研究設計有廣泛的討論）。例如，在探討體能活動的統合研究中，有些研究關注的是決定自己要參加運動介入方案（或是因為他們的醫生叮囑他們這麼做）的老年人族群。接下來研究人員嘗試將這些老年人與其他不做運動的人對照比較；然後計算運動的「效應」。家庭作業的統合研究也包含一些類實驗。

有一種獨特的類實驗類型〔通常稱為「前實驗設計」（preexperimental）〕包含了前測－後測（pretest-posttest）設計，在該實驗中，藉由比較介入方案發生前後的結果變項，參與者成為了本身的控制組。假如這些實驗經常出現在研究文獻中（譬如在體能活動文獻中就經常出現），那麼特別要注意的是，雖然這種實驗設計將具有許多差異的族群相提並論（畢竟他們都是同一群人），但是這些研究結果可以有各種另類的解讀。這些解讀都跟時間的推移有關，包括無論有無介入方案出現，參與者本身都會發生的改變，以及在執行前測與後測的這段期間所發生的其他介入方案或一般歷史事件。

最後，在實驗研究中，事件的發生以及參與對象皆由研究人員（或其他外力）控制，之後就盡人事、聽天命了（Boruch, 1997）。這種方法將指定的參與者之間事先存在的平均差異減至最低，如此一來，我們就能篤定地說參與者之間任何的差異皆是由受到操控的變項所造成。當然，要做出關於因果關聯性的有力推論，這種設計還有許多其他層面須關注，但是就我們目前的目的而言，討論這個實驗研究的特點就夠了，其餘將在第五章中詳述。

在關於選擇與動機的統合研究案例中，所有收錄的研究都跟選擇的實驗性操作以及將參與者隨機分配到有選擇與無選擇的條件中有關。再者，家庭作業和體能活動的研究統合也都包含了若干實驗性的研究。

是參與者內還是參與者間的發展過程？

　　最後，關於假定的關聯性，你必須問的第三個問題是：「該命題或假設試圖要瞭解 (1) 單一參與者在一段時間內進展的過程？還是 (2) 在參與者之間或參與族群之間有何關聯性或是如何解釋他們之間的差異性？」我在此介紹的所有設計都和第二項有關，也就是在某個重要相關的特性方面，參與者之間的差異性。第一個問題——單一參與者自身改變的問題——最好的研究方式就是利用各種單一個案設計（single-case design）或是時間序列設計（time series design），一般都是在研究的進程中於相同的時間間隔實施。就如同參與者之間的差異性一般，參與者內的發展過程可以利用純描述性（簡單的時間序列）、可看出一段時間內兩個過程之間的關聯性（共存的時間序列），或是評估在發展過程中介入方案的因果效應（中斷的時間序列）等設計來進行研究。時間序列的統合研究仍不多見，而且其方法學仍相當新。因此，本書後續部分會將統合研究的焦點放在參與者間的研究上。我們所有的統合研究案例皆為試圖找出參與者之間變化關聯性的研究。另外，思索研究問題是否關注參與者間的發展過程或參與者間的差異也很重要，這個答案將會指示你有哪些研究設計以及統合方法適合回答這個問題。假如你對於參與者內的發展過程感興趣，你可以參考 Shadish 和 Rinskopf（2007）的著作，這本書中討論了單一個案研究的統合議題。

簡單關聯性與複雜關聯性

　　促使大多數研究統合啟動的命題一開始都是提出關於簡單的雙變項關聯性的問題。例如，選擇會影響動機嗎？家庭作業會提高學業成績嗎？這種關聯性的說明簡單易懂，相較於較複雜的關聯性，雙變項關聯性通常更常被拿來檢驗。不過，一份研究統合中的兩個變項，分別都只有一個操作變項的情況十分罕見。舉例來說，有關活動的研究統合中，包含了二十項的介入方案，研究人員分別檢驗其中十六項對老年人的影響。在選擇的研究統合中，則蒐集了四個跟參與者投入活動的動機有關的不同成果變項（亦即在空閒時間所參與的活動、活動的樂趣和喜愛度、對活動的興趣、再度參與該活動的意願），研究人員也檢視了不同的測量方法是否顯示不同的結果。事實上，就像大多數的研究統合一樣，所有案例的研究統合皆檢驗了對雙變項關聯性可能造成的影響，不只包括因為變項定義的方式不同所產生的第三變項，也包括因為研究執行方式的差異而產生的變項。這些包含了設計變項（例如實驗與類實驗的比較）以及執行變項（例如環境、時間）。

　　雖然在社會科學領域，有些關於三變項關聯性——亦即交互作用——的特定假設，曾引起不少研究人員的興趣，他們認為研究統合提供許多訊息，但是就絕大部分的主題而言，最初擬定問題時都是從一個雙變項問題開始。但是，我要在此重申，你剛開始著手進行統合研究以建立雙變項關聯性的存在時，應該不可能讓你忽略了發現變項的交互作用或調節影響。事實上，發現到某個雙變項關聯性存在往往被研究圈視為是微不足道的貢獻。然而，如果研究人員發現第三變項調節了雙變項關聯性，那麼這些研究發現就會被視為是一種進展，而且被列為優先推論的重點。即使當交互作用變成研究統合的主要焦點時，也應該繼續尋找更

高階的交互作用。在第六章探討變項之間的關聯性時將會做更深入的說明，屆時我將討論主效應和交互作用在研究統合中如何被解讀。

總結

總括來說，除了思索你的研究統合是否有 (1) 提供重要相關變項清楚明確的概念型定義，並且 (2) 包含真正符合那些概念型定義的操作變項之外，你還必須問：

問題是否陳述得夠明確，因此處理該問題所需要的研究設計和實證資料也能夠有清楚的說明嗎？

圖 2-1 總結了由於概念被定義的方式、形成操作變項以及建立相互之間的關聯性等方式不同，而使得研究統合之間可能產生的差異。在圖的最上層部分，我們看到兩名統合研究人員可能採用不同廣度的概念型定義。這些定義將影響有多少操作變項會被認為與概念有關。因此，一名將家庭作業定義為「在校外從事的學業活動」的統合研究人員會比一名將家庭作業定義為「老師分派給學生在非上課時間應做的功課」的統合研究人員納入更多的操作變項——例如，家教即符合其定義。此外，也有可能無論概念的廣度如何，統合研究人員在決定某些操作變項是否相關時，可能會有不同的考量。例如，一名統合研究人員可能在成就的測量中納入音樂與工藝成績，然而另一名研究人員可能不會納入。

同時，並非每位統合研究人員都對於探討變項之間的互聯關聯性或因果關聯性的研究感興趣。就各研究闡述重要關聯性的能力而言，這點將影響被認為相關的研究設計的型態，和／或採用不同設計的研究結果如何被解讀。因此，假如統合研究人員問了一個問題：「家庭作業與成就有關嗎？」那麼他們可能納入相關

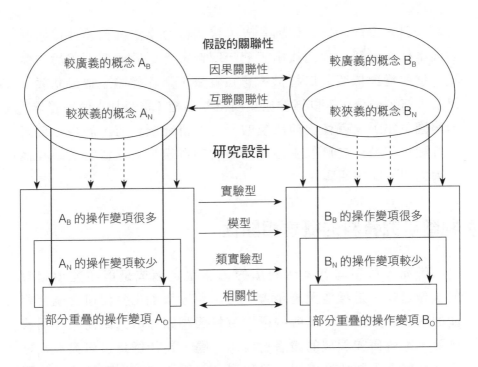

圖 2-1 因概念型定義、相關操作變項以及變項關聯性的差異而導致研究統合之間產生的落差

性研究和實驗性研究，但假如統合研究人員提出的問題是：「家庭作業會讓成績進步嗎？」他們可能會導致其研究侷限在只是實驗，或可能類實驗階段。或者，假如包含了相關性研究，那麼就必須謹慎解讀，方能適切地回答這個問題（第五章將會再深入討論該議題）。

最後，千萬要記住，在統合研究中，有些變項可能定義範圍較狹隘，但有些則可能較廣泛，舉例來說，在我們討論對性侵害所持態度的研究統合中，「性侵害」一詞被狹隘地定義為在女性不同意的情況下所發生的男女性交。同樣地，我們在檢索文獻時發現到十七種衡量對性侵態度的方法，但是只有五種最常被

使用。另一方面，以「個別差異」這個概念來定義預測性侵態度的因素極為籠統。我們找出了七十四個截然不同的個別差異的變項，這些變項依照人口特徵、認知背景、過往經驗、情感狀態，以及人格來劃分，可以歸類成更廣泛的群組（但是比「個別差異」的範圍更小）。就像之前所說的，在做研究統合時，許多有創意的挑戰和回饋就在於找出諸如此類的的群組，並釐清它們跟其他變項之間不同的關聯性。

判斷研究資料的概念相關性

　　研究人員不同意某個變項的概念型定義或是與該變項相關的操作過程，這種情況總是會一再出現。事實上，與研究統合相關的許多爭議不外乎是哪些研究資料因相關性的因素而被採用或排除。瞭解研究領域的讀者會說：「嘿，為什麼這份研究沒被納入？」或者「為什麼選用這份研究？」舉例來說，假如我們的研究統合包括了在學校老師的建議下上家教課的學生，就算我們提出了包含這些學生在內符合概念型定義的嚴謹解釋，但是許多研究家庭作業的學者都會反對。相同地，萬一將這群上家教課的學生包含在內，這些學者可能會建議將家庭作業定義為分派給全班學生的作業，就像大多數人所理解的那樣。他們會主張家庭作業的定義應該要更精確。

　　除了概念型定義的範圍外，有些研究也會檢驗其他的脈絡因素（contextual factors），而這些因素可能影響一份研究是否被視為與研究問題相關。舉例來說，在文獻檢索過程中，判斷研究資料相關性的決定性因素包括：研究人員有無先入為主的成見以及具備該領域的專業知識（Davidson, 1977）、該決定是否依據標題或摘要做成（Cooper & Ribble, 1989），甚至是研究

人員花在決定相關性的時間數（Caudra & Katter, 1967）等等。因此，雖然統合研究人員為一個命題所選擇的概念型定義和抽象的程度絕對是一份研究被視為相關的兩個影響因素，然而還有許多其他的因素也會影響研究報告的篩選。

你一開始應該要採用最廣泛的概念型定義。在判斷被包含在廣泛概念中的操作變項是否能被接受時，你應該要盡可能對你的解讀採取開放的態度。在研究統合的後續階段，尤其是資料評估階段，有可能因為特定的操作變項缺乏相關性而被排除。不過，在問題擬定和文獻檢索的階段，有關研究相關性檢索的問題應該力求包羅萬象。就像初級研究人員蒐集眾多資料，但之後可能在分析時不會派上用場一樣。若是在研究報告被檢索出來並編目之後，才發現到忽略了可以獲得的拼圖塊，因而必須重新檢索，那才是令人苦惱的事。一開始擴大概念去檢索也會有助於你更加仔細思考概念的範圍，當檢索完成時，概念的定義也會更加精確。因此，假如因為採用的家庭作業的觀念有較廣義的解釋，而將上家教課的學生納入為研究對象（「老師分派給學生在非上課時間應做的功課」），而在之後才決定這些學生不應該被包括在內，那麼有可能必須修正定義（「分派給所有學生的作業」）。

在最初做判斷時，不只由一個人來決定一份研究潛在的相關性也是值得考慮的做法。此時，由不同的人來篩選研究報告的目的不只是檢視概念型定義是否在篩選者間形成共識，也是標示進一步地篩選出被其他篩選者認為可能相關的研究。往往，最初關於相關性的判斷是根據有限的研究資料做成，譬如研究摘要。假如是這種情況，至少有兩名以上的篩選者來判斷每一份研究就更重要了，即使只有一位篩選者認為該研究可能相關，也要再複審一次。

表 2-1 提供了一份編碼表的範例，用以篩選探討老年人體能活動介入方案的研究。最重要的編碼是第二項，它將每份文件依

表 2-1　初步的篩選編碼範例

初步篩選相關性	
1. 請填上報告的識別碼	——　——　——
2. 這份文件中包含哪一類資料？ 　1＝背景資料 　2＝實證資料 　3＝兩者皆有 　4＝本資料不相關	——
3. 假如是實證資料，這份文件包含了哪一類實證？ 　1＝描述性 　2＝介入方案的評估 　3＝兩者皆有 　4＝其他（請說明）	——
假如是背景資料，這份文件包含了哪一類的背景資料？（若回答「是」，請填1，若「否」，則填0） 　a. 方案變項的描述 　b. 方案實施的議題 　c. 贊成和／或反對的論點 　d. 過往研究的回顧 　e. 其他（請說明）	 —— —— —— —— ——

資料來源：Cooper (1988, p. 109). Copyright©1988, Transaction Publishers. Reprinted by permission.

照篩選者認為其所包含的內容歸類為四大類目中的其中一類。值得注意的是，分類工作除了確認文件中可能包含與運動介入方案相關的資料之外，初步的篩選問題還包括某個類別的文件可能未包含後設分析的資料，但是卻可能提供其他重要的資訊或是對該主題有深入瞭解，或許是概述或討論統合結果，也或許是要確認提升成人活動量的介入方案可能造成的影響。這張表中其他的資料都跟文件及其製作者的特質有關。在大多數電腦化參考資料庫

的文件記錄中，通常可以找到這份資料，因此一般而言，篩選者不需要檢視完整的文件才能找到它。當文獻檢索工作需要篩選大量文件時（譬如在 ERIC 資料庫中，以「家庭作業」這個關鍵字在超過三千兩百份文件中做摘要檢索），這是初步的篩選會經過的步驟。

因研究而產生與因統合而產生的實證資料

我曾指出，大多數的研究統合都把焦點放在主效應的問題上，但是接下來也會根據研究執行方式的差異將研究報告分門別類以檢定調節變項。其實，這些調節變項分析是在檢定交互作用的效應，它們所要探究的是主效應關聯性是否會因為第三變項的程度或類別而不同，第三變項在此是指研究特性。這點會讓我們思考在研究統合所包含的實證類型之間是否有一個重要的區別。

在研究統合中所包含的關聯性有兩個不同的實證來源。第一種稱為「因研究而產生的實證資料」（study-generated evidence）。當某一個研究包含了直接測試相關性的結果，就會出現因研究而產生的實證資料。研究統合也包含實證資料，但並非出自單一研究，而是來自各個研究步驟所產生的變項。這種實證資料稱為「因統合而產生的實證資料」（synthesis-generated evidence），當採用不同步驟去檢定相同假設的研究結果相互比較時，就會產生該項資料。

在因研究而產生與因統合而產生的實證資料之間有一個重要的區別：**只有以實驗型研究為基礎、因研究而產生的實證資料可以讓統合研究人員做出有關於因果關聯性的論述。**有個例子可以說明這個觀點。就選擇與動機的研究而言，假定我們對於給予參與者的選項數目是否會影響選擇對動機的效應感興趣。同時假定

找到十六份研究直接評估選項數目的影響，做法是隨機將參與者分配到實驗情況中，其中一個情況是參與者只能在兩項選項中做選擇，而另一個情況是有兩個以上的選項。然後這些研究所累積的結果可以被解讀為支持或不支持選項數目造成動機增加或減少的想法。現在，再假設我們發現有八份研究是比較只有兩個選項的選擇情況和無選擇的控制組，而另外八份研究則是比較多重選項（超過兩個選項）的選擇情況和無選擇的控制組。假如這份因統合而產生的實證資料顯示，當選項較多時，選擇對動機的影響也較大，那麼我們就能推論，在選項數目與動機之間存在一個互聯關聯性而非因果關聯性。

為什麼是這種情況？因果關聯性的方向並不是因統合而產生的實證資料所要處理的問題。若有人主張參與者展現出的動機多寡影響了實驗人員所決定的選項數目，這種說法是很荒謬的。不過，另一個因果關聯性的要素仍然是個問題——即缺乏形成關聯性的潛在第三變項。有許多的第三變項可能會跟實驗者一開始要給參與者多少選項的決定交雜在一起。例如，在多重選項研究中的參與者或許比較有可能是成年人，但是兩個選項研究中的參與者則比較可能是兒童。

因統合而產生的實證資料無法排除其他變項與重要相關的研究特性混雜在一起的真正原因。這是因為研究統合人員並非將選項數目隨機分配到實驗中。只有初級研究人員才能夠將參與者隨機分配到實驗中，並假設第三變項很平均地出現在實驗情況中。因此，當一份研究統合包含的全都是不同選項的情況與無選擇的控制組相互比較的研究，那麼該統合研究能夠做出關於選擇本身之效應的因果論述，但是無法陳述選項數目對於選擇效應之影響的因果關聯性。也就是說，此時，該研究統合只能提出一種互聯關聯性。

總結

　　對統合研究人員而言，隨時提醒自己因研究而產生與因統合而產生的實證資料有所區別是很重要的。**只有來自單一研究的實驗操作中的實證資料才能支持有關因果關聯性的論點**。不過，因統合而產生的實證資料在因果關聯性的推論上比較薄弱並不表示應該要忽略它。採用因統合而產生的實證資料可以讓你測試初級研究人員從未檢驗過的相關性。舉例來說，之前從未有初級研究曾檢驗過家庭作業與成績之間的相關性是否會因作業篇幅的長短而有所不同，或者不同類型的介入方案對於後續體能活動所產生的效應是否也有差異。統合研究人員藉由在各研究間尋找作業篇幅與介入方案型態的差異，並找出其與家庭作業對成績的影響或是介入方案對體能活動的影響之間的關聯性，他們就能夠歸納出與這些潛在的重要調節變項相關的初級實證資料。即使這份實證資料不太站得住腳，但卻是研究統合最主要的貢獻，而且也是未來初級研究可能的假設來源。

研究統合的價值

　　研究統合應該被放在理論、歷史，和／或實務的脈絡下來討論。為什麼對性侵害所持的態度很重要？理論能夠預測特殊的個別差異如何及為何與性侵害態度有關嗎？其他不同理論有相矛盾的預期嗎？為什麼老年人需要體能活動呢？活動介入方案的想法從何而來？介入方案的要素是以理論還是實務經驗為基礎？有無關於運動方案功效的討論呢？

　　將研究統合的問題脈絡化的目的不只是解釋為什麼某個主題很重要，為問題提供一個脈絡也提供了尋找主要發現的調節變項

的基本原理。這是找出變項的重要協助工具，你可能會檢驗它們對結果所造成的影響。舉例來說，自我決定論提出，握有選擇權將增進參與一項任務的內在動機，但是提供獎賞卻會削弱未來參與任務的動機。這表示探究選擇的研究若有提供獎賞，可能會產生與未提供獎賞的研究不同的結果。

同時，許多社會介入方案，譬如分派家庭作業，皆標榜它們所影響的不只是一個成果變項。例如，家庭作業的支持者會列出一長串宣稱正面的效應，無論學業或非學業的結果都有。家庭作業的反對者也會列出一大串可能的負面效應。統合研究人員盡可能完整地呈現介入方案正面與負面的效應也很重要。這些效應可能是由理論學家、研究人員、支持者和反對者提出。

另外，量化研究與質性研究都可用來將研究問題放在一個有意義的脈絡下。相關事件的敘事或質性描述都可用來發現手邊問題的明顯特徵。這些都可能成為重要的問題來源，讓統合研究人員要求量化證據。在林林總總的問題例證中，量化調查也能回答特定問題。除了建立問題的重要性之外，調查也能回答諸如「體能活動介入方案容易取得嗎？」和「在這些介入方案中，參與者有哪些特質？」這類的問題。

假如一份統合研究已經存在，為什麼還需要一份新的？

有時候，統合研究的價值很容易建立：過去曾執行過許多研究，但是卻尚未積累、摘要整理和整合。不過，假如有個主題已有很長的研究歷史，那麼發現之前已有人嘗試做整合工作也不令人意外。顯然，在著手新的研究統合之前，必須仔細審查這些研究報告。舊的統合研究可幫助新的統合研究建立必要性。這相當類似於在著手一個新研究之前，用在初級研究中的評估過程。

你可以在舊的統合研究中尋找幾樣東西，對你的新統合研究

將有所助益。首先，舊統合研究可以跟你找到的其他背景文件一起用來識別其他學者在該領域中的地位。尤其，證據說了什麼，還有造成衝突的原因等等，舊統合研究可用以判斷是否有相互矛盾的結論存在。

其次，檢視舊研究統合可以讓你評估較早期研究的完整性和有效性。舉例來說，探討運動介入方案的統合研究發現了兩篇過往研究針對老年人所做的敘事回顧，但是未做後設分析。唯一的一篇後設分析則涵括了各年齡層的成人。因此，我們可以主張後設分析的優勢將伴隨我們的新研究出現。

新的統合研究人員可能希望檢視交互作用的變項，而過往的統合研究也可能是找出這些變項的重要工具。之前的統合研究人員並非重新開始彙整潛在的調節變項，他們（以及初級研究人員，量化研究與質性研究皆然）無疑是根據本身的智識以及閱讀的文獻提供許多建議。假如某個領域的統合研究不只一篇，那麼新的統合研究就能夠納入所有的建議。

最後，舊的統合研究能夠讓你開始彙整相關的參考書目。多數的統合研究都有相當長篇幅的參考書目。假如統合研究不只一篇，它們所引用的研究報告多少會重複，但是不會完全一樣。除了下一章所描述的其他技巧之外，舊統合研究所引用的研究報告也提供了一個絕佳的位置讓你開始進行文獻檢索。

脈絡對於統合結果的影響

一個問題如何被放在理論或實務的脈絡下討論，其差異性會影響統合研究的結果，因為在相關文獻確認之後，就會以不同的角度來看研究的操作過程。統合研究人員對於文獻中理論與實務的區別可能關注程度不一。因此，假如其中一份統合研究檢視了研究報告中理論與實務的差別，因而發現了調節關聯性，但另一

份統合研究並未檢驗這點的話，那麼即使採用相同概念型定義以及相同研究組合的兩份研究統合仍可能得出截然不同的結論。例如，一份統合研究可能發現到家庭作業對成就的影響與學生的年級有關，然而另一份統合研究卻未處理該問題。因此，若要評估(1)是否已經確立問題的重要性；(2)是否已經確認研究發現的重要潛在調節變項，那麼你要思考你的研究統合的下一個問題就是：

> 該問題是否置於有意義的理論脈絡、歷史脈絡和／或實務脈絡中？

本章習題

1. 請先確認兩份與相同或相似的假設有關的研究統合報告。找出每一份研究中所使用的概念型定義。若兩者互異，請說明兩者定義有何不同？哪一份統合研究採用較廣泛的概念型定義？

2. 請列出這兩份統合研究以哪些操作特性作為收錄和排除的標準。它們有何差異？

3. 請列出每份統合研究中，被視為相關的研究。哪些研究只被其中一份統合研究採用，卻未包含在另一份統合研究中？理由為何？

4. 何種類型的關聯性被假定存在於兩個統合研究的重要相關變項之間？何種類型的研究設計被包含在統合研究中？假定的關聯性和被包含的設計相符嗎？為什麼？

5. 兩份研究統合的基本原理為何？兩者不同嗎？

3

步驟二：檢索文獻

應採取哪些步驟以搜尋相關的研究資料？

在統合研究中主要的功能：

- 確認相關研究資料的來源（如參考資料庫與期刊）。
- 確認在參考資料庫中用來搜尋相關研究資料的關鍵詞。

可能導致不同結論的步驟差異：

資料來源的不同可能會導致檢索資料產生系統性的差異。

在研究統合中評估文獻檢索時須問的問題：

- 是否使用相互補強的檢索策略去搜尋相關的研究？
- 是否運用適當且詳盡的關鍵詞來檢閱和審查參考文獻資料庫與研究報告？

本章綱要

- 文獻檢索的目標。
- 找出與統合研究主題相關研究的方法。
- 獲得研究報告的直接管道、品質控制管道和次級管道中，研究資料如何加入不同的管道？
  研究人員如何接觸不同的管道？
  不同管道所含括的資料中可能出現哪些偏見？
- 在檢索出來的研究報告中會遭遇的問題。

在初級的社會科學研究中，參與者透過抽樣來源（subject pools）、報紙廣告、學校、醫生診間等方式成為研究對象。在研究統合中，藉由搜尋描述過往相關研究的報告將可發現重要的相關研究。無論社會科學家是否正在蒐集新資料或是統合先前研究的成

果，當尋找相關的資料來源時，他們要做的重要決定就是定義目標母群體，亦即它們將成為研究的指涉對象（Fowler, 2002）。在初級研究中，目標母群體包括研究人員希望在研究中作為代表的那些個人或團體；在研究統合中，目標母群體則包括所有檢驗假設與處理該問題的研究資料。

在初級研究的情況下，研究調查的抽樣架構（sample frame）包含了研究人員可實際獲得的那些個人或團體。在研究統合的情況下，抽樣架構則包含了可取得的研究報告。在多數的情況下，研究人員無法接觸到目標母群體中的每一份子。這種作法代價太高，因為有些人（或文件）很難找到，或者拒絕合作。

社會科學研究中的母群體區隔

初級研究與研究統合都必須說明目標母群體及抽樣架構。此外，兩種調查研究都要求研究人員思考目標母群體與抽樣架構如何相互區別。假若在抽樣架構中的組成份子與目標母群體之間有系統性的差異，那麼任何關於目標母群體的主張就會變得沒那麼值得信賴。因為改變研究調查的目標比尋找難以找到的人或研究來得容易，所以初級研究人員和研究統合人員可能會發現當一份調查接近完成時，他們必須重新指定其目標母群體。

在社會科學研究中最常見的目標母群體，大致上的特徵就是「所有的人類」，無論是個人或團體。當然，大多數的主題在描述對象時，範圍不會這麼籠統。譬如在探討家庭作業影響的研究中限定在「所有的學生」或是在活動介入方案效應的研究中限定為「所有五十歲以上的成人」。

在社會科學研究中的抽樣架構一般都比目標母群體更受限。因此，在一個運動介入方案中的參與者可能全都來自相同的地理

區域。大多數的社會科學家都注意到參與者的多樣性之間的落差，這群人都是研究人員希望其研究結果所指涉的對象，以及他們真正可以接觸到的人們。因此，他們在研究結果的討論中會探討概括性的限制。

正如同我在第一章所言，研究統合包含兩個目標。首先，統合研究人員會希望他們的研究能**含括先前所有探討該問題的研究**。統合研究人員能夠藉由操控文獻檢索的方式，亦即透過選擇資料來源以達成目的。本章的重點就是教你如何做到這點。就像在初級研究中不同的抽樣方法可能造成抽樣對象的差異一樣（例如，電話普查跟郵件普查所接觸的對象就不同），不同的文獻檢索技巧也會造成研究的樣本差異。同樣地，就像要找到某些人以及抽樣出某些人會比較困難，要找到某些研究資料也會相對較困難。

統合研究人員除了想囊括所有先前的研究資料外，他們也會希望其研究結果與跟主題相關的目標母群體的人們（或其他單位）相關聯。舉例來說，我們的家庭作業的統合研究希望學生是從幼稚園到十二年級，而不只是在過往研究中作為代表的中學生。我們能不能達到目標乃受制於初級研究人員所抽樣的學生類型。假如過去的家庭作業研究未包含一年級和二年級的學生，那麼這些研究在家庭作業的統合研究中就不能作為代表。因此，研究統合包含了篩選樣本的過程。初級研究要採用個人或團體的樣本，而統合研究人員則是檢索初級資料。這個過程或多或少類似於群集抽樣（cluster sampling），根據人們所參與的研究方案，以群集方式來區分對象。

當然，統合研究與初級研究也有相異之處，統合研究人員通常都不會嘗試從文獻中去擷取代表性的研究樣本。一般而言，他們會嘗試檢索完整的研究資料。這個艱鉅的目標幾乎難以達成，但肯定的是，在研究統合中比在初級研究中更可行。

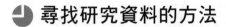 尋找研究資料的方法

　　你要如何著手尋找關於某個主題的研究報告？科學家有許多用來彼此分享資訊的方法。這些方法在過去二十年歷經了大幅的改變。事實上，我們可以肯定地說，在過去二十年，科學家互相傳遞研究工作的方式比過去的三百年改變更多，當時（17 世紀晚期）學術期刊才剛問世。這種改變主要是因為電腦與網際網路的應用，增進了人類的交流。

研究報告的命運：從著手進行到論文發表

　　假如在研究報告被提出時，我們一開始就闡述研究報告另一種可能的命運，那麼說明研究人員可以用來尋找研究報告的許多機制將富有啟發意義。我的同事和我（Cooper, DeNeve, & Charlton, 1997）針對三十三位研究人員進行了一項普查，他們在幾年前於學校的科學研究與倫理審查委員會（Institutional Review Board, IRB）提出一百五十九篇研究報告。這項普查詢問研究人員每一份研究報告從著手進行到論文發表的過程花了多久時間。**圖 3-1** 將他們的回答做了摘要整理。在一百五十九份研究報告中，有四份從未開始，四份曾開始進行，但未完成資料蒐集，有三十份已完成，但是資料未曾被分析。從研究統合的觀點來看，這三十八份研究報告價值不高，因為假設未曾被檢驗。不過，一旦一份研究資料被分析（被提出的研究報告大約有 76% 都會被分析），那麼其結果就會變得重要相關，因為它代表研究報告假設的檢驗。此刻，研究報告不僅包括假設是否成立的資訊，而且接下來研究報告的命運可能會受到其揭露的資料所影響。舉例來說，**圖 3-1** 指出，大約有 13% 獲得分析資料的研究並未做成書面報告，為什麼會有這種情形有幾個理由，這些理由有一些

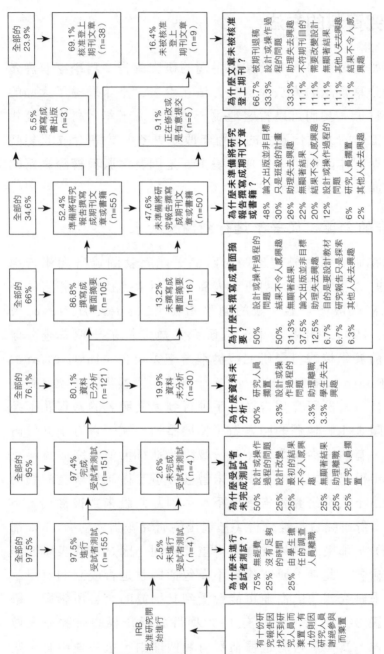

圖 3-1　IRB 准許出版的研究報告之命運流程圖

資料來源：From "Finding the missing science: The fate of studies submitted for review by a human subjects committee," by H. Cooper, K. DeNeve, & K. Charlton, 1997, *Psychological Methods*, 2, pp. 448-449. Copyright 2001 by the American Psychological Association.

跟成果本身有關，尤其是結果並不有趣和／或不具有統計顯著意
義等。接下來，我們在圖3-1看到，大約只有半數的書面研究摘
要準備要寫成期刊文章、書籍章節或是撰寫成書。最後，其中大
約75%到84%的研究報告會設法付印出版。

　　當我們在檢視人們用來搜尋研究報告的各種檢索技巧時，我
們必須謹記在心的是：**尋找研究資料的困難度以及各種搜尋技巧
的價值將會隨著該研究從資料分析到論文發表過程中進展的程度
而產生變化**，就如同圖3-1所描繪的。例如，欲預測接下來的討
論，顯然有分析資料但卻未撰寫成文的研究報告只有經由直接與
研究人員接觸才能取得。出現在期刊中的研究報告容易找到，但
是其重要性和／或創新的發現卻可能被高估了。

檢索管道的相異性

　　本節將說明你可以用來尋找研究資料的重要方法。我將嘗試
藉由比較只用某一方法所獲得的搜尋結果與目標母群體的「全相
關研究」（或者換另一種說法，「資料已被分析過的所有相關研
究」）的搜尋結果，來評估利用每一種方法所發現的資料類型。
遺憾的是，探討使用不同的搜尋方法所獲得的科學資訊之差異的
實證資料有限。所以我有許多比較研究都與我本身的一些推論有
關。搜尋方法的特性對研究結果的影響可能會因主題不同而有所
差異，因此問題將變得更加複雜。

　　另外，分享資訊的方式激增也使得用來幫助我們思考檢索方
法彼此間差異與關聯的描述符號不勝枚舉。交流的機制亂無章法
地出現，因此沒有一個描述的範圍能夠完整地掌握其所有重要的
特徵。不過，仍然有些特徵在描述不同的搜尋方法時很有用。有
一個區分科學交流方法的重要特徵是關於**研究資料如何被納入管
道中**。管道可能會有比較開放或是受限的登錄規則。開放的登錄

許可讓初級研究人員（想要放置某些資料在管道中的人）直接進入管道中，並將它們的研究放進資料集中。受限的登錄許可則要求初級研究人員在他們的研究可能被採納之前需符合第三方的要求——亦即在他們與搜尋資料的人之間的某個人或機構。這些要求最重要的就是利用「同儕評鑑」（peer review），以確保研究資料符合某些相關性、品質，以及重要性的標準。事實上，所有的管道都有一些登錄許可的限制，但是形式和嚴格程度卻因管道不同而異。最直接影響在這些管道中的研究資料如何與所有相關的研究資料產生差異的就是這些資料。

檢索方法第二個重要的特徵是關於**研究人員如何從管道中獲得資訊**。在如何取得內容方面，管道或多或少有開放或限制的要求。假如管道要求研究人員（從該管道尋求資料的人）明確指出他們想要哪些或誰的文件，那麼這個管道就是比較受限的。假如研究人員對於資料的要求可能比較廣泛或籠統，那麼這個管道就是較開放的。這些接觸資訊的要求也可能影響研究人員將在某個管道中所發現的研究資料類型。

這些區隔的重要性在我描述它們跟特定的搜尋方法有何關聯時，就會更明瞭了。為了闡述方便，我將這些方法分成三大類：「直接接觸研究人員的管道」、「品質控制的管道」，以及「次級管道」。

直接接觸研究人員的管道

以直接接觸研究人員來獲取研究報告的方法，其特徵為統合研究人員試圖找出可能有也可能沒有相關研究的研究者，而不是找出研究報告本身。透過這種實際接觸或是可以交流資訊的人所做的要求並沒有正式的限制。交流的資訊可能非常籠統

（例如，與增加活動量的介入方案有關的任何事物），或是非常特定（例如，針對介入方案對於老年人做有氧運動頻率的影響所做的研究），而且有關研究的資料類型，可能從未經分析的資料到已發表的報告不等。但有個情況除外，即資料搜尋者與研究人員之間並無第三者協調資訊的交流。直接接觸研究人員的主要交流形式包括個人接觸、公開徵稿、傳統無形學院（invisible colleges）[1]以及電子化無形學院。這些交流的形式之間的區別將於接下來的段落中加以說明，**表 3-1** 亦做了摘要整理。

個人接觸

當然，統合研究人員獲得的第一份資料就是他們自己的研究。在其他人看到研究結果之前，初級的研究調查人員本身就已看過。因此，我們一開始在搜尋關於家庭作業對學業成就之影響的研究報告時，就會把我們自己做過與該議題相關的研究納入。

雖然這份資料來源似乎太過平淡無奇，幾乎沒有提出的必要，但是它卻相當關鍵。對研究統合人員而言，以適切的觀點維護本身研究工作的地位是很重要的。統合研究人員個人所執行的初級研究會對於他們如何詮釋整體的研究文獻產生深遠的影響（Cooper, 1986）。一般來說，身為研究人員，我們期盼所有的研究應該得出與我們的研究相同的結論。然而，任何一名研究人員本身的研究與所有針對同一主題所做的研究相較之下，會發現它們在許多重要的層面上都有明顯的差異，有許多因素可能影響

---

1 在研究進行中，研究人員經常會與同事或同行交換意見，互相切磋琢磨，這種非正式的交流，習慣稱為「無形學院」（invisible college），因為這些非正式交流，是外人無法取得的。每個領域都有自己的「無形學院」，拜網路之賜，「無形學院」也搬上了網路，有些學者會利用論壇、討論群與世界各地的同行與同好交換知識，利用搜尋引擎即可找到某些網路上的「無形學院」。

表 3-1 直接接觸研究人員尋找研究資料

管道	研究資料 刊登的限制	研究人員 進入的限制	資料類型的限制
個人接觸	資料搜尋者必須知曉研究人員	資料搜尋者必須知道如何與研究人員聯繫	找到的研究報告在研究方法和研究結果的同質性可能比較高
公開徵稿	研究人員必須具有讓資料搜尋者知曉的身分（例如相關組織的成員）	資料搜尋者必須取得連絡地址	假如徵稿是以有特殊偏好的組織成員為出發點，那麼找到的研究報告在研究方法和研究結果的同質性可能比較高
傳統 無形學院	研究資料必須由傑出的研究人員「認可」	資料搜尋者必須知道哪些人是傑出的研究人員	找到的研究報告在研究方法上的同質性可能比較高；研究結果可能會與傑出的研究人員的觀點過度一致
電子化 無形學院	研究人員必須註冊加入電腦的郵件討論群或是電子布告欄	資料搜尋者必須註冊加入相同的郵件論壇或是電子布告欄，或是向某個用戶提出請求	假如郵件論壇或是電子布告欄是以有特殊偏好的組織成員為出發點，那麼找到的研究報告在研究方法和研究結果的同質性可能比較高

研究結果。每一位研究人員都可能在各研究中重複一些相同的操作變項，只運用一些測量方法和／或對參與者的指示。舉例來說，一名研究人員執行的家庭作業研究可能僅採用學生的班級成績作為學業成就的衡量依據。其他的研究人員則可能採用教科書的單元測驗或標準化測驗，而不是班級成績。另外，在某位研究人員研究中的參與者可能來自相同的機構以及地理區域（譬如，某位研究人員總是以附近學區的學生為研究對象）。這使得參與者在某些方面（例如社經地位）具有同質性，並且與其他研究人員的研究參與者有所出入。甚至在同一個研究室中的研究助理在相關

方面（例如訓練上）也會比隨機抽樣所有從事該相關主題研究的研究助理之同質性要來得更高。

其他一對一的接觸——亦即，與你直接接觸的人或與接觸你的人分享他們的研究工作，因為他們知道你感興趣的事——發生在實驗室外，但或許距離並不遠。譬如，學生和他們的教授分享想法，並交流他們所找到雙方都感興趣的報告和文章。當有新研究出現時，過去合作過的同事或者以前認識並交換過想法的同事也會彼此互通消息。辦公室位於走廊另一頭的同事可能剛好在期刊或是研討會計畫書中看到一篇關於家庭作業的文章，他也知道我對該主題感興趣，因此可能提供給我。偶爾，讀過某個研究人員過往研究的讀者也會指出他們認為與該主題相關但是在該報告中未引用的文獻。當研究報告印刷出版時，這種情況有時會發生，但有時在原稿審查階段也會發生。當我將欲發表的家庭作業研究原稿投稿到期刊時，一名審查人員建議一些未列在我的參考書目中額外的相關文章，也不是什麼稀奇的事。當我們開始進行我們的家庭作業統合研究時，這些就會被附加在我們的相關研究表單中。

■藉由個人接觸所獲得的資料之限制

個人接觸通常是一個有限制的交流管道。一名搜尋者必須聽聞過並逐一拜訪初級研究人員以獲取相關資料。或者，為了開啟資訊的交流，初級研究人員必須知曉搜尋者對他們所做的研究感興趣。因此，跟一名研究人員本身的研究工作極為相似，透過個人接觸所找到的資料，無論他們是朋友或同事，一般都會反映出該名搜尋者在非正式的社交體系中關於其方法學上或是理論上的偏好。很有可能研究發現都是比較同質性的研究，而非「所有相關的研究」。這並不是說搜尋者經由個人接觸就無法獲得跟他們期望不一致的發現，而是獲得與期待相同的研究（而且看起來就

像是同事會做的研究）的機會比較大。因此，與朋友和同事的個人接觸不可成為研究統合中唯一的研究報告來源。光靠這些技巧來蒐集相關研究的研究統合人員，其做法就像決定只在朋友之間做抽樣的調查人員一樣。最後要強調的是，**圖 3-1** 也說明了這些個人接觸可能是獲取研究報告作為分析資料的唯一途徑，但是卻不可能因此做成書面的研究報告。

公開徵稿

向一群研究人員寄出一份共同的徵稿文，可以產生較不具偏見的資料樣本。首先，你必須先確認團體裡的各個成員可能拿得到相關的研究報告。接下來，你取得團體成員的名單，並逐一與成員聯繫——一般是以電子郵件往來——即便你個人並不認識他們。就我們的家庭作業研究而言，我們跟 77 所大專院校或是高等教育機構教育部門的院長、副院長或系主任聯繫，並商請他們將我們的需求轉達給他們的同仁知曉，若他們所執行的研究或知道的研究與分派家庭作業的實務工作相關，歡迎與我們分享。

■透過公開徵稿所獲得的資料之限制

公開徵稿會比個人接觸的方式更能獲得比較異質的研究樣本，但須視用來產生郵件名單的方式而定。舉例來說，很難知道我們連絡院長、副院長或系主任的策略是否會導致極端偏頗的研究報告樣本（雖然我們並不確切知道哪些院長確實轉發我們的電子郵件，而且這可能也跟他們認為我們「樂於」收到哪種資料有關）。就圖 3-1 而言，我推測與個人接觸的方式相較之下，只能用做資料分析的研究資料比較不可能透過大量郵件方式取得，因為收到徵稿文的人比較不可能知道搜尋者是誰。

傳統的無形學院

另一個直接的交流管道比個人接觸更不受限，此即無形學院。根據 Crane（1969）的說法，無形學院的形成是因為「研究類似問題的科學家通常會彼此留意，而且在某些情況下，會試圖以相互交換報告或論文的方式使他們的接觸系統化」（p. 335）。Crane透過社交測量分析（sociometric analysis）發現，無形學院大部分的成員彼此之間並無直接的連結，而是跟一小群有高度影響力的成員有連結。就群體交流的角度而言，傳統無形學院的結構就像輪子——有影響力的研究人員位於輪軸，而較不具聲望的研究人員則位於邊緣，交流的事務大多在輪軸與輪輻之間運行，比較少在外圍成員間進行。

傳統無形學院的架構特色乃基於在過去，科學家之間非正式的資訊傳遞都是以一對一的方式，主要是透過郵件和電話。這兩種媒介限定了一次只能有兩個人交換資訊（雖然透過大批郵件往來，也可能會同時有好幾個雙向交流的機會）。同時，這兩名通訊人必須認識，並選擇彼此對話。因此，有影響力的研究人員其角色就像輪軸，對於他們所認識的一群研究人員，既限制了資訊的輸入（加入），也引導了資訊的輸出（使用）。

今天，傳統的無形學院依然存在，但是其重要性已減低，因為研究人員可以容易又快速地相互溝通聯繫。以我們的家庭作業研究為例，我們寄出了內容大同小異的電子郵件給二十一位學者，他們是在我們的參考資料庫搜尋工作（下一節將會討論）中，從1987年到2003年底，至少有二篇以上有關家庭作業與學業成績之研究報告中掛名首位的作者。在這二十一位研究人員當中，大約有六、七位是我們已經知道從事家庭作業研究相當活躍的研究人員。因此，你可能會說我們找出家庭作業研究人員的決定是

尋找那些在近幾年已經發表好幾篇研究成果的研究人員，這個策略也可說是尋找可能扮演家庭作業研究之輪的輪軸人士。在一個領域中經常發表文章的傑出研究人員有可能會比剛開始入行的研究人員受到更多的關注和接觸。

■透過傳統無形學院獲取資料之限制

　　傑出研究人員對於透過傳統無形學院傳遞的資訊所發揮的影響力，在評估透過該管道所傳遞的資訊中存有的偏誤方面具有關鍵性的地位。僅透過接觸傑出的研究人員來蒐集研究資料的統合研究人員可能發現，跟從各方來源所蒐集到的研究報告比較起來，這些研究報告比較一致地支持這些核心研究人員的理念。這是因為新進或邊緣的研究人員若做出的研究結果與傳統無形學院的中心人物有所衝突的話，想要試圖讓他們的研究進入該管道的可能性應該比較不高。就算他們做到了，他們也比較不可能看見自己的研究在該網絡中廣為流傳。而失驗的研究發現可能導致一名原本在傳統無形學院中活躍的研究人員離開該網絡。同時，由於在傳統無形學院中的參與者互以對方作為參考團體，所以和對於某一特定主題有興趣的所有研究人員相較之下，有可能在他們的研究中所使用的操作變項和測量方法同質性會比較高。

電子化無形學院：郵件討論群、信件群組以及電子布告欄

　　雖然傳統的無形學院今日依然存在，但是也存在一種更新的「無形」學院。隨著網際網路的出現，將對於相同主題有興趣的一群科學家集中在一起的交流樞紐愈來愈不具必要性。網際網路讓研究人員得以同時寄出相同的資訊徵求函給一群人，而且他們可能絕大部分都互不相識。

　　電子化無形學院透過電腦化的名單管理程式來運作，這個程

式稱為「郵件討論群」（listservs）。這些程式建立了郵件名單並自動發送電子郵件訊息給成員。因此，以我們的家庭作業統合研究為例，我們找到了一個「全美測驗主管協會」（National Association of Test Directors），該組織由超過一百個學區的研究或評量機構負責人所組成。我們跟該郵件討論群的管理者聯繫，並請他將我們需要研究報告的需求發送給成員。假如你是屬於跟你的研究主題相關的郵件討論群的成員之一，那麼你就可以直接跟其他成員提出這項請求。

有時候一群一群的研究人員並不隸屬一個正式的郵件討論群，而是透過非正式的信件群組（distribution lists）來互通信息，這是由個人所建構的工具。在其他情況下，研究人員可能是某個電子布告欄（electronic bulletin board）或討論群組（discussing group）的成員，在這些版上，成員會發起主題進行討論，並收到來自其他會員的留言。這些討論版都可以用來徵求研究報告。

文獻檢索人員如何知道有哪些郵件討論群和電子布告欄存在呢？尋找郵件討論群、討論群組或電子布告欄最佳的方法就是以「討論群組」、「電子布告欄」或是「郵件討論群」這些關鍵詞或是相關主題的描述語在網路上搜尋。當你進入研究機構的網址時，也有可能找到郵寄地址 [2]。

■透過電子化無形學院獲取資料之限制

郵件討論群、信件群組或是討論群組大部分的會員收到要求協助尋找與某一特定主題相關的研究之訊息時可能不會幫忙，而

---

2 另一個策略是新設置一個跟研究主題相關的信件群組。這種方式會花較長的時間才能看見成效，但是也可能會獲得較多的回饋。

且也不會回應，但是即使只有一些人知道有這些研究，那就非常有幫助了。尤其，這些管道可以幫助你找出新的研究——或許是尚未提交發表的報告形式，或是等待發表但尚未出版的文章——或是還沒有機會出現在另一交流管道中的舊研究。

無形學院，郵件討論群、信件群組、電子布告欄以及討論群組，除非它們與一個常設機構有關，否則可能只是暫時性的、非正式的實體，目的往往是處理特殊問題。當問題解決時，或是該學門的重點改變時，它們可能就消失了。它們也可能因為裡面的研究人員的研究興趣轉移而變得過時。它們可能也會排除最近才剛進入該領域的新進研究人員而且並不知道他們的存在。所以使用郵件討論群和信件群組再加上前述比較直接的個人接觸會是一個比較周全的做法。

郵件討論群和電子信件群組會比傳統的無形學院更不受限，因為雖然有人會扮演群組協調者（輪軸）的角色，但是許多的名單根本不是由個人來管理。相反地，電腦往往扮演交流輪的輪軸角色，由電腦散播輸入的訊息，而且不會對內容有所限制。在人數不多的信件群組中，成員的名單可能由個人掌管，要加入群組和／或郵件內容可能會經過篩選，因此這些群組的運作會比較像傳統的無形學院。

任何人都能加入許多個郵件討論群和信件群組，只要他們知道該群組存在，並發送簡單的指令給電腦主機即可。有些郵件討論群設定了比較正式的會員制度。因此，我無法加入「全美測驗主管協會」的郵件討論群，因為我並不是測驗主管（我們必須連絡群組協調人，並請他／她為我們發送訊息）。不過，一般而言，比起利用傳統的無形學院或個人接觸，使用這些管道來蒐集研究資料的文獻檢索人員應該可獲得一組異質性較高的研究報告。

再者，郵件討論群或信件群組不像「所有相關的研究」在研

究方法和結果上這麼多元。會員可能仍會具有某些偏見。例如，我可以藉由聯繫美國心理學協會的教育心理學部門的郵件討論群，嘗試蒐集調查家庭作業的研究資料。該群組的會員可能會讓人誤以為做大規模調查或實驗的研究人員很多，而做民族誌學研究的人寥寥無幾。當然，為了使用這些郵件討論群，你必須知道它們的存在，通常尚未具備學術聲望的研究人員比較不可能會知道這些並投稿過去。

總而言之，目前討論的所有直接管道都有一個重要的特性：兩名同事之間可以無限制地互相交流。因此，與所有相關的研究資料相較之下，透過個人接觸、公開徵稿、無形學院、郵件討論群等等所找到的研究樣本比較可能包含未經其他人審查過的研究報告。由於圖 3-1 所提出的理由，這些研究報告有很多都從未出現在限制比較多的交流管道中。此外，許多科學交流的直接管道也可能檢索出在方法與結果上同質性較高的研究報告。

品質控制的管道

在研究報告被收錄之前，品質控制的交流管道會要求研究資料需符合與研究被執行的方式相關的某些標準。是否符合標準，一般是由通曉該研究領域的其他研究人員來判定，因此就這點而言，這個管道跟傳統的無形學院極為類似。不過，它跟無形學院不同的是，在大多數的情況下，要提交一篇報告讓品質控制的管道採納可能須通過不只一人的評判。主要的品質控制管道有兩個：會議報告（conference presentations）以及學術性期刊（scholarly journals）。其特色摘要整理如表 3-2。

表 3-2　在品質控制的管道中尋找研究資料

管道	研究資料 刊登的限制	檢索人員 進入的限制	研究資料 刊登類型限制
專業的會議論文報告	研究報告必須通過寬鬆的同行審查	檢索人員必須留意會議的舉行	統計顯著性和有趣的結果比較可能出現
同行審查的期刊	研究報告必須通過嚴格的同行審查	檢索人員必須訂閱或留意該期刊	統計顯著性和有趣的結果比較可能出現；期刊文章比較可能在方法上具有同質性

會議報告

　　有大量的社會科學專業社團，因專業的事務及主題領域而形成其體系，許多社團都會舉辦年會或是雙年會。藉由參加這些會議或是仔細研究投稿到這些社團的論文，你就可以發現在你的研究領域中其他人正在做的事，以及近期完成的研究。

　　舉一個尋找會議報告的例子，在準備撰寫本章時，我造訪了美國教育研究協會（American Educational Research Association, AERA）的網站，並關注其 2008 年會議計畫的連結資料。在過程中，我必須分辨我自己是會員還是訪客，依照我的身分，我會享有不同的待遇。幸好，這些待遇都與我接觸該計畫本身一點關係都沒有；不過，不同的組織可能會有不同的規定，而且可能會限制接觸該組織計畫的機會。

　　接下來，我輸入搜尋關鍵字「家庭作業」，立刻就可以看到二十篇論文的標題，另外還有會議資料，上頭記載了預計要發表的論文以及組織的贊助部門。每一篇論文個別的連結都將我帶往一個頁面，內容包含了論文標題、作者、作者的專業資歷，以及該篇論文的簡短摘要。這類的會議計畫網站一般都不會有完整論

文的連結，或是與作者聯繫的資料。不過，只要有他們的姓名和資歷，我就能輕易地在網際網路上搜尋連絡資料，並寄給每位作者一封我希望獲得某篇論文（或他們可能擁有的其他相關論文）的徵求函。

我也可以針對 AERA 的每一場會議計畫逐一做相同的搜尋工作，而且一路回溯到 2004 年。我也可以針對在其他相關會議（譬如，兒童發展研究協會）以及地區性的教育研究協會中所發表的論文進行類似的搜尋工作。或者，如果我想要較廣泛地搜尋會議記錄，我就會使用資料庫 PapersFirst 或是 Proceedings（透過我的機構圖書館即可取得）。這些資料庫包含了在全球各地的會議中所發表的論文。

■透過會議記錄獲取資料之限制

跟個人接觸比較起來，透過會議記錄所找到的研究資料比較不可能顯示有限的研究結果或操作變項的樣本，而且比較可能歷經同行審查。不過，篩選會議論文的標準通常不像期刊出版品所要求的那般嚴格；一般而言，有很大部分提交給會議的論文會被接受，但是提交給同行審查的論文就不一定了。而且，研究人員提交給會議委員會評估的論文計畫書往往也不是非常詳盡。最後，安排會議議程的人員也會向某些研究人員邀稿。這些受邀論文的品質通常不會受審查（他們會根據受邀人過去的研究而假定論文具有高品質）。

搜尋會議論文可以補充搜尋已出版之研究資料的不足，因為在會議中發表的論文可能包含從未送交期刊出版，或者尚未進入出版流程的資料。研究人員可能在發表一篇會議論文之後，並不打算要寫一篇投稿的論文，或者他們可能會在可出版的論文寫完、受審查或被接受之前，先提交一份報告。而且一份論文從提交到出

版，期刊常常會有長時間的延遲。McPadden 和 Rothstein（2006）
發現，大約有四分之三在管理學會（Academy of Management）
的會議上發表的傑出論文，最後都獲得出版，而平均的出版時間
為提交論文後二年。將近有一半已出版的論文會比會議記錄中
所描述的包含更多或不同的資料。這些新資料包括加入更多成果
變項，這是一篇嚴謹的研究統合須包含的重要成分。一個未經嚴
格篩選的例子是，在「工業與組織心理學學會」（Society for
Industrial and Organizational Psychology）的年度大會上所發
表的所有論文顯示，大約只有一半最後獲得出版，而且這些論文
有 60% 所包含的資料跟在會議論文中所報告的並不相同。

學術性期刊

　　統合研究人員藉由閱覽他們所訂閱的期刊，即可得知在他們
的研究領域裡所做的研究，並且透過同事或圖書館取得資料。期
刊出版品目前仍是正式的科學交流系統的核心。期刊是初級研究
人員與他們的讀者之間傳統的連結。

■透過期刊獲取資料之限制

　　在文獻檢索中使用個人期刊讀物作為唯一或主要的研究資
料來源將會造成一些嚴重的偏頗。相關的研究資料出現在期刊
中的數量通常遠比單獨一位科學家固定會閱覽的期刊要來得多。
早在 1971 年，Garvey 和 Griffith 就注意到學者們透過個人
的讀物和期刊的閱覽並無法跟得上與他們的專業知識相關的所
有資訊。因此，科學家傾向將他們固定閱讀的期刊縮限在期刊
網絡中（Xhignesse & Osgood, 1967）。期刊網絡（Journal
networks）是由少數期刊組成，在大多數情況下，它們傾向引用
在其他期刊網絡中發表的研究資料。

　　有鑑於個人的期刊讀物可能包括相同網絡中的期刊，所以發現網絡成員具有一些共通性也不令人意外。就像個人接觸與傳統無形學院一樣，我們也會預期在一個既定的期刊網絡中，其研究發現和操作過程都會比該主題領域中所有可獲得的研究具有更高的同質性。

　　利用個人的期刊讀物作為資料來源的吸引力在於方便取得。統合研究人員會希望參考團體能夠閱覽他們的研究工作，而這些期刊的內容對於這些參考團體而言是具有公信力的。因此，個人期刊讀物應該被用來尋找統合研究的資料，但是這不應該是研究報告的唯一來源。

■電子期刊

　　一名研究人員固定查閱與其研究興趣相關的研究工作之期刊可能包含了紙本和電子檔案兩種形式。電子期刊利用電腦儲存媒介來散播和儲存完整的學術研究報告〔參見 Peek 與 Pomerantz（1998），書中討論了電子期刊的沿革〕。許多期刊會以紙本和電子檔的形式同時呈現。有些期刊只限紙本，或是只有電子檔。

　　電子期刊有兩個特性，使它們跟紙本期刊有所區別。首先，跟紙本期刊相較之下，較多電子期刊並未利用同行審查的程序來篩選它們所發表的研究。很重要的一點是，你自己要知道你所使用的期刊哪些會審核提交的文章，而哪些不會，如此，你方能使用這份資料來評估研究報告的嚴謹度以及偏頗的可能性，以免發生研究發現無效的情況（參見下一節）。其次，與紙本期刊比較起來，電子期刊將一篇論文從被接受到發表的時間縮短許多。由於電腦科技的儲存功能強大，而且又經濟實惠，所以在一份電子期刊中被接受獲得發表的文章可以比被紙本期刊所接受的文章更快到達讀者手中。當然，隨著紙本期刊開始使用電子編輯流程，而縮減了審查和編輯論文的時間，這項區別也就消失了。

要搜尋你可能感興趣的電子期刊可以從網際網路開始。例如，你到 http://library.georgetown.edu/newjour/ 的網站上就可以發現一份電子期刊的清單。或者，也有比較專業性的組織，例如美國教育研究協會（American Educational Research Association）從事研究交流的特殊興趣團體在 http://aera-cr.asu.edu/ejournals/ 網站上建置了一份開放使用的電子期刊清單。利用搜尋關鍵字「電子期刊」以及在網際網路上輸入社會科學中任何一個學門的描述語，搜尋引擎就會找到大量以網路為主的期刊讓你審閱。

同行審查與發表偏誤

　　大多數的科學期刊（和會議計畫）都會採用同行審查來決定是否要出版一篇特定的研究報告。在論文送交後，期刊編輯會將論文寄給審查者，他們將負責評斷論文是否適合發表。審查者使用的主要標準為研究報告的方法學性質以及避免推論錯誤的方法。不過，期刊審查者也會考量論文內容的適切性是否符合他們所負責審查的期刊之重點，以及該文章是否對於特定的研究文獻有重要的貢獻。大體而言，最後兩項標準與研究統合的目標無關。身為一名統合研究人員，即使文章跟你所閱讀的期刊重點有一點不相符，但你還是會希望文章跟你的研究主題產生關聯。同時，一篇研究報告並未做出重要的貢獻，或許是因為它直接複製了較早先的研究發現，可能並不符合某一本期刊的重要性標準，但是將它納入統合研究中或許仍然非常重要。

　　另外一個要關心的問題是，**在許多期刊中發表的研究報告比較可能呈現具統計顯著性的研究發現——也就是跟所有該主題的研究相較之下，以 $p < 0.5$ 的機率拒絕虛無假設的研究發現（或是一些其他重要的標準）**。這個排除虛無假設的偏見會出現在審查者與初級研究人員所做的決定中。為了說明這點，Atkinson、

Furlong 和 Wampold（1982）進行了一項研究，在研究中，他
們延請在諮商心理學領域中兩本 APA 期刊的顧問編輯來審查論
文。這些論文除了假設性的關聯性是否具有統計顯著性之外，在
各方面皆雷同。他們發現跟非顯著的結果相比，顯著結果可能被
推薦發表的機會超過兩倍。再者，他們也發現具有統計顯著性結
果的論文比具有非顯著性結果的論文會被評定為具有較佳的研究
設計，即使兩者方法相同。

初級研究人員也容易受到排除虛無假設的偏見所影響。
Greenwald（1975）發現，研究人員表示大約有 60% 的可能性
會將具顯著結果的論文投稿發表。另一方面，研究人員表示，假
如結果無法無法拒絕虛無假設，那麼只有 6% 的機會，他們會將
論文投稿發表。圖 3-1 檢視了研究人員實際的決定，該圖顯示出
類似的偏見。研究人員決定不提交不具統計顯著性的結果，可能
是基於他們認為不具統計顯著性的研究發現比具統計顯著性的發
現更不引人關注。同時，他們或許也認為期刊比較不可能出版無
效結果的論文。

在期刊出版品（以及會議論文）中拒絕虛無假設的偏見確保
了在已出版的研究中，群組之間的平均分數相關性或是差異性的
大小，會比你可能在所有相關研究報告中所發現的差異性要來得
大。Begg 和 Berlin（1988）詳細說明了拒絕虛無假設的偏見之
統計特性。Lipsey 和 Wilson（1993）以實證說明了拒絕虛無假
設的偏見。他們檢視了九十二個後設分析，內容顯示在已出版和
未出版的研究報告中所發現的介入方案效應的個別估計值。在已
出版的研究報告中的估計值比未出版的研究報告的估計值大約高
出了三分之一。

拒絕虛無假設的偏見並非影響已出版的研究報告之結果的唯
一來源。舉例來說，與做出來的研究結果和普遍所持理念相合的

研究人員相比，當研究人員的研究發現與當時普遍的信念相違背時，即使該結果具有統計顯著性，他們也比較不可能將該研究結果提交出版（Nunnally, 1960）。相同地，期刊審查者似乎比較偏好支持傳統觀念的研究，而比較不看好與傳統觀念衝突的研究。Bradley（1981）指出，有76%回應一封郵件問卷調查的大學教授表示，他們曾遭遇某種壓力要去迎合論文評審的主觀偏好。這些現象整體被稱為「服從偏見」（confirmatory bias）。

拒絕虛無假設的偏見以及服從偏見的存在，意味著品質控制的期刊文章（以及會議論文）不應該被當作研究統合唯一的資料來源，除非你能夠提出有力的主張，證明這些偏見並不存在於特定的主題範圍內。以家庭作業研究統合為例，我的個人期刊資料庫包括五本用來檢閱相關研究的期刊：《美國教育研究期刊》（*American Educational Research Journal*）、《教育心理學人》（*Educational Psychologist*）、《小學期刊》（*Elementary School Journal*）、《教育心理學期刊》（*Journal of Educational Psychology*），以及《實驗教育期刊》（*Journal of Experimental Education*）。

次級管道

次級管道乃藉由其他來源蒐集參考資料以提供有關初級研究的資料，譬如期刊、政府機構、甚至直接向研究人員取得，然後製作資料庫給研究人員使用。它們是由第三方所建置，其明確目的即提供與研究主題相關的研究報告清單給文獻搜尋者。**表 3-3** 摘要整理了主要的次級管道，其中包括：研究報告參考資料表、參考文獻、研究報告登錄名冊，以及參考資料庫，包括引文索引等。

表 3-3　尋找研究資料的次級管道

管道	研究資料刊登的限制	檢索人員進入的限制	資料類型的限制
研究報告參考資料表	文章的作者必須知道有該研究	檢索人員必須訂閱或留意該期刊	在相同期刊網絡中的研究報告比較可能被引用，在方法及結果上也會具有同質性
研究報告參考文獻	彙整者必須留意研究報告	檢索人員必須留意參考文獻	限制不多，但對於特殊的研究方法可能具有偏見
前瞻性的研究報告登錄名冊	研究人員必須知道登錄者或者必須負責將該研究列於其上	檢索人員必須留意登錄者	前瞻性的研究報告登錄名冊可能讓人誤以為大規模和／或獲得資金贊助的研究數量很多
網際網路	研究人員必須將研究報告放在網路上	檢索人員必須選擇搜尋關鍵字	就算有，限制也不多；搜尋關鍵字將縮限檢索出來的文獻
參考資料庫	研究報告必須在所包含的資料來源內	檢索人員必須選擇搜尋關鍵字	視資料庫而定，可能偏好已出版的研究；找不到近期研究；搜尋關鍵字將縮限檢索出來的文獻
引文索引	研究報告必須已出版	檢索人員必須知道被其他文章所引用的文章	大多數是已出版的研究報告；近期研究消失中；搜尋關鍵字將縮限檢索出來的文獻

研究報告參考資料表

　　例如用列於研究報告末尾的參考資料表來找出其他可能相關的報告，這種做法有時被稱為同源法（ancestry approach），或者，比較非正式的說法為註腳追蹤（footnote chasing）。這種方法是檢視你已經獲得的研究報告，看看它們是否包含你所不

知道的參考資料。接下來,你要判斷表單中的項目本身跟問題的相關性。假如參考資料可能相關,那麼你就應該檢索其摘要或是完整的報告。這些研究報告的參考資料表之後可以仔細審閱以獲得進一步的線索。依照這種方式,你就可以努力地回溯文獻,直到找不到重要概念,或是研究報告太過陳舊即可停止,因為你可以研判它們的研究結果早就被淘汰了。

還有另外一個可能透過使用次級來源追查參考資料的方法,稱之為「科學網」(Web of Science),在該網頁上有一個連結,名為「查看相關記錄」。點入連結後,會顯示所有至少與同一本較早期的著作相關的文章。幸運的是,具有共同參考資料的文章會依照與該文章共有的參考資料數目由高到低排列。這裡的假設是:具有較多相同參考資料的文章彼此之間比較可能相關聯。舉例來說,當我使用科學網來檢索我的實驗室所發表的一篇討論家庭作業與學業成就之間關聯性的文章之完整記錄時(Cooper, Jackson, Nye, & Lindsay, 2001),該記錄顯示這篇文章包含了十八則參考資料。當我點入「查看相關記錄」的連結時,新的頁面告訴我有五千一百八十篇文章也同樣引用了一則以上在我們的文章裡出現的參考資料。最前面二篇引用了六則同樣的參考資料;接下來五篇則有五則相同的參考資料,以此類推。接下來我可以點入每篇文章,並找到它們的完整記錄。

■透過同源法獲取資料之限制

在初級研究報告中的參考資料表很少是相關研究的完整綱要。事實上,作者往往被建議參考資料列得愈少愈好,而且只舉出最直接相關的資料,其目的在於解釋新的初級資料的背景。此外,初級研究報告的參考資料表傾向透過相同的發表途徑或是一小群發表途徑形成的交流網絡,譬如期刊網絡,來引用其他的研

究成果。再者，在其他研究報告中提到的研究似乎也比較可能具有統計顯著性的研究結果（Dickerson, 2005）。因此，你應該預期跟所有相關的研究所提供的參考資料相比，透過初級研究報告的參考資料表所找到的資料在研究方法與結果方面會具有較高的同質性。

　　另一種參考資料表是由之前的研究統合人員所提供。顯然，這些參考資料可能是特別有用的相關研究的來源，而且可能不包含與初級研究報告中的參考資料相關的數量與網絡限制。然而，雖然這些參考資料比較廣泛，但是你不應該假設之前的統合研究都建立在所有的相關研究之上。為了判斷這點，你必須(1)閱讀和評估統合研究人員所使用的文獻檢索策略；(2)判斷他們收錄和排除研究報告的標準是否和你的相符。它們也可能已過時，因此遺漏了最新的研究。

　　總而言之，檢索參考資料表（不是透過同源法就是透過相關的記錄），會讓人誤以為都是已出版的研究，因為要找到已出版的研究報告通常比未出版的容易。而且，最近才完成的研究並不會出現在這些表單中，因為在最後的定稿提交到出版這段時間會有所延遲。不過，雖然報告中的參考資料表不應該被用來當作尋找研究報告唯一的方法，但是它們通常是找尋相關研究頗具成效的來源。雖然我們並未持續追蹤正確的數字，但我們藉由檢視研究報告的參考資料表發現了許多家庭作業的研究文章。

研究參考文獻

　　研究參考文獻可能是與某一特殊主題領域相關的書籍、期刊文章以及其他研究報告的評估或非評估表單。參考文獻有時是由個別的科學家、在某一特殊研究領域中的科學家團體，或是正式的組織所建置。例如，雖然我未留意究竟是個人或組織建置了有關家庭作

業的參考文獻，但是我知道哈佛家庭研究計畫（Harvard Family Research Project）建立了一個名為「課後時間計畫研究與評估資料庫」（Out-of-School Time Program Research and Education Database）。該資料庫包含了針對大大小小的課後計畫以及新方案所執行的研究報告與評估之簡介。每一份簡介又包含了計畫或是新方案的概要以及關於製作該計畫的研究報告的詳細資料。

■透過參考文獻獲取資料之限制

採用由其他人所準備的參考文獻可以省下大量的時間。不過，問題出在大多數的參考文獻可能比檢索人員的興趣範圍要來得廣泛許多。同時，大多數的參考文獻也可能需要更新近期的研究。即使有上述這些提醒，但是由利益相關者所製作的完備參考文獻對你可能會有莫大的幫助。彙整者花了大量的時間獲取資料，而且與製作參考文獻有關的偏見或許能存在於其他你用來尋找研究報告的方法中的偏見。

前瞻性的研究報告登錄名冊

前瞻性的研究報告登錄名冊獨特之處在於，它們不僅嘗試收錄已完成的研究報告，也收錄正在規劃階段或是仍在進行中的研究報告（Berlin & Ghersi, 2005）。現今，這類登錄名冊在醫學領域比在社會科學領域更常見。不過，有其他方式可以尋找目前正在進行中或是最近才剛完成的社會科學研究計畫清單。例如，許多民間基金會或是政府機關均會贊助研究，只要上它們的網站就可以找到它們目前或近期補助的研究計畫。對於像家庭作業這樣的研究主題而言，我可能會上 W.T. 獎助基金會（W.T. Grant Foundation）、史賓賽基金會（Spencer Foundation）、美國教育部的教育科學學會（U.S. Department of Education's

Institute for Education Science）以及美國國家衛生學會（U.S. National Institutes of Health）等網站搜尋資料。

就參考文獻而言，尋找相關研究報告登錄名冊的困難點在於該從何處著手。此時，圖書館員和博學多聞的同僚將會成為一大助力。

■ 透過前瞻性的研究報告登錄名冊獲取資料之限制

從檢索人員的觀點來看，以相關研究找出前瞻性的研究報告登錄名冊可以接觸到正在進行以及未出版的研究報告，無論你個人是否支持其論點。在研究獲得資助的情況下，你知道無論研究成果為何，都一定會結案。這對於其他的檢索管道而言，可能是一個很有用的補充工具。

即便如此，前瞻性的研究報告登錄名冊也可能讓人誤以為它們都是大規模與獲得資助的研究計畫。我舉出基金會與政府計畫的例子清楚說明了這一點。同時，登錄名冊的完整性對於文獻檢索人員而言是最重要的。因此，檢索人員判斷 (1) 一筆登錄資料存在多久以及 (2) 被收錄的研究報告如何被納入名冊中，都是很關鍵的工作。

網際網路

網際網路協助傳遞資訊的功能徹底改變了現代社會；科學交流所受的影響並不亞於其他領域的人類互動。統合研究人員使用網際網路的重要任務即發展一項策略，以尋找包含處理其問題之資訊的網站。使用搜尋引擎（尋找網站並編製索引）可達成此目的。目前廣為人們所使用的三大搜尋引擎為：www.google.com、www.search.yahoo.com 以及 www.ask.com。有關搜尋引擎內容重複的研究顯示，在主要的搜尋引擎的資料庫中有超過 80% 的網頁只存在該資料庫中，而在三大搜尋引擎中首頁結果重複的比例 只 有 0.6%（http://searchengineland.com/070601-094554.

php）。因此，**使用一個以上的搜尋引擎以確定你正在網際網路上進行詳盡的檢索是一個不錯的做法**。加州大學柏克萊分校圖書館將這三大最受歡迎的搜尋引擎的特色做了詳細的比較，有興趣的讀者可以上 http://www.lib.berkeley.edu/TeachingLib/Guides/Internet/SearchEngines.html 閱覽。

檢索人員在搜尋引擎上輸入檢索關鍵字或詞組即可。所有的搜尋引擎在某種程度上都允許使用 Boolean 語法運算符號（Boolean syntax operators）來擴充或縮限檢索工作。Boolean 運算符號允許檢索人員使用集論（set theory）來協助定義被檢索的關鍵字。但是，網站呈現的方式以及用來進行 Boolean 語法搜尋的正確指令會隨每一個搜尋引擎而有所差異。上一段所提到三大搜尋引擎皆提供線上協助，可引導你學習使用方法。

搜尋結果會出現一連串符合關鍵字描述的網站，大多是因為網站包含了該關鍵字或是網頁上某處出現這些字。網站出現在搜尋結果頁面的順序是依照搜尋關鍵字與網站內容之間相符的程度以及網站瀏覽的頻率來決定。

為了舉出網際網路搜尋的例子，在準備撰寫本章時，我一開始搜尋家庭作業的研究報告是讓三大搜尋引擎幫我列出所有包含關鍵字「家庭作業」的網站。這是一個不聰明的做法：Google 找到了大約 51,200,000 個網站，Yahoo 給我 151,000,000 個網站，而 Ask.com 則列出了 29,560,000 個網站。當然，這些網站中，有很多都包括老師在網路上張貼的家庭作業、做家庭作業的要訣、有關家庭作業的報紙文章等等。當我加上「研究」一詞，並規定兩個關鍵字同時出現來搜尋網站時，結果數量依然驚人。即使規定兩字相連出現，在 Google 上也找到 70,000 筆資料，在 Yahoo 有 255,000 筆，在 Ask.com 則有 14,500 筆。

就如同這些結果所顯示的，使用網際網路針對某一特定主

題來尋找科學研究可能令人不知所措，而且相當費時。到每個
網站上去看看它是否刊登了與研究統合相關的研究報告（而且
未從其他管道去尋找）不是明智的做法。網際網路包含的不只
是研究資料。為了克服這個問題，檢索人員可以使用其中一個較
專業化的搜尋引擎。例如，Google 有一個專業化的搜尋引擎叫
做「Google Scholar」（http://scholar.google.com/intl/en/
scholar/about.html）。這個搜尋引擎只限網路上可查詢到的學
術論文並且可能會從搜尋結果中獲取許多不相關的論文。因此，
在 Google Scholar 上面搜尋「家庭作業」，可檢索出 274,000
筆資料。但是當我使用進階搜尋功能指定「家庭作業」和「效果」
兩個字都必須出現在文件標題，而且只限在社會科學、藝術或人
文科學中時，結果我找到二百二十二個網站。當我使用「家庭作
業」和「研究」兩個字搜尋時，我找到了九十三份文件。

利用「研究引擎」和「社會科學」兩個字在網路上搜尋，可能
帶領你到其他網站，頁面上會列出針對你的目的且可能與你的目標
更相關的搜尋引擎。列在這些網站上的搜尋引擎主要是讓電腦進入
研究報告登錄名冊以及參考資料庫中，我將在後續簡短說明。

我所描述在網路上搜尋資料的策略只是眾多方法中的幾個例
子。我在這裡刻意講得很籠統，因為這些資源變化快速。只要多
練習，你就會更加熟悉你可獲得的資源，以及如何搜尋相關資料。

■透過網際網路獲取資料之限制

網站可能由任何具有必備專長（或是知道某人有必備專長）
的人建構而成。因此，在網站上可以獲得哪些資料並未有太多限
制。當然，這有好有壞，因為資料的數量可能完備但卻相當龐雜，
而且內容品質也未經篩選。

參考資料庫

最後，對於研究統合人員而言，有可能被證實效果最好的資料來源就是參考資料庫。這些索引服務是由跟社會科學領域相關的民間和政府組織所建置。

我們在檢索家庭作業的研究報告時使用了四個參考資料庫。我們搜尋了教育資源資訊中心（Education Resource Information Center, ERIC, http://www.eric.ed.gov/）、心理學資料庫（PsycINFO, http://www.apa.org/psycinfo/）、社會學摘要（Sociological Abstracts）以及博士論文摘要（Dissertation Adstracts）四個電子資料庫，尋找從1987年1月1日到2003年12月31日之間所登錄的論文。因為這些資料庫以及它們的界面持續在更新，所以我建議你親自上這些網站或是到你的圖書館資源頁面上獲得有關這些網站或是其他許多資料庫的最新資訊。有一個針對資料庫所建構的綜合資料來源，稱為蓋爾資料庫目錄（Gale Directory of Databases），是一個不錯的工具（Hall & Romaniuk, 2008）。

■參考資料庫所包含資料之限制

雖然參考資料庫是一個極佳的研究報告來源，但它們仍然有所限制。首先，從一份研究報告完成到出現在參考資料庫中，可能會有時間上的延遲，雖然科技已經大幅縮減延遲的時間。況且，研究報告必須整理成文、提交、被主要的發表途徑接受、以紙本或是線上方式呈現，然後被編目在參考資料庫中。因此，最新完成的研究——你連絡研究人員或是包含在前瞻性的研究報告登錄名冊中（而且可能在網路網路上）所找到的研究——將不會出現在參考資料庫中。第二，每個參考資料庫都包含一些限制，亦即根據主題或學科範圍允許哪些資料登錄到系統中。因此，假如你對跨學科的研究主題有興趣，你就必須使用一個以上的參考資料庫。

舉例來說，有關家庭作業的研究肯定引起教育研究人員的興趣，但是可能也出現在心理學或社會學的期刊中。第三，有些參考資料庫只包含已出版的研究，有些包括已出版和未出版的研究，更有些只有包含未出版的研究（例如，博士論文摘要）。因此，假如你想要將發表偏見降到最低，那麼重點是，你要找出你打算要使用的資料庫範圍，並嘗試採用包含了未出版與已出版文件的資料庫。

■引文索引

引文索引是一種獨特的參考資料庫，它的特色是找出引用過去同一份出版品的所有已發表文章，並集合起來。這種方式使得較早期的出版品成為較近期文章的索引關鍵字。跟使用研究報告參考資料表去尋找一篇報告的同源頭相反的是，引文索引使用的是衍生法，尋找的是一篇文章的衍生物。科學資料學會（Institute for Scientific Information）製作了三個引文索引，透過大多數的學術研究圖書館就能找到，並且可以經由科學網進入。這三大引文索引分別是：科學引文索引擴充版（Science Citation Index Expanded，它收錄了從 1900 年到今日在科學期刊中已發表的文章）、社會科學引文索引（Social Science Citation Index，始於 1956 年），以及藝術與人文引文索引（Arts & Humanities Citation Index，始於 1975 年）。如同上述，科學網也提供被引用的參考資料搜尋，因此讓使用者能夠在文獻裡來回查詢。

有一個例子可以將引文索引的方法解釋清楚。在一開始搜尋家庭作業研究時，我們注意到一個重要且著名的已發表文件（我們較早期的研究統合），在後續針對家庭作業所做的研究調查中被引用的機率相當高。帶著這份認知，我們登錄引文索引中查詢這筆參考資料（Cooper, 1989）。我們從科學引文索引擴充版和社會科學

引文索引資料庫中搜尋從 1987 到 2004 年的資料，以找出曾經引用本書的研究報告。索引列出了曾經引用本書的每一篇文章，並列出文章的作者、來源以及出版日期。接下來，我們可以檢閱這些文章，看看它們是否包含了在我們新的統合研究中可以使用的結果。我們可以利用相同的策略再去使用不同的重要文章。

　　過往研究並非追蹤衍生產物的唯一方法。雖然我們無法找到有重大影響的研究文章，但是利用社會科學引文索引尋找有關性犯罪態度之個別差異的研究也發揮了很大的功用。在此，我們找到了五個對性犯罪態度常用的測量法，然後我們就利用最初說明這些測量法的文章登錄引文索引。結果我們發現了五百四十五條有關這五個量表的引文，並檢視其摘要，以判斷這些研究是否與個別差異的研究相關。

■引文索引所包含資料之限制

　　引文索引要在已出版的研究中取得參考資料有所限制，無論是期刊或書籍。因此，我們可以預期在引文中會存在排拒虛無假設的偏見，就跟我們預期在研究報告中所找到的參考資料也會有相同的偏見一樣。不過，它們在上述這些類別中涵蓋範圍相當廣泛。而且，引文索引可能遺漏掉較近期的出版品，因為它得花時間將資料編列索引。

■資料庫供應商

　　所有主要的學術研究圖書館都收藏了大量的參考資料庫。參考資料圖書館員可以幫你找到最符合你所要尋找的資料庫並提供使用這些資料庫的指引。一旦你找到與你的搜尋相關的資料庫，該資料庫的界面會出現按部就班、選單驅動的指示，以方便人們使用。不過，有可能是由不同的供應商提供相同的資料庫給你的圖書館，因

此你使用相同資料庫搜尋的結果可能會因你選擇的供應商而稍有不同。這種現象可能會因為資料庫更新的頻率並不相同而發生。

進行參考資料庫的搜尋工作

　　學術研究圖書館聘僱訓練有素的專業人員，他們可以執行你的搜尋工作或是幫你完成搜尋流程。在你著手搜尋資料之前，跟一位學有專精的學術研究圖書館員討論你的搜尋工作是一個不錯的做法；他們可能會建議你到你沒想到的地方尋找資料。同時，有許多的出版品可以幫助你開始思考你的搜尋工作，包括《圖書館應用：心理學手冊》（*Library Use: Handbook for Psychology*, Reed & Baxter, 2003）以及《牛津圖書館研究指南》（*The Oxford Guide to Library Research*, Mann, 2005）。Reed 與 Baxter（2009）提供一個方法，讓研究人員在研究統合的脈絡下，能夠更深入地搜尋參考資料庫。

　　一般而言，你一開始做參考資料庫搜尋時會先決定要使用哪一個資料庫。因此，我一開始搜尋家庭作業的研究時，就先決定要檢索心理學資料庫、教育資源資訊中心、社會學摘要以及博士論文摘要四個電子資料庫。在登錄這些資料庫之前，我先確認提供資料的供應商是否不只一個。我發現我的大學透過兩個供應商提供心理學資料庫。有一個供應商允許我同時檢索心理學資料庫和教育資源資訊中心的資料。因此，選用這個供應商的資料庫可以讓我省去從每個資料庫個別的檢索中刪除重複文件的工夫。我也發現在兩個不同供應商的教育資源資訊中心的資料中使用「家庭作業」這個關鍵字檢索出來的文件數也有些許出入（我選擇教育資源資訊中心來做這個測試是因為我預料這是會出現最相關文件的資料庫）。所以，我選擇讓我能夠同時檢索教育資源資訊中

心和心理學資料庫的供應商。

接下來，我要選擇我用來檢索文件的關鍵字。檢索人員可以瀏覽不同資料庫所附的索引典（thesauri），來找出一開始你可能沒想到的關鍵字。你也可以利用你希望檢索到的文件範例，看看哪些關鍵字被用來為這些文件編列索引或是出現在標題或摘要中的關鍵字。這些做法可以讓你對於想要獲得的資料產生具體的想法。假如搜尋工作並未包括這些文件，那麼可能會出問題。無論在搜尋時所使用的關鍵字如何被找到，當你評估在研究統合中所使用的檢索步驟時，你都應該要問這個問題：

是否使用了適當和完整的關鍵字來搜尋或查詢參考資料庫和研究報告登錄名冊呢？

我一開始只用了「家庭作業」這個關鍵字來搜尋，因為我起初想要查看是否有相關的字詞存在。我的搜尋引擎告訴我教育資源資訊中心索引典將「家庭作業」這個字跟「作業」以及「家庭學習」列為相關字。然後我可以使用「擴大」功能將這些關鍵字擴展並檢視更多的字詞。這些字似乎離題太遠（「指導」是與「作業」連帶的相關字，而「遠距教學」則是「家庭學習」連帶的相關字），於是我決定只用「家庭作業」一詞，如此就無須太擔心會遺漏太多相關的論文。心理學資料庫的索引典告訴我，「家庭作業」一詞是在 1988 年加進來的。它也說明了在資料庫中所使用的「家庭作業」之定義為：給予學生或是當事人在正規的課堂時間或是治療情境之外須完成的作業。就這點而言，我遇到相同的詞被用在兩個不同情境的狀況，一個是用在學術上，一個則是用在治療領域。這點提醒我，可能必須設法縮限我的檢索工作以排除在臨床情況下治療用家庭作業。心理學資料庫的索引典提供了三個相關字：「做筆記」、「心理治療技巧」以及「學習習慣」。

我研判假如「家庭作業」已經在搜尋列中，那麼這些相關字將沒有一個可能會增加許多相關研究[3]。

接下來，我設定我的搜尋限制因素。我決定要使用「家庭作業」和「學業成就」這兩個搜尋關鍵字。我想要讓這兩個字同時出現〔所以我用 Boolean 運算符號「和」（AND），而不是「或」（OR）〕。將「學業成就」加入到搜尋中，應該可以排除所有或大部分有關治療過程中家庭作業的研究。接下來我的搜尋引擎要我做一連串的決定來縮小我的搜尋範圍，例如，只列出期刊文章、只列出給特定讀者閱讀的文章，以及只有使用特定研究方法所做的研究等等。我決定除了兩個限制因素之外，只要跟我的問題界定相符，我不對搜尋設限。第一，我希望文件只跟小學和中學的家庭作業有關，幼兒教育或是中學以上教育不在考慮之列。第二，我只想要 1987 年以後出現的文件，這是我們上一次統合有關家庭作業研究的年分。

最後，我決定我只想要閱讀在摘要中使用「家庭作業」和「學業成就」這兩個關鍵字的文件。我可以將文件縮限為只在標題中使用家庭作業的文件，但是這樣做似乎又太偏狹了；我發現到有一些研究使用家庭作業作為學業成就的眾多預測因子中的其中一項，因此在這些文章的摘要中很可能被提及，但卻不是出現在標題中。但若是只要在內文中有提及家庭作業的所有文件全都含括進來似乎又包羅太廣。在做這些決定時，我必須在我的搜尋工作的準確度與完整性之間求取平衡。我的搜尋愈精確，我愈可能檢索到與我的搜尋相關的許多文件記錄。

---

3 在某些資料庫中，你可能會遇到在「自然語言」（natural language）關鍵字或是搜尋字串以及「控制辭彙」（controlled vocabulary）之間的區別。自然語言是由研究人員和檢索人員用來描述研究的字詞所組成；控制辭彙則是資料庫的建置人員為了描述文件，而加入文件記錄中的字詞。今天，這個區別對你的檢索工作並不會造成太大的改變，但是你可能會樂見控制辭彙已經被加入記錄中，因為它減少了文獻的分散性。

在我進行檢索的那天，我發現了 431 筆文件符合收錄標準。接著我可以在其他資料庫重複我的搜尋，且儘可能維持我的搜尋限制因素不變。

我在此也順便說明引文索引的檢索。從我的圖書館所提供的科學網首頁中，我按下了一個名為「搜尋引用的參考資料」的小標籤。首先，我輸入了作者的姓氏以及名字的首字縮寫（我用 Cooper H）、被引用的研究〔我的書名為《家庭作業》（*Homework*）；假如是期刊文章，我就輸入期刊名〕，以及我有興趣的出版年分（在本例中為 1989 年）。這是非常縮限的檢索，因為只是尋找單一出版品的引用情況。要是我只輸入「Cooper H」，然後被引用的研究和年分留空白，我就會檢索到所有叫做 Cooper H 的學者所有文件的引用情形。接下來，這個網頁讓我將搜尋限制在特定年分（我選擇從 1989 年到現在，因為這本書不可能被一份在這本書出版之前問世的出版品所引用）或是限制在三個引文資料庫中的其中一個。我選擇三個都搜尋。搜尋結果發現有 89 筆文件以本書為參考資料。然後我又可以用數種類型的引用文件或者語言再進一步縮限我的搜尋。

就如同我的例子所顯示的，只根據參考資料庫就希望檢索工作做到滴水不漏的另一個限制並非來自它們所包含的資料，而是出自研究人員取得資料的方式。**即使某個資料庫所收錄的期刊跟你的研究主題相關且範圍廣泛，你也不見得能夠以確保你在其中找出每一篇相關文章的方式描述你的主題。**搜尋工作或許無法「召喚」所有你想要的資訊。就像在網路上搜尋，檢索人員必須在資料庫中輸入跟特定的研究主題相關的指定搜尋關鍵字。檢索人員若未留意或是忽略適用於與他們的研究興趣相關之文件的關鍵字，很可能會錯漏了某些文章。所有的檢索人員都要在 (1) 可能錯漏相關文件以及 (2) 收錄許多非相關文件之間取得平衡。

判斷文獻檢索是否充分

在檢索時要使用哪些以及多少資料來源的問題並沒有一個放諸四海皆準的答案。所謂適合的來源有部分是看你所考慮的研究主題，有部分則視你能獲得的資源而定。不過，一般而言，**檢索人員必須使用具有不同的登錄與使用限制的多重管道，如此才能將檢索時可尋得以及不可尋得的系統性差異降至最低**。如果一名檢索人員透過各種登錄與使用限制的管道發現不同的研究報告，那麼另一名檢索人員使用不同但卻可相互補強的初級研究資料來源，應該也要能複製研究統合的整體結論。這個規則體現了使研究結果可被複製的科學原則。因此，提到在研究統合中所使用的研究策略是否充分，我們要問的一個重要問題是：

是否使用了可相互補強的搜尋策略來尋找相關的研究？

參考資料庫和研究報告登錄名冊（如果有的話）應該要成為所有完整文獻檢索的基礎。這些來源可能包含了最近似於所有研究的資料。一般來說，它們撒出最寬廣的網。它們的限制眾所皆知，而且可以藉由使用其他互補的搜尋策略來補充其不足。

如本章先前所述，只鎖定在品質控制的來源將找出一組讓人誤以為都是具有統計顯著性結果的研究。不過，因為這些來源都採取同行審查，因此它可以宣稱這些研究經過有聲望的研究人員以最嚴格的方法學評估，因此可能具有最高的品質。但就像我們在第五章將會看到的，出版品並不保證只有高品質的研究報告會被統合研究採用。有缺失的研究往往也能付梓出版。而且，執行完善的研究也可能從未提交發表。

只鎖定已出版的研究在兩種情況下可能是合理的。首先，已出版的研究往往包含數十個，或甚至數百個相關的研究資料。

在這種情況下，雖然已出版的研究很可能會高估了虛無假設被拒絕的確定性以及關聯性的強度，但是或許不會誤認關聯性的方向性。這個關聯性的強度可能因為拒絕虛無假設的偏見而被調整（我在第七章會討論）。而且，假設檢定要含括充分的例證才能進行研究特性隨研究結果共變的合理性檢視。

第二，文獻中有許多假設具有多重檢驗，但它們並不是研究的主要焦點。舉例來說，許多心理學和教育學研究報告皆包含了參與者的性別，以作為資料分析中的一個變項，並說明性別差異的假設檢定，不過這些都只是初級研究人員附帶的興趣。在已出版的研究報告中，對重要結果的偏見可能不會超出初級假設太多。因此，出現在許多文章中的假設其實是研究人員的次級興趣，它受到拒絕虛無假設的偏見影響的程度會比研究人員主要的焦點要來得少。

不過，一般而言，我們並不建議只鎖定已出版的研究報告。拒絕虛無假設的偏見機率太大。此外，**即使你最後決定在你的統合研究中只收錄已出版的研究，你也不應該將你的檢索工作限制在已出版資料的途徑上。**為了考慮周詳後才決定哪些資料該保留哪些資料該刪除，甚至幫你決定在某一領域中的重要議題，你必須掌握最完整的文獻。

最後，包含在各管道（包括跟研究人員的個人接觸）中的資料，都不可能呈現出是從所有可能的來源所蒐集到的資料。不過，藉由跟研究人員直接接觸所找到的研究將可補充從其他管道所獲得的資料，因為很可能是比較近期的研究。

📊 文件檢索的問題

根據你所使用的資料庫以及你的研究主題性質（尤其是你想要檢索之研究資料的年代），一旦你取得了搜尋結果，你就能夠

透過三種不同的媒介檢索相關文章：紙本、微縮膠片以及網路。論文的數位化使得檢索工作更加便利，而且隨著更多文件在線上被儲存和利用，你將發現只要敲敲鍵盤就能進行檢索工作。

不過，無論你多麼努力想要在檢索工作中做到鉅細靡遺，在文件檢索步驟中仍有一些缺失。有些潛在的相關研究不會公開發表，連最認真負責的檢索人員都會漏失掉。而有些研究是你注意到了但是卻無法取得。

每一位統合研究人員都將發現有些具有潛在相關性的文件（根據它們的標題或摘要得知）無法從他們個人的期刊或機構圖書館的紙本或微縮膠片的館藏中取得，而且也無法獲得電子檔。你想要檢索這些文件多長篇幅？使用圖書館的館際互借會是一個切實可行的方式。館際互借可用來取得博士論文和碩士論文，或是到 Proquest UMI 購買博士論文。同時，直接與初級研究人員聯繫也是另一個可行的方法，不過個人接觸往往得到的回應並不多。能否找到初級研究人員並說服他們寄送文件，有部分是受到所要求的資料的年分、是否為數位電子檔，以及徵求者的地位所影響。

通常，在決定要花費多少心力嘗試檢索難以取得的文件時，你應該思考：(1) 所需文件實際包含相關資料的可能性；(2) 全部難以取得的文件比例，以及其結果跟你所擁有的研究資料中的結果可能有何不同之處；(3) 進行特別的檢索步驟之花費（例如，館際互借較便宜，購買論文較昂貴）；(4) 你被壓縮的時間。

文獻檢索對統合成果之影響

在本章一開始，我就提到文獻檢索有兩個不同的目標——之前的研究以及與研究主題領域相關的個人或團體，因此你必須就這兩個目標省思你所使用的研究報告是否夠充分。你必須問：(1)

檢索到的研究跟所有的研究有何不同之處？(2) 在檢索到的研究中所包含的個人或團體與所有重要相關的個人或團體有何差異？

　　本章大多都是在處理如何回答第一個問題。每一份研究被檢索出來的機會都不相同。很可能透過你的檢索管道輕易獲得的研究跟你無法獲得的研究並不相同。因此，你必須花些心思留意你無法使用的研究，其結果為何，以及該結果跟你在已檢索到的研究中所發現的結果有何不同（同樣地，我在第七章會再回頭討論這個主題）？

　　第二個問題是關於相關的母群體，因為個人或其他分析的基本單位是母群體的推論參考值，這點讓統合研究人員的討論增添了一點樂觀的看法。跟在相同主題領域中個別的初級研究成果相比，有很好的理由相信，統合研究跟某一目標群體的關聯性會更加直接相關。完整的文獻可能包含在不同時期執行、針對不同特性的單位，以及在不同的地點所執行的研究。一份文獻也可能包含在不同檢定條件下，以不同方法執行的研究。就某些包含大量複製的問題領域而言，一名統合研究人員所使用的樣本的多樣性應該更接近初級研究人員的目標母群體。

　　當然，我們必須謹記拒絕虛無假設的偏見以及矛盾的研究發現可能會影響可獲得的群眾樣本以及研究報告。設若可檢索取得的研究較多與特定因素的次母群體有關，那麼檢索的偏見將不只與研究成果相關，也跟研究樣本的特性相關。

　　欲確保在你的統合研究中的研究樣本可代表所有探討該主題的研究，最重要的方法就是進行地毯式的文獻檢索。雖然報酬遞減法則在這裡也適用，但完整的文獻檢索至少必須包括：

1. 搜尋參考資料庫。
2. 熟讀相關期刊。
3. 檢視過往的初級研究以及統合研究中的參考資料。
4. 親自拜訪活躍傑出的研究人員。

　　檢索愈完整，你就愈有信心，其他使用類似（但可能不是完全相同）資料來源的統合研究人員也會做出相同的結論。**表 3-4**為一份追蹤記錄表範例，可用來追蹤你用來檢索文獻的方法。

　　另外，在你的統合研究結果分析中，如果可能的話，你應該陳述潛在的檢索偏誤率。例如，許多統合研究檢視了已出版的研究結果與未出版的研究結果是否存在差異。有些則會檢視研究結果分布的情況，看看它們是否顯示有些結果錯漏了。我們將在第七章討論進行這些分析的技巧。

表 3-4　文獻檢索追蹤記錄表

直接聯繫研究人員的檢索方法	是否使用？	連絡對象	寄出日期	收到回覆日期	回覆性質
個人接觸	□是 日期＿＿＿＿ □否 理由：＿＿＿	研究人員姓名 ＿＿＿＿＿＿	＿＿＿＿	＿＿＿＿	＿＿＿＿
公開徵稿	□是 日期＿＿＿＿ □否 理由：＿＿＿	組織名稱 ＿＿＿＿＿＿	＿＿＿＿	＿＿＿＿	＿＿＿＿
傳統無形學院（「輪軸」）	□是 □否 理由：＿＿＿	研究人員姓名 ＿＿＿＿＿＿	＿＿＿＿	＿＿＿＿	＿＿＿＿
電子無形學院；郵件討論群、電子布告欄、信件群組	□是 日期＿＿＿＿ □否 理由：＿＿＿	組織名稱 ＿＿＿＿＿＿	＿＿＿＿	＿＿＿＿	＿＿＿＿
品質控制的檢索技巧	**是否使用？**	**組織名稱或期刊名**	**檢索年分**	**檢視文件數**	**尋獲的相關文件數**
專業會議論文報告	□是 日期＿＿＿＿ □否 理由：＿＿＿	組織名稱 ＿＿＿＿＿＿	＿＿-＿＿ ＿＿-＿＿ ＿＿-＿＿	＿＿＿＿	＿＿＿＿

（續）表 3-4　文獻檢索追蹤記錄表

同行審查的期刊	□是 日期_____ □否 理由：_____	期刊名 _____ _____ _____	_____-_____ _____-_____ _____-_____		_____ _____ _____
次級檢索技術	是否使用？		涵蓋年分	檢視 文件數	尋獲的 相關文件數
研究報告 參考資料表	□是 日期_____ □否 理由：_____	檢視的研究報告 編號 _____ _____	_____-_____		_____ _____
研究報告 參考文獻	□是 日期_____ □否 理由：_____	參考文獻的來源 （名稱） _____ _____			_____ _____
前瞻性的研究報 告登錄名冊	□是 日期_____ □否 理由：_____	登錄名稱 _____ _____ _____			_____ _____ _____
次級檢索技術	是否使用？		搜尋年分	搜尋 關鍵字	其他限制
網際網路	□是 日期_____ □否 理由：_____	搜尋引擎名稱 _____ _____	_____-_____ _____-_____	和／或 和／或 和／或	_____ _____
參考資料庫	□是 日期_____ □否 理由：_____	資料庫名稱 _____ _____	_____-_____ _____-_____	和／或 和／或 和／或	_____ _____
引文索引	□是 日期_____ □否 理由：_____	索引名稱 _____ _____	_____-_____ _____-_____	和／或 和／或 和／或	_____ _____

本章習題

1. 利用你在第二章所確定的研究主題領域，執行一次參考資料庫的檢索工作。並在網際網路上進行同步的檢索。結果有何不同？哪一個比較有用，而且比較符合成本效益？

2. 就你所選擇的主題，挑選你會用來檢索文獻的管道，以及列出你的使用順序。在檢索的每一步驟，請說明其優點、限制以及其成本效益。

4

步驟三：
從研究報告蒐集資料

應該採用哪些步驟從每一份研究報告中擷取資料？

- 擬定一份編碼準則
- 編碼準則需包含的資料
- 挑選與訓練編碼者
- 從研究報告中蒐集資料的問題
- 找出獨立比較值
- 資料蒐集對統合成果的影響

在統合研究中主要的功能：

- 製作編碼架構，以便從研究報告中獲取資料。
- 訓練編碼員。
- 評估擷取資料的正確性。

可能導致不同結論的步驟差異：

- 從每一篇研究報告中所蒐集的資料差異，可能會對累積研究結果產生不同的影響。
- 編碼訓練方式的差異可能會導致編碼表的條目不同。
- 決定哪些研究結果應被視為無關的規則不同，可能會導致做成累積結論的資料數量與特殊性也不同。

評估從研究統合所包含的每一份研究報告中所蒐集到的資料時須思考的問題：

是否採取步驟以確保從研究報告中檢索出來的資料不帶有偏見呢？

本章綱要

- 如何建構一份編碼準則，以便蒐集被納入研究統合中的研究報告之重要資料？
- 如何訓練編碼員，以確保蒐集到的研究資料是可靠的？
- 判斷同一篇研究報告的各個結果是否應該被視為獨立結果的議題。
- 當一份研究資料遺失時該怎麼辦？

　　目前，你已經擬定了在你的研究統合中想要探討的問題。你知道理論學家、研究人員以及先前的統合研究人員所關注的重要

議題。而且你的文獻檢索也正在進行中。你的統合研究工作的下一步就是開始建立你的編碼準則（coding guide）。編碼準則就是你（以及那些協助你的人）用來蒐集關於每一篇研究資料的策略。這份資料大部分都將來自研究報告本身，但是有些也可能來自其他的資料來源。

擬定一份編碼準則

　　假如在你的統合研究中所包含的研究數量並不多，在你開始檢閱文獻之前，可能沒有必要對於要蒐集哪些研究資料有精確完整的概念。假如只有十幾份左右的報告存在，那麼你可以檢索、閱讀，甚至重複閱讀這些相關研究，直到你清楚瞭解研究報告的哪些方面值得編碼，或是其他人所提出的重要特質實際出現在這些研究中的頻率有多高。舉例來說，你可能對於家庭作業的影響是否受到學生的社經地位（SES）所調節感興趣，但是你卻發現將學生的 SES 放入研究的報告寥寥無幾。

　　當然，**假如你先閱讀了全部的文獻，然後才決定每一篇研究中的哪些資料要加以編碼，那麼你所選擇的編碼就是後見之明，而且你也不應該僅僅因為你閱讀的資料所提出的建議，就以此作為研究結果重要的預測因子**。假如你這麼做，那麼有關預測因子的機率水準就不會是準確的估計值（太低了）。不過，一小撮的研究資料可以讓你追蹤只有在讀完所有的研究之後才會出現的想法。接下來，你可以回過頭看之前所讀的研究報告，將第一次閱讀時，你未意識到其重要性的新資料加以編碼。

　　假如你預期會發現大量的研究報告，那麼一再重複閱讀研究報告可能曠日費時。在這種情況下，在開始正式編碼之前，必須仔細思量要從每一份研究報告中擷取哪些資料。

當某個研究領域又寬廣又複雜時，建立編碼準則並非是一件輕鬆的工作。第一次草擬的編碼準則絕非最後的版本。首先，你必須列出所有你想要蒐集的研究報告之特性。接下來你必須思考這些研究對於每個變項可能賦予哪些可能的價值。舉例來說，探討提升老年人體能活動的介入方案之研究統合中，你一定會想要蒐集參與者年齡的資料。你所定義的「老年人」可能包括五十五歲以上的成年人，但是參與者可能比五十五歲年長許多，而這點可能會影響介入方案的效果。所以，你可能會希望你的編碼準則幫助你蒐集有關參與者年齡範圍的資料。因此，編碼準則應該詢問該研究中最年輕和最年長的參與者之年齡，以及參與者年齡的平均數與中位數。

　　在你完成了初步的編碼問題以及回答類別後，你必須將這份初稿給博學多才的同事看，並徵求他們的意見。他們肯定會建議其他的編碼方式和回答類別，並指出你的問題與回答含糊不清因此難以理解之處。在採納他們的建言之後，你應該要利用這份編碼準則將一些隨機挑選的研究報告加以編碼。這個做法將可增加問題與回答類別的精確度。

　　建立研究統合的編碼準則有個重要角色，**就是當涉及的研究報告眾多時，任何可能被視為相關的資料都應該從研究報告中擷取出來**。一旦開始進行資料編碼工作，要從已經被編碼的研究報告中擷取新資料就會極度困難。你在編碼單上所蒐集的一些資料可能在你完成的統合研究中從未被檢驗。有時候，能夠提供關於重要相關變項資料的研究少之又少。另外，各篇研究在某個特性上並無太大的差異（例如，大多數的家庭作業研究都是在公立學校進行，只有極少數在私立學校進行）才能做出有效的推論。不過，用你的編碼準則蒐集較多你最後才發現有用的資料會比你必須回到研究報告中去尋找第一次所遺漏的資料要來得簡單一些。

編碼準則需包含的資料

　　雖然每一份研究統合編碼準則的內容對於要問的問題都是獨一無二的，但是仍然有一些較廣泛的資料類型是每一位統合研究人員想要從初級研究報告中蒐集來的。在此，我將這些資料類型分成八類：

1. 研究報告。
2. 預測因子或獨立變項：
   (1) 假如研究報告描述的是一個實驗操作，關於操作條件的資料，亦即介入方案（若該研究實際上被應用，像是家庭作業或運動方案）或是獨立變項（假如該研究是在檢測基本的理論預測，譬如任務選擇的效應）。
   (2) 假如研究報告描述的是非操作型的預測變項，那麼就是關於這些變項如何被蒐集及其心理測量特性的資料（例如，用來測量參與者個別差異的量表）。
3. 研究進行時的環境。
4. 參與者以及樣本特性。
5. 相依變項或成果變項及其被測量的方式（例如學業成績、體能活動數量、動機或是性侵迷思接受度）。
6. 研究設計的類型。
7. 統計成果與效應值。
8. 編碼者及編碼過程特性。

　　在本章中，我將把焦點放在一個研究報告的八種資料類型中的六項。當這些主題都詳細說明後，我將在第五章再回頭討論如何將研究設計編碼，以及在第六章討論統計結果。

　　一般的編碼準則並無法掌握所有研究的各個重要面向。當你

在解釋從研究資料中檢索取得的材料時，以下的問題可以作為指引的方向：

1. 理論與應用方面的疑慮：
   (1) 理論有建議哪些研究特性可能是重要的，而這些研究資料會在這些特性上有所差異嗎？
   (2) 在實務應用上有無顯示研究執行的方式可能與介入方案或政策的影響有關的議題？
2. 方法學方面的議題：
   (1) 哪些研究方法上的差異可能跟研究成果相關？
   (2) 跟研究的執行方式相關的文獻中有無異議？

最後，完成的編碼準則往往都會有許多條目未填寫（我稍後會回頭討論），在邊欄處也會寫上許多註記。編碼者有時會覺得自己好像硬把圓釘敲進方洞中般格格不入。要做到盡善盡美是不太可能的事。因此，**留下空間讓編碼者記錄他們當場做的決定是一個不錯的做法**。一般而言，建立編碼準則的規則跟著手初級研究時用來建立編碼架構的規則相似（Bourque & Clark, 1992），在 Wilson（2009）以及 Orwin 和 Vevea（2009）的書中對於研究統合中的編碼過程有詳細的描述。

■研究報告的特性

表 4-1 提供了一個為研究報告的特性製作編碼準則的例子。請注意在第一欄中每則問題編號前有一個「R」。其用意在於區分關於研究報告本身的問題與該研究其他特性的問題，我們會以其他字母標示，譬如「I」就表示介入方案的特性，而「O」則表示研究成果的特性。這種做法其實是個人喜好問題。你也可以依序將問題編碼即可。同時，請注意，每個問題所有可能的答案

都要列在問題的下方，而每個答案都要有一個編號，讓編碼者記錄在第二欄中。有些答案只是「其他」。假如編碼者發現某個研究報告的特性不符合前述的任何一個答案，就會用到這種編碼方式。如果回答「其他」，那麼編碼者就會被要求對該特性提供一個簡短的書面說明。有些問題也會得到「不清楚」的答案。編碼者會在「不清楚」的答案欄中標示問號。這麼一來，就很容易分辨遺漏的資料和其他已編碼的數值。我在大多數的問題中都會重複回答「不清楚」這個答案，但是為了節省空間，可以只要教導編碼者在整張編碼表中使用這項慣例。最後，編碼表的問題欄可能要求編碼者寫上所找到的資料在研究報告中的頁數（參見問題R3）。之後，假如編碼者對於他們如何編列特殊資料有疑慮，或者假如兩名編碼者對某個編碼意見相左的話，在編碼表上標示頁數，之後要核對的話也會讓尋找資料的過程較輕鬆。為節省空間，我只在這張表中寫一次，但是它也可以隨每個問題出現。假如編碼者是在做自己的研究報告，你也可以要求他們在報告中圈選或以色筆標示資料的位置，並在報告中也寫上編碼準則中的問題編號。如此一來，就很容易知道每個編碼的出處了。

在第二欄，編碼者會將答案填入，每個答案的空格數對應的是代表在資料檔案中該變項所有可能的數值所需要的欄位數；一個變項若是一欄最多會有十個可能的數值（0 到 9），若是兩欄則最多會有一百個可能的數值，以此類推。同時，你也可以在每個答案空格的下方設置可以找到該變項的資料檔案的欄位。這種標記可以讓你更容易將編碼表上的資料轉換成資料檔案，而且比較不易出錯。在此為節省篇幅，我只以**表 4-1** 中的前二個問題做說明。在實務上，這些數字會在整張編碼準則中不斷地接續下去。有時候這種標記是沒必要的，因為電腦程式會自動將資料轉換成資料檔案。

表 4-1　編碼準則中研究報告識別部分之編碼表範例

研究報告特性	
R1. 請填上研究報告的編號	___ ___ ___ 　1　　2　　3
R2. 請填上第一位作者的姓氏（前六個字 　　母，若不清楚則寫上問號）	___ ___ ___ ___ ___ ___ 　4　　5　　6　　7　　8　　9
R3. 請填上研究報告或出版品發表的年 　　分（若不清楚則寫上問號） 　　資料頁數 _____	___ ___ ___ ___
R4. 這是哪種類型的研究報告 　　　1= 期刊文章 　　　2= 書籍或書籍文章 　　　3= 博士論文 　　　4= 碩士論文 　　　5= 個人研究報告 　　　6= 政府報告 　　　7= 會議論文 　　　8= 其他（請說明） 　　　? = 不清楚	___
R5. 這是一篇經同行審查過的文件嗎 　　　0= 未經同行審查 　　　1= 經同行審查 　　　? = 不清楚	___
R6. 哪一類型的組織發表這篇研究報告 　　　1= 大學 　　　2= 政府機構（請說明） 　　　3= 外包研究公司（請說明） 　　　4= 其他（請說明） 　　　? = 不清楚	___
R7. 這篇研究有獲得資金補助嗎 　　　0= 否 　　　1= 是 　　　? = 不清楚 R7a. 若有，誰是出資者 　　(1) 聯邦政府（請說明） 　　(2) 私人基金會（請說明） 　　(3) 其他（請說明）	___ ___

你在一開始的時候，會想要給每一篇報告一個專屬的識別碼（問題 R1）。之後，你也會將一份報告中的每個研究（假如其中不只有一個研究的話）、每個研究中每個獨特的樣本，以及在每個樣本內所呈現的每個結果標上專屬的號碼。

　　接下來，你會希望在你的編碼表中納入有關該研究掛名首位的作者充分的資訊，如此一來，假如你之後想要以作者來將研究分門別類的話（或許是檢驗不同的作者是否得到不同的結果），就能做到。在**表 4-1** 中，第一位作者名字的前六個字母用處即在此（問題 R2）。請注意這是在編碼準則中僅有兩個未使用編號的答案其中的一個（另一個是詢問研究執行所在地的郵遞區號）。選擇用六個字母是隨意決定的；你可以自行決定要使用多少字母，只要方便你識別作者即可。

　　第三，你會想知道這篇研究報告發表的年分。這在之後可能可以用來檢視研究發現發展的趨勢，或者只是在總結表中幫助識別該研究（加上第一位作者的名字）。

　　第四，你會想說明研究報告的型態，以及該報告在發表前是否經過某種型式的同行審查。這些資訊之後會被用來檢驗發表偏差（publication bias）的可能性。在此要注意答案的類別是互斥的（每篇報告應該只會歸屬某一類別），而且是無一例外（每份報告都會有一個類別）。

　　最後，你可能會有興趣知道哪一類型的組織製作該研究報告以及該報告是否獲得資金贊助。假如你發現某些研究的出資者可能對於研究是否產生特定的結果有金錢利益或其他的目的，那麼這份資料就會很重要。例如，有個連鎖經營的健身房資助探討老年人運動之重要性的研究。若是這種情況，你可能會希望知道這樣的研究是否跟未接受資助的研究產生不同的結果。你根據你的研究問題來蒐集這份資料或多或少有其重要性。

實驗條件（若有的話），你必須詳細說明每個實驗條件的細節——亦即，介入方案或是獨立變項——假如這些是研究的一部分的話。編碼準則的這個部分須說明相關的操作過程，它們定義了實驗條件和類別，在說明這些條件可能如何被操作的同時也解釋了變項。在實驗條件中，人們經歷了哪些事？介入方案的強度與持續性如何？跟說明在實驗條件中所發生的事同樣重要的是，須描述如何處理控制組與比較組。有其他的介入方案嗎？若有，是什麼樣的介入方案？若否，在比較組中的參與者做了哪些事？控制組又獲得什麼結果呢？探討這些變項的研究之間的差異性是導致研究結果差異的主要原因。

　　表 4-2 提供了一些例子，說明在比較有做家庭作業的學生和沒做家庭作業的學生的研究中，其編碼表中可能蒐集到的資料類型。首先，請注意家庭作業介入方案的編碼表給予研究報告中所陳述的每項介入方案一個專屬的研究號碼。這是考慮到在一份研究中可能不只包含一篇家庭作業研究資料的可能性，或者在同一份研究中，可能不只有一項家庭作業介入方案（舉例來說，有些學生做一小時的作業，有些做半小時，有些則一點作業都不做）。

　　下一個問題是要問這項家庭作業介入方案是否符合界定家庭作業的三個特性中的每一項。如果三個項目其中一個答案是「否」，那麼可能會導致該研究不在分析範圍中。接下來五個問題問的是有關作業的其他特性，於此，統合研究人員可能想要檢驗作為調節變項的家庭作業介入方案之影響。項目可能更多，請注意問題 I3（亦即，家庭作業的主題是什麼？）使用字母來區分七個不同的編碼答案，每一個都會得到「是」或「否」的答案。其理由是一份家庭作業可能包含六項科目中的任何一項或者兩項以上的組合。這樣的組合有十幾種。因此，假如你和編碼者將它們全部列出來，可能工程浩大，尤其你早就明白大多數的組合從

未經過編碼。其實只要使用這七個編號（仍可提供關於每篇研究的精確資訊給你）來將科目編碼，你就能檢視每個組合發生的頻率，並且讓電腦依據這些編號產生新的變項。例如，你可能發現大多數的研究只包含一個科目，但是有一些則包含閱讀和語言技能。所以，你可以指示電腦製作一個包含八個數值的新變項，每種情況一個數值，其中只有一個科目會得到一個 1，而其他科目則得到一個 0，第七項閱讀和語言技能獲得一個 1，而第八項則是其他各項的組合。

　　問題（I8）跟家庭作業介入方案執行的準確度有關。如果家庭作業在研究報告中實際被執行的方式跟預期的處理方式不同，可能會讓人質疑該研究是否能公正地檢驗家庭作業的效應。就這個問題而言，編碼表也等於是一份記錄表，有助於編碼者記住為了替某個研究編碼而設立的編碼慣例。在本例中，「以類似方式執行」的意義可能含糊不清，因此這張記錄表便能釐清其意義。使用這些記錄表（問題 I11 也出現一個）也有助於確認不同編碼者以相同方式使用編碼準則，因此減少了他們之間（以及一位特定的編碼者回答各研究的編碼問題）的差異性。下一個問題（I9）問到是否有證據顯示家庭作業介入方案在實驗組與控制組被操控的方式之外，還受到其他差異的影響。假如有這種混淆存在，就會減損研究關於家庭作業效應之因果推論的能力。這兩個問題的答案可能會使得該研究資料從統合研究中被剔除，或者這份資料可能被用來將研究報告分類，看看這些特性是否跟研究成果相關。

　　問題 I10 和 I11 與控制參與者有關。問題 I10 是詢問控制的做法，而 I11 則嘗試要釐清參與者在每一個情況中是否知道研究中有其他參與者以不同的方式被對待。如果是，那麼這點可能會影響他們的表現。這些問題（I10 和 I11）都跟建立實驗操作的有效性有關。

表 4-2　家庭作業介入方案之編碼表範例

有關家庭作業介入方案的資料 請就研究報告中所描述的每個家庭作業介入方案，逐項完成這些問題	
I1. 請填入本研究的編號	＿＿＿
I2. 下列特性有哪些是家庭作業介入方案的一部分（若答案為是，請填入 1，若否，填 0，若不清楚則填問號）？ 　(1) 重點放在學科上 　(2) 由班導師分派 　　　（或研究人員透過老師分派） 　(3) 指定要在非上學時間完成或是在學校的上課時間完成	 ＿＿＿ ＿＿＿ ＿＿＿
I3. 家庭作業的主題為何（若是適合的欄位填入 1，其他則填 0）？ 　(1) 閱讀 　(2) 其他語言技能 　(3) 數學 　(4) 科學 　(5) 社會科 　(6) 外語 　(7) 其他（請說明）	 ＿＿＿ ＿＿＿ ＿＿＿ ＿＿＿ ＿＿＿ ＿＿＿ ＿＿＿
I4. 每週指定了多少作業（若不清楚請填上問號）？	＿＿＿
I5. 完成每份作業預計需要花多少時間（以分鐘計，若不清楚請填問號）？	＿＿＿
I6. 作業是否有評分？ 　0= 否 　1= 是 　? = 不清楚	 ＿＿＿ ＿＿＿ ＿＿＿
I7. 家庭作業也被用來決定班級成績嗎？ 　0= 否 　1= 是 　? = 不清楚	 ＿＿＿ ＿＿＿ ＿＿＿

（續）表 4-2　家庭作業介入方案之編碼表範例

有關家庭作業介入方案的資料 請就研究報告中所描述的每個家庭作業介入方案，逐項完成這些問題	
I8. 有沒有證據顯示家庭作業介入方案的執行方式近似於它的規定（舉例來說，當你回答「未依說明執行」，情況可能是報告說家庭作業應該一週派三次，但是一週卻只派一次）？ 0= 未依說明執行 哪些資料？ ———————————— 1= 依說明執行 哪些資料？ ———————————— ？= 沒有資料顯示切實執行介入方案	————
I9. 有沒有證據顯示有做家庭作業的組別可能也經歷了控制組未經歷的期待轉變、創新和／或中斷效應的變化？ 0= 期待等效應未改變 1= 有，期待等效應有改變 ？= 報告中未說明有關期待等效應的改變	————
I10. 比較組的處理方式為下列何者？ 0= 沒有家庭作業，而且也沒有其他的輔助活動 1= 有其他的輔助活動（請說明） ？= 不清楚	————
I11. 家庭作業組與比較組是取自同一個樣本群嗎（來自學校同一棟樓、同年級的學生被視為出自同一個樣本群）？ 0= 否 1= 是 ？= 不清楚	————
I11a. 假如 I11 的答案為「是」，那麼無論是家庭作業組或比較組的學生、家長和／或老師知道誰在哪一種情況中嗎？ 0= 否 1= 是 ？= 不清楚	————

■研究背景

在多數情況下，這份資料包括研究的地理位置（例如國家、州／區；城市、郊區或鄉村社區）。如果研究可能在一個機構環境內執行，譬如學校或醫院或體育館，那麼這些資料也要蒐集。另外，有些研究向來都在機構的環境中被執行（例如，家庭作業研究一直都是在學校裡執行），所以機構內的差異可能是重要相關的（例如，是公立還是私立學校，是否為宗教團體附屬學校等等）。**表4-3**是在一份家庭作業編碼表中可能出現跟研究環境相關的一些問題範例。

表4-3 在家庭作業統合研究中研究背景特性之編碼表範例

背景特性	
S1. 參與者是否（在每一個適用欄位填入 　　1，若否填入0，若不清楚則填問號） 　(1) 在美國境內 　(2) 在美國以外的國家（指名國家）	＿＿＿＿ ＿＿＿＿
S2. 研究在哪一州進行？（請填郵遞區號）	＿＿＿＿
S3. 研究在哪一種社區進行 　　1= 城市 　　2= 郊區 　　3= 鄉村 　　？ = 不清楚	＿＿＿＿
S4. 研究在哪一類學校進行 　　1= 公立學校 　　2= 私立學校 　　3= 宗教團體附屬的私立學校（指名宗 　　　 教團體） 　　？ = 不清楚	＿＿＿＿

（續）表 4-3　　在家庭作業統合研究中研究背景特性之編碼表範例

背景特性	
S5. 哪一種課堂可作為研究背景的代表（在每一個適用欄位填入 1，若否填入 0，若不清楚則填問號）	
(1) 常規教育	——
(2) 特殊教育	——
(3) 其他（請說明）	——
(4) 無特定課堂類型	——

■參與者與樣本

　　另一種資料一般是從研究報告蒐集而來，討論的是包含在初級研究中參與者的特質。這份資料可能包含參與者的年齡、種族和／或族群與社會階級，以及初級研究人員所設的限制，限定哪些人能夠參與該研究。**表 4-4** 提供一些參與者與樣本特性的範例，它們在探討家庭作業效應的研究中可能是重要的。另外，要注意的是，本例中還必須特別提供樣本的編號，因為有些研究可能在報告中分別就不同的樣本提出資料。舉例來說，一份研究可能根據學生是資優生或一般生來分析其樣本和結果。為了區別起見，每一個樣本都會被給予一個不同的樣本編號，因此問題 S2 就會隨每個樣本而有不同的答案。

■預測因子與結果特性

　　對於不包含實驗操作但卻跟測量變項相關的研究（例如預測性犯罪態度的個別差異），或是對於包含實驗操作的研究結果（例如在實施介入方案後，測量老年人的運動量，或是在選擇操作後測量動機），無論它們是否為標準化的測量，以及關於結果的有

表 4-4　在家庭作業統合研究中參與者與樣本特性之編碼表範例

參與者與樣本特性 有鑑於每個樣本都會有個別的結果，請分別就家庭作業介入方案的每個樣本完成下列問題	
P1.請填入樣本編號	＿＿＿
P2.下列哪一個名稱適用於該樣本中的學生（在每一個適用欄位填入 1，若否填入 0，若不清楚則填問號）？ 　　(1) 資優生 　　(2) 一般生 　　(3)「危險群」 　　(4) 後段生 　　(5) 具有學習障礙 　　(6) 其他（請説明）	 ＿＿＿ ＿＿＿ ＿＿＿ ＿＿＿ ＿＿＿ ＿＿＿
P3.樣本中的學生社經地位（SES）為何（在每個適用欄位填入 1，若否填入 0，若不清楚則填問號）？ 　　(1) 低 　　(2) 中低 　　(3) 中 　　(4) 中上 　　(5) 上 　　(6) 只標明「混合」	 ＿＿＿ ＿＿＿ ＿＿＿ ＿＿＿ ＿＿＿ ＿＿＿
P5.樣本中的學生為幾年級（在每一個適用欄位填入 1，若否填入 0，假如沒有説明指定的級別，請利用選項 14 到 18）？ 　　(1) 幼稚園 　　(2) 一年級 　　(3) 二年級 　　(4) 三年級 　　(5) 四年級 　　(6) 五年級 　　(7) 六年級 　　(8) 七年級 　　(9) 八年級 　　(10) 九年級	 ＿＿＿ ＿＿＿ ＿＿＿ ＿＿＿ ＿＿＿ ＿＿＿ ＿＿＿ ＿＿＿ ＿＿＿ ＿＿＿

（續）表 4-4　　在家庭作業統合研究中參與者與樣本特性之編碼表範例

參與者與樣本特性 有鑑於每個樣本都會有個別的結果，請分別就家庭作業介入方案的每個樣本完成下列問題	
(11) 十年級	＿＿＿
(12) 十一年級	＿＿＿
(13) 十二年級	＿＿＿
(14) 標示「小學」	＿＿＿
(15) 標示「中學」	＿＿＿
(16) 標示「初中」	＿＿＿
(17) 標示「高中」	＿＿＿
(18) 未提供年級資料	＿＿＿
P6.在樣本中以哪一種性別為代表（在每一個適用欄位填入 1，若否填入 0）？ (1) 男性 (2) 女性 (3) 未提供性別資料 P6a. 假如報告中有提供資料，請問樣本中的女性百分比為何（若不清楚則填問號）？	＿＿＿ ＿＿＿ ＿＿＿ ＿＿＿

效性或可靠性的證據，如果可以獲得資料的話，你都會想要檢索出與結果類型相關的資訊。

　　表 4-5 提供了在家庭作業研究的成果中可能會問到的一些問題。請注意第一個問題同樣是要求給予每個成果一個專屬的編號。所以，我們現在有一個四階層的系統，當編號串在一起時，即能找出每篇報告中的每個研究、每個研究中的每個樣本、每個樣本中的每個結果。在有些研究中，研究結果含括的不只一個年級或者不只一項成就測量。當編碼者發現這類研究時，他們就要為兩個組別的組合填寫個別的編碼表。例如，一個針對五年級和

表 4-5 家庭作業統合研究結果之編碼表範例

成果評量 請分別就每個樣本中的每個相關結果完成下列問題	
O1. 請填入研究結果編號	————
O2. 本成果評量的科目為何（在每一個 　　適用欄位填入 1，其他則填 0） 　　(1) 閱讀 　　(2) 其他語言技巧 　　(3) 數學 　　(4) 科學 　　(5) 社會科 　　(6) 外語 　　(7) 其他（請說明） 　　(8) 並非科目測驗	 ——— ——— ——— ——— ——— ——— ——— ———
O3. 這是哪一類成果評量 　　1= 標準化成就測驗（請說明） 　　2= 其他測量成就的考試（例如老師 　　　　自行出題、教科書章節） 　　3= 完成家庭作業後的班級成績 　　4= 多類型學生成就評量 　　5= 學生讀書習慣與技巧 　　? = 不清楚	———
O4. 有無證據顯示，該成果評量的有效性 　　／可信度是否達到可接受的標準（附 　　註：在每一個可接受的欄位填入 1， 　　若否填入 0，若不清楚則填 9。指出 　　內部一致性時，只要陳述「可接受」 　　就已足夠，未必需要特定的數值。 　　陳述「引述外部資料來源」亦可） 　　(1) 內部一致性 　　(2) 檢測—重測相關性 　　(3) 其他（請說明）	 ——— ——— ———
O5. 以天數為單位，從家庭作業介入方 　　案結束日倒數計算，成果測量於何 　　時實施（假如在家庭作業研究的最 　　後一天實施成果評量請填入 0。如果 　　無法判定則填問號）	 ———

六年級學生施做標準化測驗以及班級成績評量的研究，就會產生四張成果編碼表，五、六年級學生各兩張。

同時要注意的是，不只是相同概念的不同測量可能產生與相同樣本相關的多種測量（在同一份報告中的同一篇研究）。對研究人員而言，蒐集相同的測量兩次以上也是有可能的。那就是為什麼問題 O5 被包含在成果編碼表中的原因之一。同時，研究人員可能蒐集到不只一個概念。例如，家庭作業統合研究可能不會只有專注在學業成就上，也可能蒐集跟讀書技巧和／或對學業態度相關的成果。假如是這種情況，成果編碼表就要擴大納入與這些概念的測量相關的問題與答案。

在成果編碼表上的第四個問題（O4）跟測量的效度和信度有關。這些問題可以用許多不同方式表達，主要是根據你希望蒐集的資料詳細程度而定。本例所要求的資料並不十分精確，只問編碼者測量是否達到信度「可接受」的程度。

■編碼者與編碼特性

編碼準則應該預留一個部分讓編碼者填入他們的名字與編號，以及他們為研究編碼的日期（見**表 4-6**）。為了會計的目的，你可能也會要求編碼者說明為該研究編碼所花費的時間數。在某些例子中，這份資料可能會正式併入你的資料檔案中。所以這部分也可以讓編碼者有空間寫下他們想要跟你分享有關編碼過程的感想。

低推論與高推論的編碼

在編碼準則範例中所要求的資料大部分都可以被視為「低推論的編碼」（low-inference codes）。也就是說，他們只要求編碼者在研究報告中找出需要的資料，並編寫到編碼表中。在某些情況中，編碼者可能會被要求做一些關於研究報告的「高推論

表 4-6　編碼者與編碼資料之編碼表範例

編碼者與編碼特性	
C1. 請填入你的編碼者編號	＿＿＿
C2. 你完成本研究之編碼工作的日期	＿＿ / ＿＿ / ＿＿
C3. 以分鐘為單位,你花多少時間為本研究編碼?	＿＿ ＿＿ ＿＿
備註(請在本欄中寫下你在編碼過程中有關於研究的附註或是你所關注的事項)	

的編碼」(high-inference codes)。你可能會遇到要求編碼者在家庭作業編碼表上做出一些推論的情況。例如,我之前提到,使用成果編碼準則範例的編碼者(見**表 4-5**)會被要求編寫所獲得的估計值在內部一致性(internal consistency)、檢測—重測信度(test-retest reliability)方面,以及其他效度/信度的測量估計值是否「充分」(問題 O4)。假如任由自己做決定,那麼「充分」與否的判斷其實就是一種推論,而且會因編碼者不同而有差異。不過,如果你給編碼者一個界定「充分」的界限,那麼推論就變得沒有必要了。因此,這個問題可能會改成:「有內部一致性的估計值嗎?若有,它是否高於 0.8 ?」或者編碼者可能會被要求蒐集內部一致性準確的估計值。這個準確的估計值就可以被用來檢驗這個效度/信度的評量是否跟研究成果相關。

　　其他的高推論編碼係指嘗試去推論取得介入方案或實驗操作的人會如何解讀。Carlson 與 Miller(1987)所做的統合研究提供了一個很好的例子。他們摘要整理了一批文獻,主要是探討為

何負面情緒狀態似乎增加了人們伸出援手的可能性。為了檢驗該研究中不同的解讀，他們必須評估在不同的實驗步驟中，悲傷、罪惡感、憤怒或是挫折感可能讓參與者產生何種感受。為了做到這點，有一群評估人員被要求閱讀從相關文章的方法學部分節錄出來的摘要。然後這群評估人員用 1 到 9 來評分，舉例來說，「因為負面情緒的誘發，而使得受試者感到特別沮喪、悲傷或是憂鬱的程度」（p. 96）。這些評判後來被加入在每篇研究的編碼表中。

這些高推論的編碼給統合研究人員製造了一組特別的問題。首先，必須審慎評估高推論判定的可信度。另外，評估人員也被要求扮演研究參與者的角色，而角色扮演方法學的效度向來備受爭議（Greenberg & Folger, 1988）。不過，Miller、Lee 與 Carlson（1991）以實證方式證明了高推論的編碼能夠產生有效的評判，而且統合研究人員也多了一項新的能力，能夠解讀文獻並解決爭議。假如你認為你能夠從文章中有效地擷取高推論的資訊，並具有說服力地解釋你這麼做的理由，那麼這個技巧便值得一試（亦即，它將如何提升你的統合研究的價值）。

挑選與訓練編碼者

在一份統合研究中，研究報告的編碼並非一人能獨力完成的工作。即使單獨一人最後確實從所有的研究報告中蒐集完資料，統合研究人員也必須證明這個人擷取資料的功力非凡。這項工作有太多地方會產生偏誤（有意或無意），因為編碼問題與回答的特殊解讀，以及單獨一人未經驗證的編碼所發生的單純的無意識錯誤卻被認為是科學統合研究的一部分。舉例來說，Rosenthal（1978）瀏覽了二十一篇探討記錄錯誤的頻率與散布情況的研究。這些研究發現所有被記錄的資料中錯誤率的範圍從 0% 到

4.2%；在記錄時，有 64% 的錯誤與研究最初假設的方向性一致。

記錄錯誤不是研究編碼不可靠唯一的來源。有時候，編碼無法做到完全可信是因為研究報告描述不清。有時候，統合研究人員提供的定義含糊不清也會導致編碼員對於研究特性如何適當編碼有不同意見。最後，如同前述，編碼者的傾向會導致他們偏好某個意向不明的解讀勝過其他。

Stock 和他的同僚（Stock, Okun, Haring, Miller, & Kinney, 1982）以實證方式檢視了在統合研究中所做的不可靠的編碼數目。他們有三位編碼者（一位是統計學者，另外兩位是博士後教育研究員）從三十份文件中記錄資料，並分成二十七個不同的編碼類別。Stock 和他的同僚發現有些變項，例如參與者年齡的平均數和標準差，在編碼時幾乎完全一致。而只有一個判定，亦即關於研究人員使用的抽樣步驟類型，並未達到編碼者平均共識的 80%。

若想證明編碼的定義非常清楚，足以讓不同的編碼者也能製作出如出一轍的資料，而且編碼者也能正確地從報告中擷取資料——換言之，對編碼問題的回答跟其他編碼者的答案並無太大出入——這項工作需要訓練至少兩名編碼者。假如需編碼的研究報告數量龐大，或者由未受過太多學術研究訓練的人員來做編碼工作，那麼這個做法尤其重要。在今日，由單獨一名編碼者從所有的研究報告中蒐集資料的統合研究並不多見。這些研究會被人們投以懷疑的眼光。大多數的統合研究會請至少兩位編碼者蒐集資料。有些統合研究會請三名以上的編碼者團隊從事這項工作。無論如何，將**研究報告編碼工作當作是資料蒐集的標準習題**會是一個值得參考的做法。

有些統合研究人員不只讓一位編碼者為每篇研究編碼，這種做法稱為雙重編碼（double coding）。每篇研究的編碼就能相互比較，而且編碼者可以開會或由第三方解決歧見。這個步驟能

大大降低潛在的偏見，凸顯問題與回答的不同解讀，並抓出無意間犯的錯誤。

雖然所有的統合研究人員一定會證明其編碼的可信度，但是他們能確保多大的可信度就要視需編碼的研究數量、編碼準則的長度與複雜度，以及完成這項任務可獲得的資源而定。顯然，包含較大量的研究報告，而且編碼表較複雜的統合研究，將需要較多的編碼時間。除非有充裕的時間，否則若有較多的研究需編碼，將使得每份研究難以編碼兩次。在某些情況下，假如有複雜的資料要編碼，統合研究人員可以決定在編碼表上的哪些資料需雙重編碼，而哪些則不用。統合研究人員必須決定即使資源有限，也要設法儘可能獲得最可靠的編碼。

雙重編碼不是你可以增加編碼可信度的唯一方法。首先，你可以挑選具有編碼專業背景和興趣的編碼員。在閱讀與執行研究報告有大量經驗的人會是比新手更適合的編碼員。透過訓練可以克服一些無經驗的限制，但無法克服所有的問題。

第二，編碼表可以跟定義與解釋每個研究特性的編碼手冊配合使用。在**表 4-1** 到**表 4-6** 的範例中，有些定義直接出現在編碼表上。編碼手冊也包含其他定義以及為特殊問題編碼的慣例，可以跟編碼表搭配使用。

第三，在實際編碼之前，應該要先跟編碼員討論與練習範例。**由即將實際從事編碼工作的人員為你的編碼準則做前測是很重要的**。使用幾篇研究報告，最好是選擇文獻中所包含代表各種類型的研究報告，並詳細討論編碼工作該如何進行。編碼員將提出你未想到的問題，在報告內容不清楚的情況下，這樣的討論將使得問題、答案以及使用的慣例更加清晰。

第四，編碼員應該就相同的這幾篇研究獨自蒐集資料，再跟小組分享他們的答案。你應該跟他們討論出錯的部分。如此一來，編

碼準則就會更加清楚。在這個階段以及接下來的編碼期間,有些統合研究人員會試圖讓編碼員不去注意研究中的某些層面。有些會移除關於作者以及相關團體的資料,以免編碼員被自己本身對於這些研究人員先入為主的想法所影響。有些統合研究人員會將報告的不同部分交由不同的編碼員編寫,如此一來,研究結果才不會影響其在研究設計品質方面的評比。當 (1) 編碼決策可能包含高推論的評判;(2) 研究領域分成兩個極端的意見和研究發現;和/或 (3) 編碼員對該領域非常瞭解,因而可能對於研究結果「應該」如何有自己的意見時,在這些情況下,遵守這些步驟就更加重要了。

■評估信度

一旦完成這些步驟,你就準備要評估信度了。這項工作應該在交給編碼員一堆研究報告之前,並且在編碼期間定期執行。通常,獲得編碼員信度的估計值是很重要的。有很多方法可以評鑑編碼者的信度,但似乎或多或少都有問題(參見 Orwin & Vevea, 2009)。有兩個方法最常出現在統合研究中。最簡單的是,**統合研究人員提出兩名編碼員之間的共識程度**。所謂的共識程度就是一致的編碼數目除以編碼總數。一般而言,這個數字會因為每一個編碼問題而有所波動。假如編碼數字很大,統合研究人員可能只會提供共識的百分比範圍,並且討論看起來特別低的部分。例如,在有關選擇與內在動機之關聯性的研究統合中,我們發現在總共 8,895 則編碼中,有 256 則不一致的編碼,或者可以說編碼者意見分歧率為 2.88%。讓編碼者最頭痛的問題是有關控制組的描述,光是這個變項的意見分歧率就高達 9.4%。

Cohen 提出的 Kappa 一致性係數也很有用,它是調節共識機率的信度測量。Kappa 被定義為增進編碼員的共識程度,因此 Kappa 往往是跟共識百分比一同出現。

如同前述，有些統合研究人員會請兩位編碼員檢視每份研究、比較編碼狀況、然後透過討論或者諮詢第三位編碼者來解決歧見。這個步驟將產生非常高的可信度，而且往往不會伴隨一個量化的可信度估計值出現。為了使雙重編碼獲得有效的信度，你必須編制兩組由兩名編碼員組成的團隊以及一名仲裁者，然後比較兩組深思熟慮後所做出的結果。你可以發現這個步驟使得兩組之間的差異降低許多。

其他的統合研究人員請編碼員標記他們沒有把握的編碼，並分組討論這些編碼。這個過程也能產生相當可靠的編碼。無論使用何種技巧，當在評估用來執行研究統合的資料蒐集方法時，我們要問的問題是：

是否使用這些步驟來確保 (1) 用來判斷研究的實質相關性的標準以及 (2) 從研究報告中檢索取得的資料，均無偏見且可靠嗎？

將資訊轉換成資料檔案

在前面的段落中，我描述了確保每篇研究的資訊都能正確記錄在編碼表中的方法。我建議最好的方式就是由不只一位研究人員來為每篇研究編碼，然後相互比較他們的編碼結果。即使編碼員在編碼表上的意見一致，讓**兩個人將編碼表上的結果轉換成個別的資料檔案**（也就是可以使用電腦做資料分析的檔案）也是一個不錯的做法。然後，這些檔案可以相互比較，以判斷當資料從編碼表轉換成電腦檔案時是否有出錯。假如只由一位編碼員從事這項工作，那麼可以請該人員輸入資料兩次。雖然這項工作看似簡單，但是在資料轉換過程中的錯誤卻是可預期的（Rosenthal, 1978），尤其當資料很複雜時。當然，假如是用電腦程式將編碼表直接轉換成電腦可使用的資料組，這項檢查就沒有必要了。

從研究報告中蒐集資料的問題

在第三章，我討論了研究報告檢索的一些缺失，無論統合研究人員做得多麼完整詳細，都不免感到挫折。在這些缺失中，有些是潛在的相關研究並未公開發表，而且即使是採取最認真勤勞的搜尋步驟也未必找得到。有些研究則是你知道它們存在，但是卻拿不到資料。

或許在蒐集實證資料時最令人沮喪的時刻是，統合研究人員取得初級研究報告，但是報告中卻未包含需要的資料。報告有可能遺漏了有關研究特性的資訊，而無法判定研究成果是否與研究的執行方式相關，或甚至該研究是否相關等等。或者，資料中可能遺漏了統計結果，使得統合研究人員無法估計兩個群組之間的差異或是兩個變項之間的關聯性強度。

不精確的研究報告

不完整的描述是有意執行後設分析的統合研究人員最擔心的事。後設分析人員遇到資料遺漏的狀況該怎麼辦？以下我們提出處理常見問題的幾個慣例。

■不完整的描述統計結果

研究報告有時會遺漏重要資料，譬如初級研究人員所執行的統計步驟結果。當研究人員在做檢定以拒絕虛無假設，但卻未被拒絕時，統計資料往往會被省略。研究人員並未陳述統計檢驗最精確的結果，而只是說它並未達到統計顯著性。在這些情況下，研究人員也比較不可能提供有關於研究發現的相關性或平均數和標準差。有時候他們甚至不會去判別相關性或是群組平均數的比較所代表的意義。

當你知道某個關聯性或比較值已經過檢定，但是初級研究人員並未提供相關的平均數和標準差、推論檢驗值（inference test value）、*p* 水準（p-level）或是效應值時，你的選擇就有限了。其中一個選擇是連絡研究人員並徵求資料。就如同我在第三章所述，這個方法是否成功有部分要看是否能找到研究人員以及徵求者的地位。答應請求的可能性也要看研究人員檢索資料容易與否。假如研究報告陳舊，假如你希望獲得的分析資料與原先所得到的資料不同，或者假如你要求大量的資料，那麼你獲得回應的機會就會比較少。

假如你所提出的要求愈容易達成，那麼從研究人員處獲得回應的機會也將會增加。做法包括提供一張表單給研究人員，那麼只需要填入你所需要的數值即可。絕對不要再要求超過你所需要的其他資料或是更詳細的資料。你要求的資料愈多，作者們就會愈擔心你認為他們出了什麼錯，並懷疑你有興趣的不只是在後設分析中收錄他們的研究（當然，假如你認為你發現了有錯誤的結果，與作者保持聯繫也是很重要的）。

另一個找出遺失資料的方法就是去檢視其他描述該研究報告的文件。舉例來說，假如你發現一篇期刊文章陳述了一些（但不是全部）你所需要的研究結果，但是作者備註說該研究是為完成博士論文而進行，可能論文本身才包含資料。往往，論文會包含附錄，裡面收錄了完整的成果描述。或者由政府機關和承辦的研究公司準備的一些研究報告，已經預設閱讀對象對於細節不感興趣。這些組織也可能擁有較技術性的報告，裡面就會包含了較多的資訊。

假如你無法檢索到所需的資料，那麼另一個選擇就是將成果視為發現一個完全虛無的結果。也就是說，對於任何包含遺失資料的統計分析，相關性被假設為 0，或者被比較的平均數被假設為完全相同。期望這個慣例會對後設分析的結果產生較小的影響

是合理的。一般而言,當使用這項慣例時,假如已經知道無顯著關聯性存在之確切結果,那麼累積的平均關聯性強度將更趨近於零。不過,在你的資料組中,將遺失的數值填入零可能會改變你的研究發現分布的特性。因為這些原因,後設分析人員現在很少使用這個步驟了。

　　第四個選擇就是不要理會你的後設分析中的比較。這個策略可能導致比假設知道遺失數值的狀況還要更高的平均累積關聯性。假如其他方面都相同,非顯著的研究發現會跟樣本估計值的分布中較小的關聯性估計值有關。然而,大部分的後設分析人員都會選用這第四種選擇,尤其是如果遺失數值相對於已知的數值數字較小的話。而且,假如後設分析人員可以根據其研究發現的方向將遺漏數值的結果分類的話,也就是說,假如他們知道哪一個組別有較高的平均數,或者相關性是否為正值或負值,那麼這些結果就可以被納入投票計數的步驟中(第六章將會討論)。利用投票計數的話,就有可能估計關聯性的強度(Bushman & Wang, 1996)。第七章也會提供檢驗後設分析結果的方法,來看看使用不同方法來處理遺漏資料,結論是否會不同。當統計人員使用不同的統計假設來分析相同的資料時,這種方法就稱為敏感度分析(sensitivity analysis,參見第七章)。

■不完整的描述其他研究特性

　　除了研究成果之外,研究報告也可能遺漏有關於研究特性細節的資料。舉例來說,研究報告可能遺漏了有關樣本組合的資料(譬如,在家庭作業研究中,學生的家庭經濟背景)、研究環境(例如,學校位於市區、郊區還是鄉村社區)或是操控變因特性(例如每週分派的家庭作業次數及篇幅)。後設分析人員想要得到這份資料,如此他們才能檢視操控變因的效果或是關聯性強度

是否跟研究執行時所位處的條件相關。

當這類研究資料遺漏時，你有幾個選擇。首先，你可以思考，除了研究報告之外，資料是否能從其他地方取得。舉例來說，家庭作業編碼準則包含了一個問題，是關於學校是否位於市區、郊區或鄉村社區以及學生的家庭經濟背景為何。假如你知道該研究執行時位於哪個學區，那麼你就能在學區或是州政府的網站上找到這份資料。假如關於心理測量特性的資料未陳述，那麼這些資料在有關測量工具本身的報告中可能找得到。

最簡單的做法是，你在分析中就不去理會這篇有遺漏資料的研究報告，雖然它可能會因為包含需要的資料而被收錄在其他分析中。例如，遺漏有關學生經濟背景資料的家庭作業研究（經常發生）只是無法被用在檢驗該特性是否影響家庭作業的效應的分析中，但是卻能應用在探討成績水準的分析中，這是很少會被報告遺漏的特性。

此外，有時候假設一個遺漏的數值其實即意味著該數值的意義也是合理的。這種情況會發生是因為研究人員認為這份資料是理所當然的。例如，家庭作業的研究人員有可能幾乎都會提及該研究是否在男校或女校中進行。因此，若未提及班級的性別組合，我們假定男女合班是比較合理的，或許人數是各半。你可能會讓編碼員將這項編碼填入「？」，但是卻在之後讓電腦認為這個編碼意味著「男女皆有」。假如你這麼做，你應該在研究方法部分提到這個慣例。另外，如果可能的話，你可以執行這項分析兩次，一次是包含重新編碼的研究，另一次則否。

一名後設分析人員對於遺漏的研究特性應該懷抱的擔憂程度，某些部分是要看資料為什麼遺漏。有些資料會任意被遺漏。換言之，並沒有系統性的理由可以解釋為什麼有些報告包含相關特性的資料，而有些卻沒有。假如是這種情況，那麼一份檢視研

究成果與研究特性之間關聯性的分析成果將不會被遺漏的資料影響，當然，如果是失去統計檢定力則另當別論。

假如遺漏資料的原因系統性地與研究成果有關，或是跟遺漏資料本身的數值有關，那麼問題就比較嚴重了。在這種情況下，遺漏的資料可能會影響分析結果。舉例來說，假如結果顯示活動介入方案有顯著效應，那麼從事健康研究的人員比較可能陳述在他們的研究中，參與者全部都是女性或全部都是男性。非顯著的效應通常都跟男女混合的樣本相關，但是後設分析人員並不清楚這點，因為發現研究結果不顯著的研究人員比較傾向不陳述樣本的組合方式。在這種情況下，後設分析人員不容易發現在介入方案研究中性別組合與介入方案效應強度之間的關聯性（例如，當群組由單一性別組成時，運動量或多或少會有所影響）。

Pigott（2009）提出幾個其他的策略來處理遺漏的研究特性。首先，遺漏的數值可以用所有相關特性已知數值的平均數來填入。這個方法並不會影響累積分析的結果，只會增加其考驗力。最適用的時機是當後設研究人員在一篇分析中同時檢視數個研究特性時。在這種情況下，單一個遺漏的數值可能會導致整份研究被刪除的命運，而這是大家所不樂見的。第二，遺漏的數值可以用迴歸分析來預測。基本上，這個方法是在其他研究中發現這個被遺漏的變項，再使用已知的數值來預測這個遺失資料點最可能的數值。Pigott 還描述了幾種更複雜的方法來估算遺漏的資料。

在多數情況下，我會建議後設分析人員在處理遺漏資料時，把握住較簡單的方法即可。當方法愈複雜，就需要愈多假設來證明其有效性。同時，當使用較複雜的方法時，執行敏感度分析也變得愈重要。當在分析時若要忽略遺漏的數值的話，將填補好遺漏數值的結果跟獲得數值的結果相比較是比較妥當的做法。

找出獨立比較值

當資料蒐集好之後，另一個必須做的重要決定就是如何找出關聯性強度或是群組差異的獨立估計值。有時候單一研究可能包含相同比較或關聯性的多重檢定。發生的原因有幾項。首先，研究人員可能會使用同一個概念但不同的測量，而且每個測量都個別分析。例如，一個探討選擇效應的研究人員可能會使用參與者的自我報告和觀察他們在自由活動期間的表現來測量內在動機。第二，可能會做不同概念的測量，譬如與性犯罪態度相關的幾個不同的人格變項。第三，可能進行兩次以上相同的測量。最後，在相同研究中的人們可能會被分成不同的樣本，並個別分析他們的資料。舉例來說，假如從事性犯罪研究的研究人員對所有的參與者施予相同的測量，接著分別檢視男性和女性的測量結果，那麼這種情況就會發生。在所有的情況下，在同一研究中不同的估計值並非完全獨立——它們受到相同的方法及情境所影響。在多次進行相同測驗的情況下，研究結果甚至會因為在相同的人身上施予相同的測量而受影響。

研究結果非獨立性的問題還可能更廣泛。有時候單一份研究報告可能描述不只一項研究。因此，有可能兩個研究是在相同的脈絡下進行（例如，相同的實驗室），或許有相同的研究助理，以及從相同的參與者來源中抽樣。同時，在同一份統合研究中多篇的研究報告往往描述的是由同一批主要的研究調查人員所進行的研究。統合研究人員可能會做如下的結論：在相同地點由相同的研究人員所執行的研究，即使過了好幾年，它們出現在不同的報告中，仍然包含某種恆常性，意味著研究結果並非完全獨立。具有相同偏好的同一位初級研究人員，可能在相同的實驗室裡，從相同的母群體中抽樣參與者。

統合研究人員必須決定統計結果在何時會被認為是研究問題的獨立檢定。在統合研究中，可以考慮下述幾個合適的分析單位。

以研究團隊為單位

找出獨立結果最保守的方式就是以實驗室或研究人員作為最小的分析單位。提倡這種取向的人會主張由同一個研究團隊做重複的研究，其資料的價值不如由不同的團隊執行同樣數量的研究報告要來得高。這種取向是要求統合研究人員蒐集由同一組研究團隊所做的所有研究，然後為這組研究團隊的研究結果做出整體的結論。因此，這個取向有個缺點是，它要求統合研究人員在統合研究中執行另一個統合研究，因為一開始必須在研究團隊內做出有關如何累積研究結果的決定，然後才是在各團隊之間執行這項工作。

以研究團隊為單位的取向在實務上很少使用。一般認為它太過保守，而且太浪費藉由檢視各研究結果間的差異就能獲得的資訊，即便在相同的實驗室裡。此外，在尋找研究成果調節因子時，以研究人員作為研究特性也可以釐清研究團隊是否與研究成果的系統性差異有關。

以研究報告為單位

利用研究報告作為分析單位的做法是要求統合研究人員對於在各篇研究中所提出的結果做出一個整體的結論。如果單一篇研究包含了針對同一個群組的比較值或關聯性進行不同檢定的資訊，那麼統合研究人員即可計算這些結果的平均數，並以此代表該研究。除此之外，也可以用中間的結果。或者如果有更好的測量方法，譬如，一個包含測量特性的性犯罪態度量表，那麼這個結果也可以代表這份研究。

利用研究報告作為分析的單位可確保每份研究報告對統合研

究的整體結果有相同的貢獻。舉例來說，評估性犯罪態度與對權力的需求之間關聯性的研究，使用了兩種不同的態度量表，並分別就男性與女性來說明，該報告陳述了四種非獨立相關性。藉由累積這些相關性（利用上述建議的其中一種方法），那麼只要單獨一個代表此一研究的相關性就能確保對另一個只用單一性別以及一種態度來評量的研究也會有相同的考量。

以樣本為單位

假如對個別的樣本皆施予檢定，那麼利用獨立樣本作為分析單位將可使單一研究不只貢獻一種結果。例如，統合研究人員可能會認為在同一個性犯罪態度的研究中針對男性與女性所做的統計檢定是獨立的，但是對於相同的對象針對相同的態度概念採用另一種測量，就不認為是獨立檢定了。

利用樣本作為獨立單位是假設在同一個研究中研究結果所經歷最大部分的變異來自於從同一批參與者身上蒐集資料。藉由結合樣本中不同的測量結果，即能消除這類變異，但是存在於研究報告層次的其他相依性來源（例如，研究人員、環境）卻被忽略了。

當後設分析人員在計算各單位間的平均比較值或關聯性時，**從樣本大小──假設是一個研究或是整個研究中的一個樣本──去衡量每個獨立單位會是一個不錯的做法**。無論在研究報告中或是在所有研究中的獨立樣本是否被用來當作分析單位，但是加權值在作用上是相等的。舉例來說，假如該研究被用來當作分析單位，那麼一個有100 名參與者的研究就會以 100 來加權，或者如果是以樣本為單位的話，兩個樣本就會各加權 50（第六章會更深入解說本步驟）。

以比較值或估計值為單位

要找出獨立的分析單位最不穩當的做法就是使用每個組別關

聯性強度的比較值或估計值，彷彿它是獨立的。也就是說，初級
研究人員計算出來的每一個比較值或估計值會被統合研究人員視
為獨立的估計值。這個方法的優點是它不會遺失研究裡面任何關
於研究成果的潛在調節因子的資料。它的缺點則是它可能會違背
在後設分析統計步驟中認為估計值為獨立的假設。而且，在有關
研究結果的整體結論中，研究結果也不會獲得相同的加權值。相
反地，相對於包含在研究發現中統計檢定的數字，無論樣本大小
如何，研究報告都會對整體研究發現有所貢獻。就以關於性犯罪
態度與權力需求的研究為例，該研究有四個相關的比較值（兩種
性別與兩種測量），與一個只有一個比較值（但是總樣本大小相
同）的研究相比，它對於整體結果也會產生四倍的影響。這並不
是一個好的加權標準。

轉換分析單位

　　找出比較值折衷的方法就是採用**轉換分析單位**。就這方面而
言，每一個成果在一開始編碼時就被當作是獨立事件。因此，對
性犯罪的態度與權力需求之間的關聯性包含四個估計值，這一篇
研究就要為四個結果填寫四份成果編碼表。有兩份成果編碼表跟
兩個與本研究相關但不同的樣本編碼表相連結。接著，當統合研
究整體累積的結果被計算出來時——亦即，當「有關性犯罪態度
與權力需求之間的整體關聯性為何」這個問題得到答案時——那
麼成果的研究結果就會先被合併，如此一來，每篇研究（要求四個
結果合併）或是每個樣本（針對每個樣本合併兩個成果）對於整體
的研究發現都會有相同的貢獻。當然，每個結果都應該依照其樣本
大小來加權。這些合併之後會被加入到涵蓋所有研究報告的分析中。

　　不過，轉換單位的方法會造成在檢視整體成果的潛在調節
因子後，一份研究報告或是一個樣本的結果將只集中在各調節

因子變項的類別內。有個例子應該可以將此現象說明清楚。假定
你選擇使用研究報告作為分析的基本單位。如果一份關於性犯罪
態度與權力需求的研究分別陳述對男性與女性的相關性，那麼
該研究對整體分析只會貢獻一個相關性——男性與女性相關性的
平均值，但是在性別對於相關性大小的影響分析上卻有兩個相關
性——一個是針對女性組，另一個則是針對男性組。為了繼續發
展這個過程，假設該研究提出每一種性別所做的兩種不同的態度
測量導致性犯罪態度與權力需求之間不同的相關性，也就是總共
有四種相關性。那麼，當在執行檢視性別之調節影響的分析時，
針對每一性別不同態度量表的兩種相關性就要加以平均。同樣
地，當這類態度評量被當做調節因子來檢視時，針對每份量表兩
個與性別有關的相關性也要加以平均。

　　實際上，轉換單位的方法可確保在分析對於關聯性強度的估
計值之影響方面，一篇研究報告可以針對每個由調節變項所區分
出來的類別貢獻一個資料點。這個做法是一個很好的折衷方式，
它讓研究報告保留最大的資料價值，但是卻又盡量不違背統計檢
定的獨立性之假設。不過，這個方法也並非全無問題。首先，一
再地計算平均效應值來分析每個不同的調節因子，可能耗時費
力，而且有些統計套裝軟體也難以做到。另外，當後設分析人員
希望探討在單一分析中對於研究成果的多重影響，而不是一次探
討一個影響時，分析單位可能很快地就分解成個別的比較值。

　　檢視性犯罪態度相關因素的統合研究收錄了六十五篇研究報
告，包含了從一百零三個獨立樣本中蒐集資料的七十二份研究資
料。初級研究人員計算出總共有四百七十九則相關性。顯然，將個
別的相關性當作是獨立結果來使用會極度誇大其累積的資料價值。
對整體分析而言，這一百零三個獨立樣本被當作分析單位，而所有
的相關性則加以平均。然而，因為五位主要的研究人員給同一群參

與者（樣本）兩張不同的量表，所以針對不同的性犯罪態度量表所做的平均相關性差異分析是根據一百零八則相關性做成。

統計調整

Gleser 和 Olkin（2009）討論了對於非獨立檢驗的問題所做的統計學解決方案。他們針對研究中的多項成果的相依性以及所有研究不同的成果數目提出幾個步驟來做統計上的調整。成功使用這些技巧的關鍵在於統合研究人員對於統計檢定的相依性有可靠的估計值。舉例來說，假設探討性犯罪態度相關因素的研究包含了性侵迷思接受評量以及受害者譴責的評量。為了使用統計學技巧，統合研究人員必須估計針對該研究中的樣本估計兩個量表之間的相關性。初級研究人員往往不會提供這種資料。當缺乏這份資料時，可以從其他研究來估計，或者可以用低估計值和高估計值來執行分析，就能產生一組數值。

🕐 資料蒐集對統合成果的影響

統合研究人員從研究報告中蒐集資料的步驟差異將導致研究報告在統合研究中所代表的意義產生系統性的差異。這個現象又會導致統合研究人員對文獻所做的結論有所差異。至少有以下三種情況會導致差異發生。

第一，如果統合研究人員只是粗略描述研究的操作過程，那麼他們的結論可能忽略了研究結果的重要區別。統合研究的結果指出，對研究成果並無重大影響的結論可能是因為真的沒有這樣的影響存在，或者因為統合研究人員在他們的資料組中遺漏了陳述重要的影響。不同的統合研究人員在研究相同問題時，如果認為相關的研究細節部分沒有重疊，那麼在他們的結論中將產生差

異。不過，假如一篇統合研究對於整體的統合結果進行比較多次潛在效應的檢驗的話，就能產生可信度較高的結果，這個觀念可能會被推翻，因為事實證明檢驗的效應愈多，愈有可能要憑運氣才會得到重要的發現。所以，**最好的做法就是明智地選擇要檢驗哪些影響**。而且，如同前述，編碼準則應該要編製詳盡；但不是每個編碼項目都要被檢驗。

第二，統合研究人員可以對一份研究文獻做成不同的結論，因為他們以不同的準確度為研究編碼。假如有兩篇統合研究在變項的定義以及編碼員的訓練上有所差異，那麼它們在資料組的出錯數目也會不同，而且因為這些錯誤，所以結論也會不同。顯然，若其他方面皆同，那麼編碼步驟比較嚴謹的統合研究可信度是比較高的。

最後，統合研究的結論可能會因為統合研究人員使用不同的規則來評判研究結果以作為問題的獨立檢定而有所不同。就這一點而言，有些統合研究人員可能會偏重確保獨立性，有些則認為盡可能從他們的資料中擷取愈多的資料愈重要。

本章習題

針對你感興趣的主題之研究資料：

1. 擬定一個初步的編碼準則。

2. 找幾篇跟研究主題相關的研究報告。

3. 將編碼準則應用在幾篇研究報告中，有一些是你從未讀過的。

你在用來研究該主題的問題界定以及研究方法中學到了什麼？

5
步驟四：
評估研究資料的品質

根據探討統合研究問題的方法適合與否和／或研究執行時所遭遇的問
題，統合研究應該收錄或排除哪些研究資料？

- 評判研究品質時會遇到的問題
- 研究方法分類的取向
- 找出統計離群值

在研究統合中所發揮的主要功能：

訂立標準，用以區分哪些是以符合研究主題的方式執行的研究資料，哪些則否？

可能導致不同結論的步驟差異：

決定採用研究資料與否的標準不同，可能導致統合研究中系統性的差異。

評估各個研究的方法和執行方式與研究統合所希望獲得的推論之間是否相符時須思考的問題：

- 假如研究資料被統合研究排除是因為研究設計與執行方式的考量，那麼這些考量是否 (1) 明確而且具有操作型定義；(2) 一貫地應用在所有的研究中？
- 這些研究資料是否已分門別類，以便區別其研究設計與執行方式？

本章綱要

- 判斷初級研究在方法學上是否充分的問題。
- 描述研究設計與執行方式的不同取向。
- 如何找出因研究結果太過極端而一定會被統合研究剔除的研究資料。

　　一個科學研究的資料評估階段包含了判斷各個資料點是否值得信賴，而能夠被採用作為研究發現的一部分。研究人員會問：「這個資料點可以作為研究假設合理的檢驗嗎？或者在蒐集資料時出了什麼狀況，而損及其說明假設的能力？」資料評估一開始會要求你建立標準，以判斷為了檢驗重要的關聯性，用來蒐集資

料的步驟是否充分。然後，你必須檢視每個資料點，以判斷是否有任何非相關因素或是錯誤可能影響它。接下來，你必須研判這些影響是否大到足以決定資料點的去留，不然就是必須謹慎解讀。

　　無論資料是初級研究中各個參與者的分數或者是統合研究中的研究成果，都必須要進行各個資料點的評估。初級研究人員和統合研究人員都會檢視他們的資料以尋找「汙染物」或是其他指標，它們會指出各個參與者（在初級研究中）或各篇研究（在研究統合中）的成果或許不可靠。而且，他們會探究看看資料點是否為統計上的離群值（outliers）。當資料點的數值跟資料組中的其他分數相較之下太過偏頗，不可能是同一群數值時就會產生這種情況。

　　找出資料可能受到非相關因素「汙染」的方法對這兩種類型的研究是不同的。在初級研究中，個別參與者的回應有時會被棄置，因為研究人員可以證明參與者並未注意適當的刺激或是誤解了回應的指示。如果在研究中有欺瞞或是某種形式的誤導，那麼參與者的資料可能會被棄置，因為參與者並不相信這些託辭，或者他們自己就推斷出隱含的假設了。

　　在統合研究中，除了研究的概念相關性之外，有一個重要的準則可判斷資料的可靠性：研究的設計與執行方式的程度讓你能夠做出可以引導研究方向的推論。假如研究方法並不完全與你預設的推論相呼應，你可能會做出切割的決定（是否要收錄該研究資料），或是一個繼續使用的決定（是否不如其他研究一樣重視該研究發現）。本章大部分篇幅都在說明判斷研究的設計與執行方式和可以從研究中所做的推論之間相符程度的標準。

　　你可能已經想到，我曾提過我會討論根據研究方法支持何種推論以及統合研究人員想要做出何種推論之間的對應性（一致性）來評斷研究方法。你或許會心想：「為什麼不單純討論研究

品質就好？不是有些研究屬於高品質而有些屬於低品質嗎？」答案是，當然可以提供一些標準作為指標，說明某個研究屬於「高品質」或是比另一個研究「好」。但我認為測量方式的可靠性可以是一個通用的標準，雖然一個測量之所以可靠，原因可能大不相同，端視它要回答的問題而定。因此，具備有效測量的研究皆被視為有較高的品質，無論被測量的變項是學業成就、體能活動數量或是對性犯罪的態度。

然而，其他的標準則依內容而定；他們會隨著關聯性的類型而改變。例如，探討讓老年人多做運動的介入方案之效應的研究是隨機將參與者分配到介入方案中並控制條件，跟讓參與者自行選擇是否要參加介入方案的研究相比，這就是一個探討介入方案因果關係「比較好」的研究。同樣地，一個研究如果一開始研究的對象是選擇參加介入方案的老年人，但是之後跟參與者相比較，那麼這個比較值和介入方案族群在重要的第三變項上就會大致相等，這個進行因果推斷的研究就會比沒有使用相同步驟的研究「更好」。另一方面，隨機分配參與者對於探討性犯罪態度之個別差異的研究而言是無關緊要的。雖然我們可能會希望知道這些個別差異是否會「造成」性犯罪態度的差異，但目前為止並沒有人設計一個方法，將人們隨機分配到不同的性別、年齡或是人格群組中。因此，就探討自然發生的關聯性而言，對於發現因果關係沒有太大價值的相關性研究可能會有很高的價值。一篇研究的「品質」乃依據它的提問來決定。

雖然用「品質」一詞來討論研究方法之間的差異確實可能是一個不錯的簡略說法，但是假如它營造出一種印象：無論正在考量的問題所需要的推論性質為何，一套品質標準可以被應用於所有的研究中，那麼這就不是一個好的做法了。所以，我會為了闡述的目的而使用「品質」這個詞，但是讀者們應該要記

住我使用這個詞的概念是**高品質意味著在方法與所期望的推論之間具有高度一致性。**

評判研究品質時會遇到的問題

評判者的傾向

　　大多數的社會科學家都同意在方法與推論之間的一致性，就算不是除了實質相關性之外唯一的標準，也應該是決定在統合研究中如何處理一篇研究資料基本的標準。不過，研究人員對於研究成果的預設立場對於研究資料如何被評估可能產生莫大的影響。因此，檢視統合研究人員之前對於某一研究領域的信念之來源與影響是很重要的。

　　幾乎每個初級研究人員以及統合研究人員在開始進行調查研究時，都會對成果有所期待。在初級研究中，方法學者建立了精密的控制因子以排除或減少在產生結果時人為因素的介入。在這些控制因子中，最有名的就是**實驗者預期效應**（experimenter expectancy effect），這種方法確保實驗者不會以不同的條件對待參與者，如此一來即可提升研究假設被證實的可能性。

　　在統合研究中，用來防止預期效應的保護措施較少，而且比較不能保證萬無一失。當在蒐集、編碼和評估研究報告時，統合研究人員常常會注意他們正在考量的研究成果。這種情況可能導致評估一個研究計畫的方法學將受到評判人員對其成果之傾向所影響。過去在統合研究中，這種傾向偏好的影響相當大，值得我們再次引述 Glass（1976）對這個歷史悠久的過程所下的評論：

　　欲整合數篇研究發現不一致的研究資料，常見的方法就是

挑出所有研究資料在設計或是分析上的缺失，但是有一些研究除外——也就是出自研究者本身或是其學生或朋友的研究成果——然後提出一、兩篇「可被接受的」研究報告當做事實的真相（p. 4）。

Mahoney（1977）進行了一個實驗，他直接檢驗研究人員的傾向對於研究的評估所造成的影響。他以《應用行為分析期刊》（*Journal of Applied Behavior Analysis*）的客座編輯為樣本，請他們評比指定的論文。Mahoney 發現，如果研究與評等者對於研究結果的傾向一致，那麼論文中的方法、討論以及貢獻就會受到較多的青睞。在一個相關的研究中，Lord、Ross 和 Lepper（1979）發現，讀者會將符合他們態度想法的研究評定為在方法學上較周全，而與他們態度想法相違的研究則否。更令人印象深刻的是，雖然參加該研究計畫的大學生全都閱讀了相同的研究摘要，但是卻表現出兩極化的態度。換言之，雖然所有的參與者讀了一篇支持他們先前理念的研究資料以及另一篇持相反論點的文章，但是在閱讀完兩篇研究資料後，參與者更加堅定他們一開始的立場。

因此，統合研究人員對於一份研究是否可以公正檢驗考量中的假設，看來偏好某個結果的傾向似乎會影響他們的判斷。如果一份研究資料與統合研究人員的傾向不符，他們比較可能發現該研究資料不相關或方法不周全的層面。另一方面，符合研究人員傾向的研究即使相關性有爭議，或者其研究方法與假設並不匹配，還是可能會被收錄。

要減低偏好傾向對於評估研究報告的影響，其中一個方法就是讓不清楚研究成果的編碼員蒐集資料。做法就是請不熟悉研究主題領域的不同編碼員為研究資料不同的部分編碼。例如，一名編碼員可能為一篇報告的研究方法章節編碼，而另一名編碼員則是負責研究結果的部分。不過，Schram（1989）評估過這種「差

別複製」的過程。她發現這種做法會製造新的問題，而且不會形成較高的評分者間信度。

為研究方法編碼的過程也有可能「偏好」研究結果與編碼者的傾向一致的研究資料，而這也解釋了為什麼 (1) **在編碼開始前，制定明確的編碼決策**；(2) **每份研究資料至少由兩名研究人員分別編碼是不錯的做法**（見第四章）。第一點可以減少編碼者在不自覺的情況下將評估標準轉向結果符合他們期望而讓他們偏好的研究。第二點則是假如有一名編碼者的編碼工作確實反映出其傾向，那麼在研究資料被輸入資料庫之前，這點就能被發覺並更正。

評判者對於研究品質的要素無一定見

進行研究品質評判時會遇到的另一個問題是即使是「公正無私」的評判者，對於何謂高品質研究也可能意見相左。例如，有許多範例曾經針對提交到心理學領域（Fiske & Fogg, 1990; Scarr & Weber, 1978）、教育學領域（Marsh & Ball, 1989）以及醫學領域（Justice, Berlin, Fletcher, & Fletcher, 1994）期刊的論文，檢視評估的信度。這些研究通常都會針對論文讀者對於論文是否應該被接受而得以公開發表所做的建議，計算出某種共識的測量值。一般而言，共識的程度低得令人咋舌。

在一個有趣的例子中，Peters 和 Ceci（1982）重新提交了十二篇已出版的文章給曾經刊登過這些文章的期刊。除了更改提交者的姓名，以及作者所屬的機構從「高階」變成「低階」外，論文跟原來的版本一模一樣。結果，十二篇文章裡只有三篇因為重複提交而被退稿，其他九篇完成了審閱程序，但是有八篇並未獲得接受，而無法出版。

在許多方面，論文評審的評判比統合研究人員的評判要來得複雜。論文評審必須考量統合研究人員不感興趣的幾個面向，包

括內容的清晰度以及期刊讀者的興趣等。同時，期刊編輯偶爾會刻意挑選具有不同觀點的評審。不過，編輯仍會希望評審會贊同論文的傾向。而且，當然，如果有完全客觀的標準（而且採用的話），評審就會做出意見相同的決定。

在 Gottfredson（1978）所進行的一項研究中，由論文評審和統合研究人員所做的評判之間有些差異是被控制的。可能是因為要求作者指定有能力評估其研究的專家，所以一開始的偏見就不同了，因而排除了在評判者的評比中許多的變項。Gottfredson 所提供的一百二十一篇文章，每篇都能夠獲得至少兩位專家的評估。這些專家以三個問題的量表來評估文章的品質，但卻讓「品質」一詞的意義曖昧不明。結果得到評判者間共識的係數 $r=.41$。在一份三十六項的評估量表中，點出了研究品質許多明確的面向，結果得到評判者間共識的係數 $r=.46$。這些共識程度可能比我們期望的要來得低。

為什麼整體的品質評判會有所不同？除了評判者的傾向原本就不同外，還有其他兩個品質評判差異的來源：(1) 評判者將相對重要性分配到不同的研究設計特性中；(2) 評判一份特定的研究資料符合標準的程度。為了證實第一項差異的來源，我進行了一項研究，我請六位專攻廢除校園種族隔離研究的專家來評比六項研究設計特性的重要性，以建立廢除校園種族隔離研究的「功用或資料價值」（Cooper, 1986）。這六項特性為：(1) 實驗操作（或者在本例中，即廢除種族隔離的定義）；(2) 控制組的適當性；(3) 成果評量的效度；(4) 樣本的代表性；(5) 研究相關環境條件的代表性；(6) 統計分析的適切性。以兩位專家為一組所做的評比，其交互相關性的差異從 $r=.77$ 到 $r=-.29$ 不等，平均相關性為 $r=.47$。因此，顯然評判者認為不同評估標準的重要性各不相同，即使是在將它們應用於特定的研究之前。

　　總之，有關評判者衡量研究方法品質的研究指出，評判人員的共識不如我們所想的那麼高。欲提升品質評判的信度，其中一個方法就是**增加更多的評判者來評估研究資料**。舉例來說，根據五位評判者的平均評比所做的一份研究資料的評比（或是一篇統合研究要收錄或排除一份研究資料的決定）會跟其他五位評判者（從同一個評判者來源中邀約）的平均評比較為一致，若是兩位評判者跟其他兩位評判者相比，落差可能會較大。不過，很少有如此大規模的評判者來源用來進行關於統合研究中研究資料的品質評判。兩到三名往往是比較講求實際的限度。

品質量表的差異

　　我之前提到在評判者評比中的兩個差異來源：(1) 評判者將相對重要性分配到不同的研究設計特性中；(2) 評判一份特定的研究資料符合標準的程度。許多統合研究人員曾使用品質量表的方法嘗試處理第一項差異來源。就這點而言，統合研究人員會使用一個預先擬定好的架構來告訴評判者哪些評估的面向是重要的。同時，這些量表一般都會使用事先安排好的比重架構，如此一來，當應用在每份研究資料中時，每個品質面向的比重都會相同。統合研究人員會希望藉由要求編碼員採用同一套明確的標準，如此一來，不同的編碼員也會做出比較明晰和一致的評比。品質量表的目標就是在評比過程中排除某種主觀意識。

　　雖然品質量表確實改善了讓每位評判者決定他們自己的品質標準的缺失，但是品質量表卻很少能完全符合他們的目標。在醫學研究中，Peter Jüni 和他的同僚（1999）證實了品質量表可以在使用相同量表的研究人員之間產生一致性，但是並不表示不同的量表也能做出相同的評判。Jüni 和他的同僚將二十五種不同的量表（由其他研究人員構思而成）應用在同一組研究資料中，

然後執行二十五個後設分析，每個後設分析使用其中一種量表。
他們發現這些後設分析的結論會因使用的量表不同而有大幅的差
別。其中有六個量表，高品質的研究資料顯示在新舊做法之間並
無不同，然而低品質的研究卻顯示新的做法有顯著的正面影響。
另外七個品質量表的情況則剛好相反。剩下的十二個品質量表得
到的結論是在高品質與低品質的研究結果之間並無差異。因此，
即使品質量表或許可以增加使用相同量表的評判者的信度，但是
我們對於它們所導出的結論之效度卻依然存疑。

　　Jeff Valentine 和我（Valentine & Cooper, 2008）提出幾
個理由，解釋為什麼品質量表似乎無法讓研究人員之間達成太多
的共識。首先，就像每個評判者在品質評判時對於哪些研究特性
較為重要各持己見一樣，品質量表也不見得會有相同看法。例如，
在 Jüni 和其同僚的研究中，有些量表幾乎都只將焦點放在研究資
料能不能產生因果推論上；有些量表則處理多重特性、樣本的代
表性以及統計檢定力等。

　　第二，大多數的品質量表仍然讓評判者在評估過程中有主觀
衡量的空間。量表使用像是「充分」、「適當」和「足夠」來描
述設計特性（例如，「評量的內部一致性足夠嗎？」），而不需
為這些形容詞提供操作型定義。可是對一名評判者而言足夠的項
目，或許對另一名評判員而言並不足夠。這表示雖然重要的特性
有被指明，但是就單一面向而言，編碼的可信度仍然不夠理想。
而且雖然指出特性讓評判更明晰，但是仍然不是十分清楚採用每
個評估項目的標準是什麼。

　　第三，跟個別研究人員類似的是，大多數的量表採用不同的
架構來衡量各種研究方法特性的重要性。一般而言，品質量表將
某部分的量表重點分配到每個特性中。因此，即使當量表使用相
同的特性，量表之間對於應該分配到每個特性的重要性也可能不

同。舉例來說，Jüni 和其同僚發現有些量表比其他量表多分配
16 倍的比重在相同的設計特性上。造成這種差異有部分是因為量
表使用不同數量的設計特性，有部分則是因為製作量表的人可能
對於同一設計特性的重視程度不同所致。

■仰賴單一分數來表達品質

　　一般而言，在品質量表上來自不同項目的分數會加總成一
個分數。這個分數就是 Jüni 和其同僚（1999）做完二十五個後
設分析後，他們用來將研究資料分類成高品質和低品質群組的依
據。Valentine 和 Cooper（2008）質疑將研究的評估簡化為一
個二分法的評斷（這個研究是好是壞？）或者甚至是一個連續性
的評斷（該研究資料的品質分數為何？）是否合理。單一分數法
會形成一個加總的數字涵蓋非常不同的研究設計與執行方式的面
向，有很多不見得彼此相關。舉例來說，用來分配參與者到實驗
條件中的過程與研究所使用的成果評量的品質之間未必有關聯。
因此，一個關於家庭作業的研究可能會隨機將參與者分配到實驗
條件中，但是卻使用自我提報的分數作為成績評量。第二個研究
可能採取將有做家庭作業和沒做家庭作業的學生進行配對比較，
但是卻使用學生成績單上的分數。在這種情況下，第一份研究資
料在進行因果推論方面的設計較強，然而第二份研究的成果評量
比較有效。當一份量表將這兩個研究設計的因素合併成單一個分
數時，可能模糊了兩者之間重要的差異；這兩份研究可能會得到
一模一樣或相近的分數。假如兩份研究產生不同的結果，我們應
該要如何解讀這個差異呢？

研究的預先排除 VS. 研究差異的事後檢驗

　　個人的傾向偏好以及關於哪些研究設計的特性可界定「品

質」的歧見證明了主觀意識如何干擾我們努力想要維持的科學客觀性。這點非常重要，因為統合研究人員常常爭辯是否應該預先評判研究品質，以便將不適合的研究資料排除。這個辯論最早是由 Hans Eysenck（1978）和 Gene Glass 與 Mary Smith（1978）針對 Smith 與 Glass（1977）早期關於心理治療研究所做的後設分析所進行的意見交換，因而引起注意。Smith 與 Glass（1977）統合了三百篇檢視心理治療功效的研究，他們並未因為研究方法的因素而預先排除研究資料。Eysenck 認為這種方式意味著放棄了學術研究以及批判性的判斷：

> 將大批的研究報告──好的、壞的、無關緊要的──全都塞進電腦裡，希望人們無須在意資料的品質，但結論都是根據這些資料所做的……電腦專家的至理名言「垃圾進－垃圾出」，用在這裡再適當不過了（p. 517）。

Eysenck 的結論是「只有設計較佳的實驗會比文獻中的研究資料更能讓我們瞭解所引發的核心問題」（p. 517）。

Glass 與 Smith（1978）也提出幾個論點反擊。首先，他們認為，假如不同研究但結果相同的話，在不同的研究資料中設計不良的特性可以相互「抵消」。第二，如同前述，事先做的品質判斷須排除可能因不同評判者而產生差異的研究，而且會受到個人偏見所影響。最後，Glass 與 Smith 主張他們並未鼓吹放棄品質標準。相反地，他們認為研究設計品質對研究結果的影響在「實證上是事後的問題，而不是事先的看法」（Glass, McGaw, & Smith, 1981, p. 222）。他們建議統合研究人員無論研究設計好壞，詳盡地為每篇研究的設計部分進行編碼，然後證明研究成果是否跟研究的執行方式有關。

我認為關於何時要將研究資料從統合研究中剔除的爭論，最

好的解決方法就是結合各種取向。通常，若要預先決定收錄或排除研究資料，那麼你必須對研究品質做一個整體的判斷，而這往往具有主觀意識，而且其他人可能並不信服。但是也可能在某些例子中，高品質的研究太多了，因而無須費心淘汰低品質的研究。因此，關於一份統合研究如何執行，以下這個問題就非常重要了：

假如研究資料被統合研究排除是因為研究設計與執行方式的考量，那麼這些考量是否 (1) 明確而且具有操作型定義；(2) 一貫地應用在所有的研究中？

不過，一般而言，謹慎地列舉研究特性並利用不同的方法比較研究結果，以判斷研究方法與結果是否共變是不錯的做法。假如實驗證明，「好」研究（亦即能夠做出最符合你期望的推論之研究）所產生的結果與「壞」研究不同，那麼就應該相信好研究的結果。在這種情況下，檢驗「壞」研究對你的推論之效度並不會造成損害，或許還能領略到如何執行未來的研究。若結果沒有什麼不同，那麼保留（一些或全部）「壞」研究似乎才是明智的，因為它們在方法上包含其他的變異（像是不同的樣本與地點），如果它們被收錄其中，可能有助於你回答與主題領域密切相關的其他許多問題。在多數情況中，讓資料說話——也就是說，盡量包含所有的研究，並以實證方式檢視研究方法與結果間的差異——以取代統合研究人員以其偏好傾向發現好壞的過程。當我談到為研究的方法學特性編碼的架構之後，我會再回頭討論這個議題。

研究方法分類的取向

決定以實證方式檢視研究方法對研究結果的影響並不能免除你所有評估的職責。你仍然必須決定哪些研究方法特性必須被

編碼。就像我之前指出的，這些決定端視受到關注的問題的本質
以及相關研究的類型而定。就以選擇對於內在動機影響的研究為
例，假如一個問題主要是透過在實驗室的環境中以實驗操作的方
式來處理，那麼跟相關性設計受到爭議相較之下，不同的研究方
法特性組合就會比較重要，就像探討個別差異與對性犯罪態度之
關聯性的研究一樣。我們找出兩種為研究方法編碼的大致取向，
不過它們很少以純粹的形式被應用。第一個取向是要求統合研究
人員對於存在於研究中影響信度的因素做出評判；第二個取向則
是要求詳細說明一個研究的客觀設計特性，就像初級研究人員的
說明那樣。

取向一：影響效度的因素

　　當 Campbell 和 Stanley（1963）引進「影響效度的因素」
的概念時，他們確實改變了社會科學。他們認為跟每個研究設計
有關的一連串外部影響都能夠被辨識出來，它們「可能產生與實
驗刺激混淆的影響」（p. 5）。不同的研究設計會產生各種影響
信度的相關因素。研究設計可以根據其推論能力來做比較。更重
要的是，不太理想的研究設計可能被三邊化，因此若沒有一篇「完
美」的研究出現時，可以從多篇研究資料中做出強而有力的推論。
　　Campbell 和 Stanley（1963）的概念在討論研究品質時，
很有可能提升敏感度和客觀性。然而，在應用他們的架構後不久，
問題就出現了。這些問題包括擬定各種影響效度的因素清單以及
指出每個影響因素可能的意涵。
　　剛開始，Campbell 和 Stanley（1963）提出兩大類影響效
度的因素。影響內部效度（internal validity）的因素與實驗做
法和實驗結果之間的因果關聯性相關。其關聯程度會因為研究設
計的缺失而減弱，解讀研究結果作為因果關係證據的能力也令人

質疑。Campbell 和 Stanley 列出八個影響內部效度的因素。影響外部效度（external validity）的因素則與研究結果的概括性有關。評估外部效度需要衡量研究參與者、環境、操控變因以及評量的代表性。雖然研究的外部效度無法正確無誤地被評估，但是 Campbell 和 Stanley 建議了四類影響代表性的因素。

Bracht 和 Glass（1968）提出了一份影響外部效度因素的擴大清單。他們認為「在 Campbell-Stanley 文章中，處理外部效度不似內部效度那般詳盡廣泛」（p. 437）。為了修正這層疏漏，Bracht 和 Glass 指出兩大類外部效度：母群體效度（popularity validity，意指推論到未被包含在研究中的人們身上）以及生態效度（ecological validity，意指未被抽樣的環境）。他們描述了兩個與母群體效度相關的特定因素，以及十個與生態效度有關的因素。

Campbell（1969）為內部效度加入第九個影響因素，稱為「不穩定性」，其定義為「評量的不可靠性、作為樣本的人們或是組成成分素質不一、重複或相同測量自發型不穩定性」（p. 411）。

接下來，Cook 與 Campbell（1979）提出了一份清單，包含了三十三個影響效度的特定因素，分成四大類。他們將建構效度（construct validity）和統計結論效度（statistical conclusion validity）加入內部與外部效度中。建構效度係指「用來表示某個特別的原因或效應概念的操作過程可以用一個以上的概念來解釋的可能性」（p. 59）。統計結論效度則是指資料分析技術的考驗力和適當性。最後，Shadish、Cook 和 Campbell（2002）更新了這份分成四大類的影響因素清單。

從這段簡短的歷史中，應該可以清楚看到使用嚴格的影響效度的因素取向來評估實證研究的品質會產生的問題。首先，不同的研究人員可能會使用不同的影響因素清單。例如，由

Campbell（1969）所提出的「不穩定性」影響因素應該被視為一項影響因素，就像原先被提出的時候一樣，還是應該被視為好幾項影響因素（例如，低統計檢定力、測量的不可靠性），就像Shadish和其同僚（2002）重新定義的那樣？或者生態效度應該被視為一項影響因素還是多達十項不同的影響因素？第二個問題是影響因素的相對比重都會相同嗎？方法學專家甚至對於一個特定的影響因素應該如何被分類有不同的意見。例如，Bracht和Glass（1968）列出了「實驗者預期效應」，當作是外部效應的影響因素，然而Shadish等人（2002）卻將它列為對原因的建構效度產生影響的因素。

　　姑且不論上述這些問題，以影響效度的因素之取向來評估研究仍然代表在嚴謹度方面有所改進，而且當然比它所取代的單一預先品質評判更好。每一份後續修改的影響因素表單都代表精確度提升，並且讓我們更加深入瞭解研究設計與推論之間的關係。同時，影響效度因素的表單給了統合研究人員一套明確的標準去應用或修改。就這個層面而言，使用影響效度的因素之取向的統合研究人員允許他們的評判準則接受公開的批評與討論。為了使研究評估的過程更客觀，這是很關鍵的步驟。

取向二：方法描述取向

　　在第二個評估研究設計與執行方法的取向中，統合研究人員將每個研究方法的客觀特性編碼，就像初級研究人員描述它們的方式一樣。舉例來說，實驗設計——要如何建立以不同方式操控變因的群組之間的比較值——主要是關於減少影響內部效度的因素。Campbell和Stanley（1963）描述了三個前實驗設計、三個真正的實驗設計以及十個類實驗設計，以及擴充了好幾次的設計變更表（見Shadish et al., 2002）。因此，在這個方法中，

編碼員並不是評估研究設計的內部效度——可能導致歧見的摘要評估——而只是把研究使用的設計與可能性清單上的設計相比較之後，檢索出設計的類型。這是低推論的編碼，應該在所有的編碼員之間都會相當一致；當不一致出現時，應該也很容易解決歧見。在大多數的研究領域中，要詳盡描述在相關研究中如何建立比較值並不需要太多的研究設計。

欲評估研究資料的方法描述取向，其中一個問題跟影響效度的因素之取向相同（在使用品質量表時很明顯）——不同的統合研究人員可能選擇列出不同的方法特性。因此，雖然方法描述取向可能獲得較可靠的編碼，但是卻未解決首先要將哪些特性編碼的問題。

方法描述取向的另一個問題是必須被編碼的方法特性清單可能會變得極為冗長。請記住，有四類影響效度的因素——內部、外部、建構以及統計效度——每一類可能都需要為許多的研究設計與執行方式編碼，以掌握研究方法的每一層面，這些層面可能決定了該影響因素是否在某個指定的研究中是需要關注的問題。我們也不建議去測試每一項特性是否可作為研究結果的調節因子，因為測試的數量非常大，有些可能只是碰巧遇到顯著的結果（亦即，第一型誤差率將會被誇大）。因此，就簡約度 vs. 可信度而言，在影響效度的因素之取向與方法描述取向之間或許可以取得平衡。

判斷有個稱為低統計檢定力（low statistical power，與統計結論效度有關）的效度影響因素，就是一個很好的例子。一位編碼員對於一份研究是否能夠拒絕錯誤的虛無假設要做整體的判斷時就必須這麼做，方法是結合數個明確的研究特性：樣本大小、是否使用受試者組間與組內設計、統計檢定固有的能力（例如，參數 vs. 非參數）、從分析中獲得不同來源的差異數量，甚至是預期的關聯性大小。利用影響效度的因素之取向，兩位編碼員可

能對於同一篇研究是否具有低統計檢定力有不同意見，因為他們
對這些因素賦予不同的比重，或者可能考量的不是相同的因素。
不過，他們可能完全同意他們對於個別項目的編碼。這點表示使
用方法描述取向比較有利。但是使用方法描述取向仍然有主觀意
識的問題；樣本大小怎樣才算小到無法達到充分的統計檢定力？
而且，假如所需要的編碼數量（我只針對數十個影響效度的因素
中的一個因素列出五個特性）變得太大，那麼如果讓每個編碼都
與研究成果產生關聯，恐怕有損統合研究結果的效度；但是在這
麼多的檢定中，只有一些會剛好呈現顯著。如果在產生顯著研究
發現的過程中，運氣占有一席之地，那麼結果的樣態就難以解讀
了。如此說來，使用影響效度的因素之取向又變得比較有利了。

混合標準取向：研究 DIAD

兩種取向的正反兩面讓人想知道是否有方法可以結合兩者，
使每個方法的優點達到最高，缺點降到最低。在這樣的策略中，
你可能要為研究方法可能的相關面向編碼，或許也可以擬定一個
計畫，明確地將它們組合起來，以判斷不同的效度影響因素，其
實就跟我之前舉出有關統計檢定力的例子相仿。舉例來說，涉及
控制組面向的內在效度影響因素──操控變因擴散、補償的對立
行為，或者參與者不滿其受到的待遇而感到憤怒，因而配合意願
低落──可能是最適合直接編碼作為影響效度的因素，只不過判
斷它們是否出現仍然相當依賴由初級研究人員所提出的研究描
述。雖然這種混合標準取向並不能排除評估研究資料時所有的問
題（在接下來的段落中，我將說明幾個例子），但是它卻朝著明
確和客觀的品質標準往前邁進一步，而且也考量了所得到的研究
描述是否有用。

Jeff Valentine 和我（Valentine & Cooper, 2008）嘗試製

作一個工具，用在使用這個混合標準取向來評估研究資料的統合研究中。這個結果被稱為研究設計與執行方式評量技巧（Study Design and Implementation Assessment Device，或稱研究 DIAD）。研究 DIAD 為統合研究人員提供一個架構，專門針對他們的主題領域建立一個評估量表，並讓他們在幾種不同程度的抽象性中做選擇，來描述一個研究的方法和預期的推論之間的一致性。不過，它需要使用者(1)詳細明確地說明所選擇的標準；(2)在開始評估研究之前，先定義這些標準；(3)在所有的研究中一致地應用這些標準。研究 DIAD 所依據的假設為：使用者希望做出關於介入方案成效的因果推論；例如，介入方案的目的在於提升老年人的體能活動，讓參與者多運動嗎？不過，它被按照效度的四大類分成四部分，所以它也可以被用在其他類型的研究中。在其他地方能夠找到有關研究 DIAD 的完整闡述（見 Valentine & Cooper, 2008），但是在此我們將做一簡單介紹，讓你對於它如何結合對效度的影響因素與方法描述取向、它的作用，以及它是否適合用在你的統合研究中有個概念。

在最抽象的程度上，研究 DIAD 提供給使用者有關四個全面性問題的答案，這些問題跟研究資料的概念、內部、外部以及統計結論效度相關。這些問題如下：

1. 概念與操作過程之間的相符性：參與者被對待的方式和成果評量的方法是否與介入方案的定義及其預期影響一致？
2. 因果推論的清晰性：研究設計是否能夠導出清楚的結論來說明介入方案的成效？
3. 研究發現的概括性：是否根據代表預定受益者的參與者、環境以及成果來檢定介入方案？
4. 成果評估的精確性：可以從研究報告中計算出介入方案影響的準確估計值嗎？

「介入方案」（intervention）一詞用在研究 DIAD 中，代表任何的變因操控或實驗操作。所以，這四個問題都跟我們的例子相關：家庭作業的成效、提升老年人體能活動的計畫，以及選擇對內在動機的影響等研究；它們全都試圖找出因果關係。然而，因為選擇與內在動機的研究是在實驗室中進行（實驗控制的成分極大），因此它們應該都有很高的內在效度，所以這份統合研究或許可以省略掉「因果推論的清晰性」的問題。我們的第四個例子，對於性犯罪態度的個別差異，並不關注因果關係，所以問題 2 也跟評估統合研究中的研究方法與推論之間的一致性無關。在研究 DIAD 中的其他三個全面性問題則與所有的例子相關。

　　在較為具體的程度上，研究 DIAD 將這四個全面性問題分解成八個複合問題。如圖 5-1 所示。於是，這四個全面性問題，每個都被分成兩個更具體的問題。你可能已經想到這四個全面性問題和八個複合問題本身就可以用來構成一份品質量表。換言之，可能只須要求評判者就每一篇研究資料回答每個問題即可（或者在一個連續性的測量中給這份研究一個分數）。從這個例子我們可以看到，純粹用影響信度的因素之取向來評估品質就會展現出與該取向有關的優缺點。

　　但是研究 DIAD 更進一步嘗試賦予研究方法特性一個操作型定義，用來回答八個複合問題以及四個全面性問題。欲完成這項工作，需要這項工具 (1) 在回答這八個複合問題時，確認必須被考量的特殊設計與執行方式之特性；(2) 提供一種方式（運算方法）來「加總」所選擇的正面與負面方法特性，以釐清這八個問題（然後是四個問題）的答案。為了達到這個目的，研究 DIAD 會要求編碼員回答三十個有關研究設計與執行方式的問題。**表 5-1** 列出了這些問題，每個問題都指出特定的研究方法特性與哪一個全面性和複合性的問題有關。

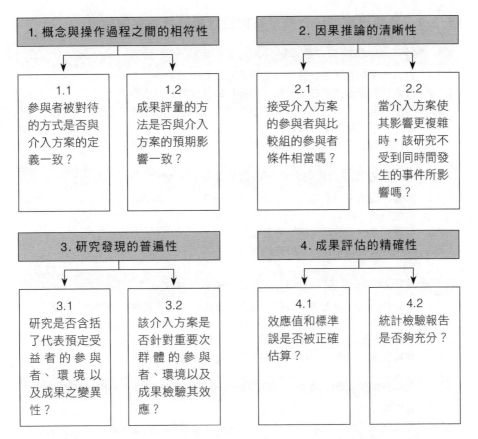

圖 5-1　取自研究 DIAD 的八個有關研究品質的複合問題

資料來源：Valentine and Cooper (2008, p. 140). Copyright 2008 by the American Psychological Association. Reprinted with permission.

　　看完**表 5-1** 的問題後，你可能會想知道我們如何決定哪些研究設計與執行方式的層面應該要出現在研究 DIAD 中。就這點而言，我們也面臨了嘗試擬定品質量表的每個人會遭遇到的問題。為了做出這些決定，首先，我們考量了其他量表以及許多方法學教科書與文章的內容。其次，我們請十四位聲望卓著的研究方法

表 5-1　取自研究 DIAD 關於研究設計與執行方式的問題

1.1　參與者被對待的方式是否與介入方案的定義一致？

1.1.1　介入方案包含了多少普遍認為或是源自於理論的特性？

1.1.2　介入方案是否描述的夠詳細，而能夠讓其他執行者複製呢？

1.1.3　有無證據顯示接受介入方案的群組也可能經歷比較組未經歷的期待轉變、創新和／或中斷效應（反之亦然）？

1.1.4　有無證據顯示介入方案以類似於其所定義的方式被執行？

1.2　成果評量的方法是否與介入方案的預期影響一致？

1.2.1　成果評量的項目看似能代表對本統合研究重要相關的內容嗎（亦即，具有表面的有效性嗎）？

1.2.2　成果評量的分數可信度可被接受嗎？

1.2.3　成果評量是否切合介入方案的實驗條件？

2.1　接受介入方案的參與者與比較組的參與者條件相當嗎？

2.1.1　是否使用隨機分配將參與者放置在實驗條件中呢（若否，請回答下一題）？

2.1.1a　就類實驗而言：有合適的測驗等化（equating）程序用來重建篩選模式嗎？

2.1.2　在實施測驗等化法之後，在介入方案組和比較組之間有無人員流失的差別？

2.1.3　在實施測驗等化法之後，有無嚴重的整體人員流失？

2.2　當介入方案使其影響更複雜時，該研究不受到同時間發生的事件所影響嗎？

2.2.1　有無當地歷史事件發生的證據？

2.2.2　介入方案組與比較組是從同一來源尋找參與者嗎（若是，請回答下一題）？

2.2.2a　若是，研究參與者、提供者、資料蒐集者和／或其他專家瞭解介入方案的實驗條件嗎？

2.2.3　研究描述是否顯示其他跡象，指出介入方案其他「汙染物」強烈的合理性？

3.1　研究是否含括了代表預定受益者的參與者、環境以及成果之變異性？

3.1.1　樣本是否包含了具有必要特性的參與者，而且被認為是目標人口群的一部分？

3.1.2　就目標人口群的重要特性而言，樣本對於參與者之間的差異瞭解多少？

3.1.3　就目標環境的重要特性而言，研究包含多大的差異？

3.1.4　成果評量的重要類別被包含在研究中的程度？

3.1.5　研究在評量結果時，是否在適當時機瞭解介入方案的影響？

3.1.6　研究是在適合推論到目前狀況的時間架構下進行嗎？

（續）表 5-1　取自研究 DIAD 關於研究設計與執行方式的問題

3.2 該介入方案是否針對重要次群體的參與者、環境以及成果檢驗其效應？
3.2.1　在重要的參與者次群體中，檢定介入方案的成果到多大範圍？
3.2.2　在重要的環境次群體中，檢定介入方案的成果到多大範圍？
3.2.3　在重要的成果類別中，是否檢定了介入方案的成效？

4.1 效應值和標準誤是否被正確估算？
4.1.1　效應估計值與標準誤是否符合獨立性的假設，或者可以解釋相依性（包括來自於群集的相依性）嗎？
4.1.2　資料的統計屬性（例如，分配與變異數的假設出現離群值）是否能得出有效的效應估計值？
4.1.3　樣本大小是否夠充分，足以提供充分精確的效應估計值？
4.1.4　成果評量可信度是否夠高，足以獲得充分精確的效應估計值？

4.2 統計檢驗報告是否夠充分？
4.2.1　在提出的統計資料中，樣本大小的描述是否夠詳盡？
4.2.2　重要的成果評量之效應方向性被確認的程度？
4.2.3a 重要的成果評量之效應量被估計的程度？
4.2.3b 效應估計值可以利用標準公式（或代數式）來計算嗎？

資料來源：Valentine and Cooper (2008, pp. 141-142). Copyright 2008 by the American Psychological Association. Reprinted with permission.

學家幫我們審閱研究 DIAD 初期的草案。之後，我們召開一場公眾諮詢會，出席人數超過一百五十人，公開徵求對這項工具的建議。我們也接受透過 What Works Clearinghouse 的網站寄給我們有關於這項工具草案的意見。我們總共收到六十個建議。因此，這大約三十個關於研究 DIAD 研究設計與執行方式的問題可能比用在大部分品質量表中的問題組所獲得的共識還要高。

即便如此，你接下來也會發覺在**表 5-1** 中的問題在某種程度上還是跟編碼員的的判斷有關；這三十個問題仍然包含像是「足夠」和「充分地」等字眼。所以研究 DIAD 如果要再往前跨進一步的話，在這項工具被應用之前，就必須要求使用者更精確地定

義**表** 5-1 中所列出的字詞，不然就會產生不同的解讀。**表** 5-2 則
列出了下定義的方法程序，內容包含了一份在研究 DIAD 可以被
應用之前，必須由統合研究人員完成的文件。第一欄包含了對於
專有名詞定義的要求。要注意的是，這些定義都是專門針對正在
考量中的研究領域。有些跟特定的內容極為相關，例如介入方案
的重要特性（**表** 5-2 中的問題 1）。有些可能比較籠統，但是仍
然會隨著研究主題的功能而改變。例如，可接受的人員流失最低
的標準（亦即，此研究參與者的退出；問題 12 和 13）可能有一
些一般適用的底限，但是也可能對於家庭作業成效的研究以及增
加老年人體能活動的介入方案成效之研究會有所不同。

　　表 5-2 在第二欄中也顯示每個答案所對應的複合問題。在第
三欄則顯示準備將研究 DIAD 應用於家庭作業效應的研究資料中
的統合研究人員會如何回答這些問題。所以，舉例來說，將研究
DIAD 應用於每個研究資料中的編碼員並未被要求針對成果評量
來決定最低可接受的內部一致性；在本例中，就是成就測量（**表**
5-2 中的問題 4）。相反地，編碼員被告知主要的調查研究人員
選擇 .60 作為這類可信度可接受的最低程度。如此一來，在八個
複合問題中，所有的評判都被賦予操作型定義。

　　在使用研究 DIAD 最後的步驟中，有一套運算式被應用在研
究設計與執行方式問題（**表** 5-1）的答案中，因此它們被組合起
來以回答**圖** 5-1 中的八個複合問題。**表** 5-3 列出這八個運算式
中的一個。將這八個複合問題組合成四個全面問題的運算式也存
在。**表** 5-4 舉例說明了將研究 DIAD 應用於 McGrath（1992）
探討家庭作業對於學業成就之影響的研究中所得到的結果。

　　對任何的研究資料而言，研究 DIAD 針對研究方法的問題，
或是檢驗重要相關的假設之「品質」的問題，形成三組答案：
(1) 大約三十個研究設計與執行方式的問題；(2) 八個複合問題，

表 5-2　為了應用 DIAD，需要使用者回答的背景問題

背景問題	研究 DIAD 複合問題	評估探討家庭作業對學業成就影響之研究的問題回答範例
1. 哪些一般認為和／或源自於理論的介入方案特性應該出現在它的定義與執行方式中呢？	概念－操作過程之間的相符性	• 重點在於學科範圍 • 由班導師分派作業（或是研究人員透過老師執行） • 指定在非上課時間或是在學校的自習時間做作業
(1) 這些特性中，有哪些是定義介入方案「完全」、「大部分」以及「稍微」反映出一般公認和／或源自於理論的特性時不可或缺的？		• 「完全」是指以上三者全部包含 • 沒有「大部分」以及「有些」的研究
(2) 在介入方案中，檢視哪些被視為效應值的潛在調節因子之差異是重要的？		• 分派作業的次數 • 花在每份作業上預期的時間 • 涵蓋的科目 • 個人化的程度 • 作業的強制性 vs. 自發性的本質 • 目的 　○ 練習（加強、演練） 　○ 準備（教導新的技能） 　○ 整合（結合兩個新技能） 　○ 延伸（應用於一個新的內容領域） 　○ 增加課程豐富性 • 完成作業的時間數 • 個人或團體作業
2. 為了跟不同的參與者、在其他環境和時間裡也能夠確實地複製介入方案，有哪些介入方案的重要特性是我們必須知道的？	外部效度	• 分派作業的次數 • 花在每份作業上預期的時間 • 花在每份作業上實際的時間 • 涵蓋的科目 • 學生的年級 • 個人化的程度 • 作業的強制性 vs. 自發性的本質 • 個人或團體作業

（續）表 5-2　為了應用 DIAD，需要使用者回答的背景問題

背景問題	研究 DIAD 複合問題	評估探討家庭作業對學業成就影響之研究的問題回答範例
3. 成果的重要類別有哪些？ 　　(1) 要推斷合理範圍的操作過程和／或方法已被納入與檢驗，需要哪些類別的成果？	概念－操作過程之間的相符性	• 成就測驗 　○標準化測驗 　○其他測驗 • 班級分數 • 讀書習慣與技能 • 學生態度 　○對學校 　○對科目 • 學生的自我信念 • 家長對學校的態度 • 任何兩個類別的成果都是合理範圍
4. 主要的調查研究人員在審查考量中的研究成果時，是否訂定了信度的最低分數？若是，有關內部一致性、時間穩定性和／或評判者間信度特定的最低信度係數為何（酌情回答）？	概念－操作過程之間的相符性	• 是，內部一致性估計值 > .60
5. 考量本研究的內容，研究應該在什麼樣的時間範圍內被執行，才能與目前情況相關？	外部效度－抽樣	• 1982-2007
6. 考量本研究的內容，介入方案預期的受益者的特性為何？	外部效度－抽樣	• 幼稚園到十二年級 • 在美國、加拿大、英國、澳洲的學生
7. 參與者哪些重要的特性可能與介入方案的影響相關，而且如果研究不使用隨機分配的話，就一定會被一視同仁來處理？	因果推論－篩選	• 成果的前測或是成就測驗前測 • 年級或是年齡 • 社經地位

（續）表 5-2　為了應用 DIAD，需要使用者回答的背景問題

背景問題	研究 DIAD 複合問題	評估探討家庭作業對學業成就影響之研究的問題回答範例
8. 參與者次群體的哪些特性在下述兩方面是重要的：(1) 使研究產生變異；(2) 在研究內部檢驗，以判斷介入方案在這些群組中是否有成效？	外部效度－在次群體中被檢定的效應	● 學業成就將學生分類為：資優、一般、「危機」、學習障礙、學業成績落後、具有學習缺陷 ● 年級數 幼稚園到十二年級 ● 社經程度 　○ 低 　○ 中低 　○ 中 　○ 中高 　○ 高 ● 學生性別
(1) 參與者次群體的哪些特性在推論「有限的」或「合理範圍的」特性已被納入和檢驗時是必要的？		● 任何一個「有限的」特性 ● 任何三個「合理範圍的」特性
9. 在研究內部檢驗，以判斷介入方案在這些群體內是否有成效，有哪些環境特性是重要的？	外部效度－在次群體中被檢定的效應	在學校 ● 班級大小 ● 特殊 vs. 常規教育班級 ● 課堂準備 　○ 教材提供 　○ 教師建議的家庭作業做法 　○ 教師提供與課程的連結 　○ 從教室開始，在家中結束 ● 教師回應 　○ 寫評語 　○ 打分數 　○ 獎勵 　○ 作為課堂分數的一部分 ● 與學業內容相調和 ● 用在班級討論中

（續）表 5-2　為了應用 DIAD，需要使用者回答的背景問題

背景問題	研究 DIAD 複合問題	評估探討家庭作業對學業成就影響之研究的問題回答範例
(1) 在推論「完全的」、「合理的」或「有限的」範圍的變異已獲得檢驗時，有哪些環境特性是必要的？	外部效度－在次群體中被檢定的效應	在家 ● 家庭的社經地位 ● 手足的人數與型態 ● 家中成人的人數 ● 全部都是「完全」 ● 兩個來自「學校」，一個來自「家庭」為「合理的」 ● 任何一個「有限的」
10. 測量介入方案的影響與介入方案的結束相關的適當時間範圍為何？	外部效度－全項式抽樣	● 任何時間範圍都適當
11. 考量本研究的內容，為了抽樣的目的，在地的參與者來源的組成為何？ (1) 假如參與者來自同一處在地來源，群組中的哪些人（例如，學生、老師、家長、行政人員、個案工作者）如果知道誰在介入方案組以及比較組的話，有可能干擾比較組的真實性？	內部效度－無汙染	● 在同一棟學校大樓中就讀同一年級的學生 ● 任一群組的學生 ● 任一群組中的學生家長 ● 教師
12. 就這個主題的研究而言，你如何定義介入方案與控制組人員流失的差別？	內部效度－篩選	● 在群組之間的人員流失百分比有超過 10% 的差異
13. 就這個主題的研究而言，你如何定義嚴重的整體人員流失？	內部效度－篩選	● 原有的樣本損失超過 20%

（續）表 5-2　為了應用 DIAD，需要使用者回答的背景問題

背景問題	研究 DIAD 複合問題	評估探討家庭作業對學業成就影響之研究的問題回答範例
14. 就這個主題的研究而言，要獲得足夠精確的效應估計值的樣本大小最低限度為何？	統計效度－效應估計值	● 每一群組有 50 名學生
15. 當本研究結果被「完整」、「大量」以及「少量」陳述時，需要多少百分比的重要統計資料（亦即樣本大小、效應方向、效應值）？	統計效度－製成報告	● 假如所有的成果評量都包含了完整的統計結果，那麼結果為「完整陳述」 ● 假如 75 到 99% 的成果評量包含了完整的統計結果，那麼結果為「大量陳述」 ● 假如少於 75% 的成果評量包含了完整的統計結果，那麼結果為「少量陳述」
16. 考量到成果評量以及本研究問題的內容，是哪些因素構成了介入方案與研究成果的「過度調和」和「調和不足」？	概念－操作過程之間的相符性	● 就本研究問題而言，沒有成果與介入方案過度調和 ● 如果家庭作業包含跟評估時明顯不同的科目，那麼成果就會與介入方案調和不足

資料來源：Valentine and Cooper (2008, pp. 136-138). Copyright 2008 by the American Psychological Association. Reprinted with permission.

以及 (3) 四個全面問題。其實，這些研究特性都可以被用來「評判」研究資料或是看看研究方法的特性是否與研究成果相關。事實上，如果你想要根據研究 DIAD 的結果事先排除研究資料，那麼你可以設定一個最低的門檻，亦即被收錄在統合研究中的研究資料都必須符合或超越這個標準。譬如 McGrath 的研究可能會被排除，因為在關於內部效度的全面問題 2 中，它只得到一個「可能是」的答案。

　　研究 DIAD 在使用上是一個複雜而且耗時的工具，研究人

表 5-3　為獲得複合問題 1-2 的答案：「概念與操作過程之間的相符性：成果評量：成果的評量方式是否與介入方案預期的效應一致？」而合併研究設計與執行方式問題的運算法則

	回應模式（由上往下讀完一欄後，再決定問題的答案）		
1.2.1 成果評量的項目看似能代表對本統合研究重要相關的內容嗎（亦即，具有表面的有效性嗎）？	是	是	是或否
1.2.2 成果評量的分數可信度可被接受嗎？	是	否	是或否
1.2.3 成果評量是否切合介入方案的實驗條件？	是	是	否
複合問題 1-2 的答案與本回應模式相關	是	可能否	否

資料來源：Valentine and Cooper (2008, Supplemental materials). Copyright 2008 by the American Psychological Association. Reprinted with permission.

員必須深思熟慮並受過充分的訓練才能運用得宜。但是這種複雜性正好反映出要對研究品質做出謹慎和明晰的判斷並非是一件簡單的工作。如果我們在研究工作中能夠認清這個事實，那麼研究 DIAD 就有許多值得稱讚的特性。首先，大約有三十個研究設計與執行方式的特性構成該工具的核心（如**表 5-1** 所示），這些特性取材自社會科學研究人員的廣泛抽樣。因此，跟在其他品質量表中的情況相比，在評判一個研究的品質時，研究人員更贊同這些都是要考慮的研究方法特性。第二，研究 DIAD 要求使用者在應用之前，將重要的專有名詞定義清楚（如**表 5-2**），這意味著閱覽這篇統合研究的讀者會明瞭這些專有名詞的意義。假如對這些定義有歧見，那麼就會引發熱烈的討論。第三，將研究設計與執行方式的特性合併，用來回答較抽象的品質問題（如**圖 5-1** 所示），可使得運算式更加清晰易懂。

　　你可以用數種方式使用研究 DIAD。當然，最好是能夠完整

表 5-4　針對家庭作業對於學業成就之影響的研究（McGrath, 1992）進行全面與複合評比的範例

全面評比		複合評比	
問題	評比	問題	評比
1.參與者被對待的方式和成果評量的方法是否與介入方案的定義及其預期影響一致？	是	1.1 參與者被對待的方式是否與介入方案的定義一致？	是
		1.2 成果評量的方法是否與介入方案的預期影響一致？	是
2.研究設計是否能夠導出清楚的結論來說明介入方案的成效？	或許是	2.1 接受介入方案的參與者與比較組的參與者條件相當嗎？	是
		2.2 當介入方案使其影響更複雜時，該研究不受到同時間發生的事件所影響嗎？	或許是
3.是否根據代表預定受益者的參與者、環境以及成果來檢定介入方案？	否	3.1 研究是否含括了代表預定受益者的參與者、環境以及成果之變異性？	否
		3.2 該介入方案是否針對重要次群體的參與者、環境以及成果檢驗其效應？	否
4.可以從研究報告中計算出介入方案影響的準確估計值嗎？	否	4.1 效應值和標準誤是否被正確估算？	否
		4.2 統計檢驗報告是否夠充分？	是

資料來源：Valentine and Cooper (2008, p. 147). Copyright 2008 by the American Psychological Association. Reprinted with permission.

地應用。但是，如前所述，如果你想要使用效度影響因素取向的話，你也可以利用全面性和／或複合性的問題來引導你。或者你可以使用大約三十個研究設計與執行方式的問題來引導你採用方法描述取向。將大約三十個問題轉譯到類似於第四章所介紹的編碼表是一個輕鬆簡單的工作。**表 5-2** 所列出的定義可以直接併入編碼定義中。

最重要的是，當你在檢視一份統合研究如何處理評估研究資料的研究設計與執行方式的議題時，你要思考以下的問題：

研究資料是否已分類，因而可以在研究設計與執行方式上做重要的區別嗎？

🕐 找出統計離群值

直到你所有的資料都被編碼並輸入電腦，而且研究結果的第一次分析準備要執行時，研究評估的另一層面才會發生。在這個階段，你必須檢視在你的資料組中各篇研究最偏頗的結果，看看它們是否為統計離群值。你會想要知道最偏頗的結果是否跟其他的結果有落差，它們其實不可能在同一個研究發現的分布中。舉例來說，假如在回應對於性犯罪態度的兩個性別之間有 30 則相關性。又假設其中 59 則相關性的數值範圍從 -0.5 到 $+.45$ 不等，所獲得的正值表示女性比男性更無法接受性侵犯罪。不過，第 60 則相關性為 $-.65$。你可以利用統計步驟和慣例來跟整體的樣本分布比較這個最偏頗的資料點。你判斷這個最偏頗的研究結果跟整體的結果分布太不相同，所以不應該被視為其中的一部分。

統計離群值有時是因為將資料登錄到你的編碼表時或是在資料轉譯的過程中所犯的錯誤。這些錯誤是可以被更正的。或者離群值可能是因為初級研究人員犯了相同的錯誤所致。但這種錯誤就無法被更正。有時候我們無從得知一個資料點變成統計離群值的原因。另外，當資料點太過偏頗，而不可能屬於同一份研究發現的分布範圍時，統合研究人員就必須有所行動。有一個簡易的方法就是將該筆研究資料從你的資料庫中移除。另一個策略就是重設研究結果的數值至高於平均數三個標準差，或是放到下一個

最近鄰點（the nearest neighbor）。

　　舉例來說，在選擇對內在動機影響的後設分析中，我們應用了 Grubb（1950）的檢定，一一找出每個成果評量的離群值。這些分析根據研究成果找出一、兩個離群值或者什麼都沒發現。我們無法釐清離群值的原因，但是我們將它們設定在最近鄰點，並保留該研究做進一步的分析。

　　Barnett 和 Lewis（1984）詳盡檢視了找出統計離群值的方法，以及找到離群值後的處理方式。**無論你選擇何種方法尋找統計離群值，找到之後設法處理它們是一個明智的做法。**最後這個步驟是評估一份特定的研究資料是否可幫助你在激發你做統合研究的問題上獲得最佳答案。

本章習題

1. 就你所選擇的統合研究主題，完成表 5-2。

2. 挑選一篇跟你的研究主題相關的研究，並回答表 5-1 中的問題。

3. 利用表 5-1，為你的研究主題製作一份編碼架構的方法部分，並回答表 5-2 中的問題。跟你的一位同學組成一組，將該編碼架構應用於彼此的研究主題的一篇研究資料中。你們遭遇到什麼樣的問題？這些問題如何改變你在表 5-2 中回答問題的方式？

6

步驟五：
分析與整合研究成果

應該採取哪些步驟濃縮及合併研究結果？

- 初級研究與統合研究的資料分析
- 後設分析
- 整合技術對於統合研究成果的影響
- 後設分析中的主效應與交互作用
- 投票計數法
- 測量關聯性強度
- 合併各研究資料的效應量
- 在研究發現中效應量的變異數分析
- 後設分析的議題
- 若干進階的後設分析技巧

在研究統合中所發揮的主要功能：

設定步驟，用以：(1) 合併所有的研究結果；(2) 檢驗研究結果之間的差異性。

可能導致不同結論的步驟差異：

用以分析個別研究結果的步驟（敘事、投票計數，平均效應值）若有差異，則可能導致研究結果有所不同。

在研究統合中評估問題擬定時須思考的問題：

- 是否使用適當的方法合併各項研究結果並加以比較分析？
- 若是進行後設分析，是否採用合適的效應值測量指標？
- 若是進行後設分析，是否 (1) 陳述了平均效應值與信賴區間；(2) 採用適當的模型以評估獨立效應與效應值之誤差？
- 若是進行後設分析，是否檢驗了效應值的同質性？
- 是否將下列項目視為研究結果可能的調節因子而加以檢驗之？ (1) 研究設計與執行的特性；(2) 其他重要的研究特性，包括歷史、理論以及實務上的變項。

本章綱要

- 採用後設分析的理論基礎。
- 用以摘要整理研究結果的統計方法，包括：
  計算研究成果。
  平均效應值。
  檢驗所有研究資料中效應值的變異性。
- 在應用後設分析步驟時若干實務上的議題。
- 若干進階的後設分析步驟。

　　資料分析指的是將研究人員所蒐集的個別資料點變成一個關於研究問題的統一表述。其內容包含了排序、分類、資料統整及進行推論檢驗，以嘗試說明資料樣本與抽樣的母群體之間的關聯性。根據資料分析所做的推論必須使用決策規則來區辨系統性的資料模式並非「雜訊」或是偶發事件波動。雖然我們可以應用不同的決策規則，但是規則須說明目標母群體大致樣貌（例如常態分配）的假定，以及某個資料模式的存在被認為可信之前須符合哪些標準（例如，宣稱研究發現具有統計顯著性的閾值機率）。資料分析的目的就是要讓資料變成一種可以有效解讀的形式。

◑ 初級研究與統合研究的資料分析

　　就像所有的科學調查需要從具體的操作過程跳到抽象概念一般，初級研究與統合研究也必須從資料樣本所發現的模式跳到討論這些模式是否也存在於目標母群體這類比較概括性的結論中。不過，一直到 1970 年代中期，初級研究人員和統合研究人員所使用的分析技巧幾乎都沒有相似之處。初級研究人員負責提供樣本統計數據，並提供統計檢驗的結果以證實從他們的資料中所得出的推論。在多數情況下，初級研究人員的工作包含了：(1) 比較各樣本的平均數或是計算其他的關聯性測量值；(2) 做出進行樣本結果與母群體之相關性推論檢驗時需要的假設；(3) 陳述在樣本中的系統性差異能被推論到目標母群體中且維持不變的機率。

　　用於初級資料解讀的傳統統計輔助工具一直都遭到批評。有些人認為顯著性檢定提供的資訊有限，因為它們只是在告訴我們當虛無假設為真時，獲得可觀察到的結果的可能性（例如 Cohen, 1994; Kline, 2004）。這些批評認為在以人為對象的母群體中，就算有虛無假設也極少見，因此一個特定檢驗的顯著性

主要是受到有多少參與者被抽樣所影響。同時，也有評論者懷疑虛無假設顯著性檢定的價值，他們直指這些研究發現概推到目標母群體的限制。無論一個關聯性的統計顯著性如何，研究結果都只能概推到跟參與該特定研究活動的人相仿的人們身上。

對統計數據的懷疑對於使用統計數據來改良研究步驟並以適切的觀點來維護研究產出的人很有幫助。然而，大多數的初級研究人員使用統計數據，而且在統計步驟方面未提供一些協助（或是可信度）的情況下，要他們總結研究結果，大部分都覺得極度不安。

與初級研究人員相反的是，近年來，統合研究人員並不負責將統計技術應用在解讀累積的結果中。傳統上，統合研究人員是利用連他們自己都不清楚的直觀推論規則在解讀資料。特定的統合研究人員的觀點是獨有的分析方法。因此，在研究統合中不可能描述通用的推論規則。

分析研究文獻具有主觀性，而這也導致許多統合研究的結論受人質疑。為了處理這個問題，方法學家將量化方法帶入統合研究的過程中。這個方法採用包含在個別研究資料中的研究統計數據，作為研究統合的初級資料。

後設分析

我在第一章就提到，對於最近期的研究統合影響最大的兩個事件為：研究數量遽增，以及電子化研究檢索系統的快速進步。而第三個主要的影響就是將量化步驟──我們稱之為後設分析──引進研究統合的過程中。

有愈來愈多社會科學研究相當擔憂統合研究人員從一系列相關研究中獲得概括性結論的方式缺乏標準程序。對於許多主題領域而言，每一篇相關研究不可能再用各自獨立的語言來說明。傳

統上有一種做法是在數十篇或數百篇研究中鎖定一、兩篇。這個方法無法精確地描繪知識累積的狀態。當然，有數十或數百篇研究存在的領域中，統合研究人員必須說明「原型」（prototype）研究，如此讀者才會瞭解初級研究人員所使用的方法。

不過，要仰賴「原型」研究的結果來代表所有研究的結果可能會產生嚴重誤導。首先，就如同我們所看到的，這種選擇性的關注很容易受到贊同偏見的影響：統合研究人員可能只會著重在支持他們最初立場的研究。其次，選擇性地只注意所有研究資料的某個部分就會不太重視可使用的驗證數量。只陳述一、兩篇研究但是卻沒有總體結果的累積分析，會讓讀者對於結論無從評價。最後，選擇性地注意實證資料無法給予關聯性強度一個準確的估計值。隨著探討某一主題的實證資料不斷累積，研究人員也會對於存在於變項之間的關聯性強度更感興趣，而不是單純地是否有一個關聯性存在。

當不採用後設分析的統合研究人員在考慮不同研究結果之間的變異時，他們也會面臨難題。他們會發現研究結果的分配都有一個共同的特殊步驟特性，但是在其他許多的特性上卻都不同。若沒有後設分析，就很難準確地推論一個步驟的變異是否會影響研究成果；使用任何單一方法所獲得的結果之變異性可能會與使用不同方法的研究所得到的結果分配重疊。

因此，似乎在許多情況下，統合研究人員都必須尋求後設分析技巧。將量化推論步驟應用於研究統合是對於龐雜的文獻資料必須做出的回應。假如統計數據應用得當，它們應當可加強統合結論的有效性。量化的統合研究是相同推論規則的延伸，同樣需要初級資料中嚴謹的資料分析。假如初級研究人員必須以量化資料說明資料與他們的結論之間的關聯性，那麼該資料的下一個使用者應該也會被要求做相同的事。

後設分析已然成熟

在早期，後設分析也遭到批判，有些批評持續到現在。量化統合分析的價值受到質疑，與初級資料分析受到的批評如出一轍（例如，Barber, 1978; Mansfield & Bussey, 1977）。不過，大部分的批評很少起因於後設分析中的問題，比較多是源自於一般不適當地彙集資料的過程，譬如忽略了要調節變項，而這個不當的過程被誤以為是使用量化組合步驟所造成的，殊不知是統合研究人員完全自主（而且拙劣）的決定。

後設分析現在是一個被人們接受的方法，而它在社會學與醫學領域被應用的機會已愈來愈多。目前已有成千上萬篇的後設分析發表，每年發表的數量仍持續增長中。**圖 6-1** 呈現了後設分析在科學與社會學領域中愈來愈具有影響力的一些證明。這張圖是根據科學網（Web of Science）參考資料庫（2008 年 8 月 20 日檢索）中的《科學引文索引擴充版》（Science Citation Index Expanded）和《社會科學引文索引》（Social Science Citation Index）的登錄資料繪製而成。它顯示了在 1998 年到 2007 年期間，在標題或主題中包含了「研究統合」、「系統性回顧」、「研究回顧」、「文獻回顧」和／或「後設分析」等關鍵詞的文件引文數量的成長。本圖指出，引文總數毫無例外地年年增長。顯然，研究統合與後設分析在我們的知識要求權中扮演愈來愈重要的角色。

何時不適宜進行後設分析

本章大多數的篇幅將描述一些基本的後設分析步驟以及應用方法。然而，明確地陳述在統合研究中使用量化步驟並不適合的一些情況也很重要。

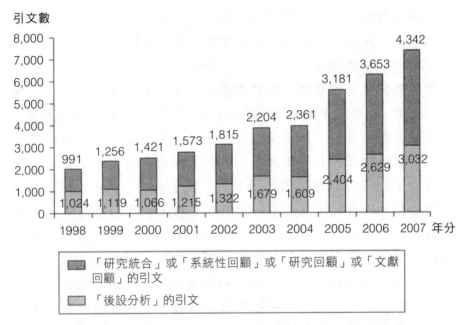

引文數

圖 6-1 1998 到 2007 年期間,在科學網中引用「研究統合」或「系統性回顧」或「研究回顧」或「文獻回顧」或「後設分析」文件的數量

　　第一,**量化步驟只適用於研究統合**,並不適合有其他重點或目標的文獻回顧(參見第一章)。例如,假若一份文獻回顧對於追溯「內在動機」這個概念的歷史發展感興趣,就不見得要做量化的統合。不過,假如統合研究人員也有意要做關於「內在動機的不同定義是否會導致不同的研究結果」的推論,那麼相關研究的量化摘要整理就是適合的。另外,假如文獻回顧的目標是要以批判或歷史的角度來評鑑一篇篇的研究,或者是要找出某個領域中核心的特定研究,那麼後設分析就派不上用場了。在這種情況下,比較適合的整合方式可能是將研究結果視為接連出現的事件,亦即採用歷史學的方法來組織文獻回顧,而不是統計彙整累

積的研究發現。不過,假如統合研究人員對於研究結果是否隨著時間改變感興趣,那麼這時就適合採用後設分析。

第二,在研究統合中使用統計數據背後的基本前提是,**有一連串的研究處理相同的概念性假設**。假如文獻回顧的前提未包含這項聲明,那麼就不需要累積的統計數據。跟這個觀點相關的是,除非讀者認為有用,否則統合研究人員不應該在一個廣泛的概念層級上以量化方式合併研究資料。有個極端的情況是,大多數的社會科學研究可以被歸類為檢視單一概念假設——社會刺激影響人類行為。事實上,為了某些目的,這樣的假設假驗可能會很具有啟發性。不過,「可以做」這件事並不表示只因為有方法可以做到,就能以量化方式將概念與假設混合在一起(參見 Kazdin, Durac, & Agteros, 1979,他們幽默地處理了這個問題)。統合研究人員必須注意在文獻中這些對於統合研究的使用者有意義的區別。舉例來說,在選擇對內在動機影響的後設分析中,我們就不能合併全部九項不同的成果測驗的研究結果。如果這麼做,就會模糊了成果之間重要的區隔,而且可能會誤導。相反地,最高程度的資料彙整是在成果類型中完成。另一個彙整過度的情況是使用不同類型的控制因子來檢定一個假設。舉例來說,有個檢視一位體能治療師每週與老年人討論活動量之效應的研究可能會比較每週會談與無會談這兩個控制因子,然而另外一個研究則是比較每週會談與參與者收到書面資料的做法。以統計方式合併這兩個研究的結果可能不會獲得太多資訊。合併的效應跟哪些比較值有關?統合研究人員可能會發現在這類控制組中的區隔已經夠重要,在量化分析中也不會被掩蓋(但是可能會為每一類型的控制組做個別的後設分析)。

第三,在某些情況下,**後設分析可能會形成統合研究人員希望的概括性**(generalization)。舉例來說,認知心理學家或是

認知神經學家可能主張他們的研究方法通常都會提供良好的控制因子，並合理地確保研究發現，因為他們所研究的事物並不會受到研究執行時的環境強烈的影響。因此，在這些研究領域中關於效應的爭論通常都是關於變項的選擇，以及他們的理論或是所解讀的顯著性。在這些情況下，統合研究人員可能會利用概念性和理論性的橋樑建立概括性，而不是以統計方式。

最後，即使統合研究人員希望加總所有探討相同主題的研究之統計結果，但是他們可能會發現前人執行的研究並不多，而且這些研究使用了明顯不同的研究方法、參與者以及成果評量。在多項研究方法區隔相互混淆以及研究結果有所出入的情況下，**以統計方式合併研究可能會掩蓋了在研究發現中的重要差異**。如果只是合併包含類似特性的研究要做關聯性的摘要總結，在這些情況下，不使用後設分析是最明智的決定，或者在同一份統合研究中執行若干獨立的後設分析亦可行。

還有一個重點是，我們要在此指出，**使用後設分析並不保證統合研究人員不會受到任何推論誤差的影響**。後設分析也可能不正確地推斷目標母體群的某項特性。就像在初級研究中使用統計數據一樣，因為目標母群體並不符合分析技巧所根據的假設，或者因為統計研究發現具有或然率的性質，那麼這種情況就會發生。假如你認為母群體並不符合你所選擇的統計檢定的假設，那麼就要找一個比較適當的檢定或者避免使用後設分析。總之，當評估研究統合時，你要思考的一個重要問題是：

你是否使用了適當的方法來合併與比較所有研究資料的結果？

整合技術對於統合研究成果的影響

在第一章，我曾經提到我跟 Robert Rosenthal（Cooper & Rosenthal, 1980）共同進行的一項研究，在研究中，我們證明了由非量化統合研究人員及後設分析人員所做的結論之間的一些差異。在本研究中，我們請研究生與大學教師評估相同的一組研究，但是有一半採用量化步驟，另一半則採用他們感興趣的標準。我們發現後設分析人員比非後設分析人員認為性別差異的假設比較受到支持，而且變項之間的關聯性較強。後設分析人員也比非後設分析人員更傾向認為未來沒有必要複製的相同研究，雖然該研究發現並未達到統計顯著性。

後設分析人員使用不同的統計步驟導致統合研究結論的變異也是可能的。有幾個不同的典型是用傳統的推論檢驗模型以量化方式來整合研究（Hedges & Olkin, 1985; Hunter & Schmidt, 2004; Rosenthal, 1984），有些則是使用貝氏定理（Sutton, Abrams, Jones, Sheldon, & Song, 2000）。不同的技術就會製造不同的研究結果。因此，每個統合研究人員用來執行量化分析的規則也可能不同，而這點可能會造成統合研究結果解讀方式的差異。我們也可以假設非量化的統合研究人員所使用的規則也不同，但是它們含糊不清的特質，使得人們很難正式地將它們做比較。

後設分析中的主效應與交互作用

在檢視統合研究人員可使用的若干量化技巧之前，我們先深入瞭解累積的研究結果的一些獨特性也很重要。在第二章探討擬定問題時，我提到大多數的統合研究會先將焦點放在初級研究所執行的主效應的檢驗上。有很大的原因是與概念相關的主效應

反覆驗證的機會比三個以上交互作用的變項的檢驗更常發生。因此，舉例來說，你可能會發現選擇是否對內在動機產生影響的許多主效應檢驗，但是你要找到這些關聯性是否受到所提供的選擇數目所影響這類交互作用的檢驗就少得多。請記住，我在這裡指的是在單一研究中的交互作用檢驗，而不是你能不能夠在研究統合的層次上檢驗選擇數目的影響性，因為不同的研究在它們的主效應檢驗中所提供的選擇數目也各不相同。

並不是初級研究中所檢驗的交互作用不能合併。只不過，這類反覆驗證的情況較少，而且我們在下一章將會看到，它們的解讀也可能會有一點複雜。在初級研究中有兩種檢驗交互作用的不同方式，可以用統計方法將各研究資料合併。第一，檢驗與每篇研究的交互作用相關的關聯性強度可以加以彙整。另一個方法是在第三個變項的每個層級上個別彙整交互作用變項中其中兩個的關聯性。例如，假設有一組研究，其中初級研究人員檢驗了選擇對內在動機的影響是否會因為提供給參與者的選擇數目不同而產生差異。統合研究人員可以藉由彙整在一個選擇的條件下所做的所有的動機測量，就能根據所提供的選擇數目估算內在動機差異的估計值。他們在兩、三個選擇之後所做的測量中也可以做同樣的事。這可能會比交互作用效應的強度的直接估計值更有用，也更容易解讀。但是，為了做到這點，初級研究報告必須包含分離不同的單純主效應所需要的資料。統合研究人員可能也必須將選擇的數目分組（譬如，三到五個選擇以及六個以上的選擇），才能有足夠的檢定來估算準確的估計值。

由於主效應在多數時候是後設分析的焦點，而且在許多情況下，著重在交互作用的後設分析將它們簡化為單純效應，所以我對於量化合併技巧的討論將只限於主效應。在後設分析中交互作用的歸納整理可以用數學公式讓人一目瞭然。

後設分析與研究結果之間的變異

　　在研究統合中，主效應與交互作用最明顯的特色就是針對相同的關聯性所做的不同檢定，其結果也會隨研究而有所不同。這種變異性有時候很劇烈，使得我們必須探究這個變異性來自何方。

研究發現的變異性來源

　　有兩種影響力會造成研究成果中的差異。最簡單的原因就是最常被非量化統合研究人員所忽略的——抽樣變異性（sampling variability）。早在量化統合研究受到重視之前，Taveggia（1974）就已經看出這個重要的影響力：

> 被研究回顧的作者忽略的方法學原理即……研究結果乃機率問題。這個原理意味著，任何單一研究的發現都是無意義的——它們可能只是偶然間發生。而且，假如針對某個特定主題所做的研究數量夠多，剛好就可以讓我們看到有提出不一致及相矛盾的研究發現存在！因此，看似矛盾的現象或許只是研究發現的分配朝正向與負向發展的細部描述（pp. 397-398）。

　　Taveggia 凸顯了使用機率理論和抽樣技巧來做出關於母群體的推論之意義所在。

　　舉例來說，假設測量每個美國學生的學業成績是可能的。同時，假設如果這項工作已經實施，那麼我們會發現對於有做家庭作業和沒做家庭作業的學生而言，成績都不相上下——亦即，兩個次母群體的學業測驗平均分數一模一樣。再者，假如樣本人數有 1000 人，從中抽樣 50 名做家庭作業的學生和 50 名未做家庭作業的學生，結果兩組樣本之間只有少數的比較值顯示它們有完全相同的群組平均數。另外，假如是使用 t 檢驗以及 $p < .05$ 的

顯著水準（雙尾）這類的統計方法來比較樣本平均數，那麼大約有二十五個比較值顯示顯著差異，它們支持做家庭作業的學生，然而有大約二十五個比較值支持未做家庭作業的學生。這個結果的變異性是無可避免的結果，因為經由抽樣所得到的平均數估計值本來就會與來自於母群體真正的數值有些許差異。而且，就是這麼剛好，有些比較值會呼應樣本估計值，它們與真正的母群體數值大不相同，而且是朝相反的方向發展。

在上述例子中，你不可能會天真地以為純粹是運氣造成這個結果——畢竟，有九百五十個比較值顯示非顯著的差異，而且顯著結果被平均分配到兩個可能的成果中。不過，在實務上，研究結果的型式很少會這麼明顯易懂。就如同我們在文獻檢索的章節中所發現的，你可能無法找出所有虛無的結果，因為很難找到。更複雜的是，即使兩個變項中確實存在全面的關聯性（亦即，虛無假設為偽），有些研究仍然會以跟母群體中的關聯性相反的方向顯示顯著結果。繼續以本例說明，假如做家庭作業的學生平均成績比未做家庭作業的學生來得好，那麼隨機從兩個次母群體中抽樣的樣本中，有一些比較值仍會支持未做家庭作業的學生，數字大小端視關聯性的強弱、樣本規模，以及進行了多少項目的比較而定。總之，研究結果的變異性來源之一可能是由於樣本估計值不精確所導致的偶發事件波動。

研究成果變異性的第二個來源讓統合研究人員比較感興趣。這個結果的變異性是研究執行方式的差異所造成。這個變異性是因為取樣而被「加入」變異性中。就像人們被抽樣一樣，你也可以想像有一組研究是從所有可能研究的母群體中被抽樣作為研究樣本。然後，因為研究可能以不同方式來執行（就像人們可能會有不同的個人屬性一樣），一份研究樣本也會展現出與其他可能的研究樣本不同的機會變異。舉例來說，探討家庭作業的統合研

究人員可能發現將有做家庭作業和未做家庭作業的學生成績做比較的研究是以不同年級的學生為對象；以單元測驗、班級成績或是標準化測驗作為成績評量；而且是混合不同科目的班級。這些在研究方法與脈絡中的差異性，每一項都可能造成研究結果的變異，因此可能導致結果與另一個從相同研究資料母群體中所抽樣的研究樣本不同。這個變異性是因為研究參與者從參與者母群體中被抽樣出來「加入」變異性中所導致。

這個與研究層級的差異性相關聯的變異性和研究結果的變異性有系統性的關聯也是可能的。舉例來說，以小學生為對象的家庭作業研究所產生的結果可能與以中學生為對象的研究有系統性的差異。在第二章裡，因統合而產生的實證資料的觀念被用來說明當我們發現研究特性與研究成果之間的關聯性時，我們學到了什麼。

在研究結果中兩個變異來源的存在——因為取樣參與者以及取樣研究而產生——引起了有趣的兩難局面。當在一組研究中發生相矛盾的研究發現時，你應該要嘗試找出因研究方法的差異而導致的研究結果系統性的差異，為它們尋找一個解釋嗎？或者你應該單純地假設矛盾的研究發現是因為（參與者和／或研究步驟）抽樣的變異所造成的？有些檢驗設計的目的就是要協助你回答這個問題。事實上，這些檢驗利用抽樣誤差（sampling error）作為虛無假設，它們會去估算研究發現中的變異數量，假如只有抽樣誤差導致研究發現產生差異，那麼這個數量是可以被預期的[1]。假如在所有研究資料中可觀察到的變異性太大，而無法光靠抽樣誤差來解釋時，那麼虛無假設就會被拒絕。這就表示所有的結果都來自於相同的結果母群體的觀念可能會被拒絕。

---

[1] 而且它們允許你選擇你是否希望這個檢驗只根據參與者變異或是根據參與者和研究變異兩者來估計抽樣誤差。當我討論固定效應與隨機效應模型時，我之後會回頭討論這個選擇。

在後續章節中，我將介紹若干你可以使用的量化統合研究的技巧。我挑選這些技巧是因為它們比較簡單，而且應用廣泛。在此我將介紹每個技巧的概念與入門知識，但是仍會解說詳盡，讓你能夠執行一個完整的基礎版後設分析。假如 (1) 你想知道這些技巧和變異性更多的細節，包括它們是怎麼衍生出來的；(2) 你的後設分析可能會以這裡未涵括的方式去探索資料，那麼你也可以查閱本文中所引述的主要資料來源。在以下的討論中，我先預設你對於社會科學中所使用的基本推論統計學已經具備實用知識。

不過，在進入正題之前，我要先說明三個假設，它們對於根據個別研究的統計發現整合後所得出的結論之有效性很重要。第一而且是最明顯的，**被納入累積分析的個別研究發現應該全部檢驗相同的比較值或是估計相同的關聯性**。無論你的想法在概念上多廣泛或多狹隘，你都應該同意如下的主張：取自初級研究被含括在內的統計檢定均處理相同的問題。第二，**被納入累積分析的個別檢驗必須相互獨立**。在第四章已經討論過確認獨立的比較值，然後從研究資料中蒐集資訊。你必須謹慎確認比較值，如此一來每個比較值才會包含關於假設的獨特資訊。最後，你必須相信**當初級研究人員在計算檢驗結果時，他們就已經做了有效的假設**。因此，舉例來說，假如你想要合併來自於兩個平均數之間比較值的效應值，你就必須假定在這兩個組別中的觀察發現各自獨立，且呈現常態分配，而且它們的變異數也大致相等。

投票計數法

合併獨立的統計檢驗最簡單的方法就是投票計數法（vote-counting method）。投票計數可以顧及研究發現的統計顯著性或是只專注在研究發現的方向上。

就第一個方法而言，後設分析會取得每一個研究發現[2]並將它分成三類：在預期方向中具有統計顯著性的研究發現（我將這些視為正向發現）、不在預期方向中（負向）具有統計顯著性的研究發現，以及非顯著的研究發現，亦即不允許拒絕虛無假設的研究發現。後設分析人員可能會建立規則，亦即研究發現數量最多的類別即表示在目標母群體中關聯性的方向。

　　這種顯著研究發現的投票計數法偏重直觀訴求，而且相當常被使用。不過，這個方法太過保守，令人難以接受，而且常常會導致不正確的結論（Hedges & Olkin, 1980）。問題是，使用統計顯著性的傳統定義，光憑運氣應該只會產生所有研究發現的5%，因而錯誤地指出一個顯著效應。因此，可能指出存在於目標母群體中真正差異的正向及具有統計顯著性的研究發現遠遠不及三分之一。這種投票計數法要求，在宣告某一結果勝出之前，至少要34%的研究發現為正向且具有統計顯著性。

　　讓我們來證明這個方法有多麼墨守成規。假設有一個 $r = .30$ 的相關性存在於一個母群體的兩個變項之間，總共實施了20份研究，其中每一個樣本中有40人（在社會科學中這並不是罕見的情況）。與這一連串研究相關的投票計數的機率將推論出有一個正向關聯性存在——假如使用之前所描述的「多數決」的規則——不到百分之六。因此，顯著研究發現的投票計數法往往會引導投票計數者做出接受虛無假設的建議，或許會棄置富有成效的理論或是有效率的介入方案，但是事實上這類結論全都不可靠。

---

2 在這一整章以及後續章節，我將互換使用「研究發現」（findings）、「研究資料」（studies）以及「比較值」（comparison）等字詞來指涉互不相關、獨立的假設檢驗或是構成後設分析組成要件之關聯性的估計值。我這麼做是為了闡述的目的，雖然這些字詞可能有不同的意義；譬如，一篇研究資料可能在相同的條件之間包含了不只一個比較值。

調整三種研究發現（正向、負向、虛無）的發生頻率，如此便能顧及每個研究發現真正預期中的百分比（95% 虛無且每個方向有 2.5% 的顯著性），但是解決了一個問題，卻凸顯了另一個問題。我們知道研究人員比較不可能陳述虛無的結果，所以統合研究人員也比較不可能檢索得到。再者，假如在投票計數的分析中使用了適當的期望值，常常會出現正向和負向的顯著研究發現會比只是偶發事件所期望的情況來得多。因此，在投票計數步驟中使用非顯著研究發現的頻率不值得信賴。

　　另一種投票計數法去比較具有統計顯著性的正向與負向研究發現發生的頻率。這個步驟是假設如果虛無假設在母群體中占有優勢，那麼我們就會預期顯著的正向與負向研究發現相等。若研究發現的發生頻率不相等，那麼虛無假設就可能被拒絕，並偏向優勢方向發展。投票計數法的其中一個問題是，即使虛無假設為偽，非顯著研究發現的期望數仍可能比正向或負向的顯著研究發現期望數大得多。因此，這個方法將忽略許多研究發現（所有非顯著的研究發現），而且統計考驗力將會非常低。

　　在研究統合中執行投票計數最後一種方法是計算正向與負向研究發現的數目，但不考量其統計顯著性。在這個方法中，後設分析人員只根據成果的方向將研究發現分類，而不論其是否具有統計顯著性。同樣地，假如虛無假設為真——亦即，假如在被抽樣的母群體中，變項之間未存在關聯性——那麼我們就能預期在每個方向的研究發現數量會相等。

　　一旦計算出每個方向的結果數量，後設分析人員就能夠進行一個簡單的符號檢定（sign test）來探討累積的結果是否顯示有一個方向比偶發事件所預期的發生頻率更高。計算符號檢定的公式如下：

$$Z_{vc} = \frac{(N_p) - \left(\frac{1}{2}N\right)}{\frac{1}{2}\sqrt{N}} \qquad (1)$$

其中：

Z_{vc} = 全體研究發現的標準常態偏差值，或是 Z 分數。

N_p = 正向研究發現的數量。

N = 研究發現的總數（正向加負向研究發現）。

我們可以從一張標準常態偏差值的表格中查詢 Z_{vc}，然後找出跟累積的方向性研究發現有關的機率（單尾）。假如我們想要獲得雙尾的 p 水準，那麼表格中的 p 值就應該要乘二倍。與不同的 p 水準相關聯的 Z 值列於**表 6-1**。該符號檢定可以用在所有研究發現的簡單方向性或是只有顯著研究發現的投票計數中，不過我們建議使用研究發現的方向性。

假設三十六個比較值中有二十五個發現，參與提升體能活動介入方案的老年人會比未參與介入方案的老年人展現出更多後續活動量。假若在（介入方案的）目標母群體中，在兩種條件下的人們展現出相同的活動量，那麼這麼多研究發現都在同方向的機率為 $p < .02$（雙尾），所對應的 Z_{vc} 為 2.33。這個結果將引導後設分析人員推論，有一連串的研究發現支持一個正向的介入方案效應。

使用研究發現的方向而不考量顯著性的投票計數法所具備的優點是使用來自於所有統計研究發現的資料。不過，它也有一些缺點。與其他的投票計數法相類似的是，它並不會依照研究發現的樣本大小去衡量其對於整體結果的貢獻。因此，以 100 名參與者為對象的研究發現與以 1,000 名參與者為對象的研究發現竟然具有相同的重要性。另外，在每一個研究發現中所顯示的關聯性

表 6-1　標準常態偏差分配

z 到 − z 區	雙尾 p 水準	單尾 p 水準	z 分數
995	.005	.0025	2.807
.99	.01	.005	2.576
.985	.015	.0075	2.432
.98	.02	.01	2.326
.975	.025	.0125	2.241
.97	.03	.015	2.170
.965	.035	.0175	2.108
.96	.04	.02	2.054
.954	.046	.023	2.000
.95	.05	.025	1.960
.94	.06	.03	1.881
.92	.08	.04	1.751
.9	.1	.05	1.645
.85	.15	.075	1.440
.8	.2	.10	1.282
.75	.25	.125	1.150
.7	.3	.150	1.036
.6	.4	.20	0.842
.5	.5	.25	0.674
.4	.6	.30	0.524
.3	.7	.35	0.385
.2	.8	.40	0.253
.1	.9	.45	0.126

資料來源：Noether (1971)。

強度（例如，變因操作的影響）未被考慮——一個顯示由於介入
方案而大幅提升活動量的研究發現竟然與一個顯示活動量小幅下
降的研究發現等量齊觀。最後，方向性的投票計數有一個實務上
的問題就是初級研究人員通常不會陳述研究發現的方向性，尤其
如果一個比較值被證明具有統計顯著性的話。

　　不過，方向性的投票計數可以為其他後設分析步驟補充資料，甚至可以被用來計算關聯性強度的估計值。假若後設分析人員知道 (1) 研究發現的數量、(2) 每個研究發現的方向性、(3) 每個研究的樣本大小，那麼他們只要使用 Bushman 和 Wang（2009）所提供的公式與表格，就可以估算母群體關聯性的大小。舉例來說，讓我們假設在提升活動量介入方案與無介入方案兩組之間有三十六個比較值，每一個比較值的樣本大小都是 50 名參與者。利用 Bushman 和 Wang 的方法，我發現當三十六個比較值中有二十五個（69%）顯示介入方案組有較高的活動量時，那麼在團體成員與活動量之間的相關性最可能的母群體數值為 $r = .07$。當然，這個例子是虛構的，因為我假設所有的樣本大小都相同。在許多情況下，計算就複雜多了，不只是因為樣本大小不同，也因為你將得到沒有方向性的比較值。這會更加深估算技巧的複雜性。在過去，當我們運用這項技巧時（參見 Cooper, Charlton, Valentine, & Muhlenbruck, 2000），會使用不同的假設組合進行好幾次的分析。一般而言，這個技巧應該要謹慎使用而且要與其他較少提出試探性結論的後設分析技巧共同使用。

　　總之，後設分析人員可能藉由比較方向性研究發現的數量和／或顯著的方向性研究發現的數量，以投票計數法來彙整各個研究的結果。但這兩種步驟都非常不精確且過時，亦即，當虛無假設應該被拒絕時，它們卻接受。在第一種情況下，許多研究報告都不會呈現研究結果的簡單方向性，在第二種情況下，非顯著的研究發現對於分析沒有貢獻。在後設分析中可以說明投票計數法，但是只應該與比較敏感的後設分析步驟合併使用。

合併顯著水準

　　要解決投票計數法的缺點，其中一個方法就是去思考與每個

比較值結果相關的準確機率。Rosenthal（1984）將十六種方法分類，用以合併推論檢定的結果，如此就能獲得一個虛無假設的整體檢定。藉由使用正確的機率，合併的分析結果就會顧及不同的樣本大小以及在每個比較值中所找到的關聯性強度。因此，合併顯著水準的步驟克服了投票計數不當分配重要性的問題。不過，它本身也有嚴重的限制。首先，跟投票計數法相同的是，合併機率的步驟回答的是「是或否？」的問題，而不是「有多少？」的問題。其次，相較於投票計數步驟過於保守，合併顯著水準的步驟卻是極有影響力。事實上，由於它力道如此強大，對於已經得出大量研究發現的假設或是關聯性而言，拒絕虛無假設的可能性很高，因此就變成一種未能提供太多資訊的做法。為此，這些步驟幾乎都已棄置不用了。

測量關聯性強度

　　目前所描述的步驟，其主要功能是幫助後設分析人員接受或是拒絕虛無假設。直到最近，大多數對於社會學理論以及對於社會介入方案的影響感興趣的研究人員，很滿意可以簡單地找出有一些闡述價值的關聯性。「是或否？」的問題普及，有部分是因為社會科學較近期的發展。社會學的假設乃大略地陳述與事實最接近的估計值。社會學的研究人員很少會問理論或介入方案對於解釋人類行為的效力有多大或是相矛盾的解釋如何比較其相對的闡述價值。今天，隨著理論或介入方案日趨複雜，社會科學家也更常探究關聯性的大小。

　　對於「有多少？」的問題是對虛無假設顯著檢驗本身的幻想逐漸破滅所致。就如同我之前所述，一個虛無假設是否可能被拒絕，與你正在審核的特定研究計畫息息相關。假如參與者人數龐

大，或者使用較敏感的研究設計，那麼拒絕虛無假設往往並不令人意外。這種狀態在含括了一個合併顯著水準的後設分析中變得更加明顯，即使是非常小的關聯性，其影響力仍大到可以被發現。因此，拒絕虛無假設並不保證能達成一個重要的社會洞識。

最後，當使用在應用社會學研究中時，投票計數法與合併顯著水準法並無法告訴我們操作因子的效應或是變項之間的關聯性是大還是小，重要或不重要。舉例來說，假如我們發現在一個參與者是否 (1) 為男性，而且 (2) 認為當性侵事件發生時，女性也同樣有過失這兩者之間的關聯性具有統計顯著性，而且相關性為 $r = .01$，那麼這個關聯性是否強大到應該影響介入方案實施的方式？要是結果具有統計顯著性，而且相關性為 $r = .30$ 怎麼辦？這個例子顯示「是或否？」的問題往往不是最重要的問題。相反地，重要的問題是：「參與者的性別對於性侵害的信念影響有多大？」答案可能是零，或者可能顯示小或大的關聯性。這個問題的答案可以幫助後設分析人員（和其他人）做出關於如何建立性犯罪態度介入方案以達最佳成效的建議。考量到這些問題，後設分析人員就會轉向平均效應值的計算。同時，就像我們很快就會看到的，若要回答「此關聯性與零值不同嗎？」這個虛無假設的問題，我們可以將信賴區間置於「有多少？」的估計值附近，因此也就不需要個別的虛無假設顯著性檢驗了。

效應值的定義

為了有意義地回答「有多少？」的問題，我們必須對於「差異強度」、「關聯性強度」或是一般稱為「效應值」的關鍵詞定義有所共識。而且一旦我們將它們定義完成，我們便需要以量化方式來表達這些觀念的方法。Jacob Cohen（1988）在他的著作《行為科學的統計考驗力分析》（*Statistical Power Analysis for the Behavioral Sciences*）一書中就提出了現今通用的效應值之標準定義。他將效應值定義如下：

> 若未指涉任何必然的因果關係的涵義，使用「效應值」一詞指涉「該現象出現在母群體中的程度」或是「虛無假設為偽的程度」是很便利的。所以我們可以很容易地瞭解當虛無假設為偽時，它是在某個特定程度上不為真，亦即，效應值（ES）是在母群體中某個特定的非零值。這個數值愈大，該現象在研究中所展現出的程度愈大（pp. 9-10）。

圖 6-2 呈現三個假設關聯性，用以解釋 Cohen 的定義。假如研究結果來自於三個探究老年人活動量的實驗，目的為比較體能活動介入方案 vs. 無介入方案控制因子的效應。最上方的圖顯示虛無關係。亦即，加入介入方案的參與者與未加入介入方案的參與者在活動量分數的平均數與分配上都完全相同。在中間的圖中，介入方案組的平均數略高於非介入方案組，而最下方的圖呈現出介入方案組和非介入方案組更大的差異。效應值的測量值必須說明這三個結果，因此效應值數值愈大，與虛無關係的偏離值就愈大。

Cohen（1988）的書中包含了許多不同的測量指標，用以說明關聯性的強度。每一個效應值指標皆與一個特定的研究設計有關，其意義就類似於 *t* 檢定與兩組的比較值相關，*F* 檢定與多組設計相關，而卡方檢定則與次數表相關。接下來，我將說明絕大多數的後設分析都會使用的三個主要測量指標。這些測量指標非常實用，幾乎任何的研究成果都可以用其中一項指標來表示。讀者如果想要更深入瞭解這些效應值測量指標以及其他更多資訊的話，可以查閱 Cohen（1988）或是 Kline（2004）的著作。不過，Cohen 描述了若干測量指標，容許用來進行多重程度自由比較的

效應估計值存在（例如，一個涉及兩組以上平均數的比較值，好比說三個宗教團體對於性犯罪的態度），而這些不應該被用來當作將要被討論的原因。因此，我對測量指標的說明僅侷限在相當於單一程度的自由檢定上。

d 指數（標準平均差）

效應值的 *d* 指數，或是標準平均差（standardized mean difference）的測量值，適合用在當兩個平均數之間的差異相比較時。*d* 指數通常是根據兩個群組的比較值或是實驗條件，伴隨 *t* 檢定或 *F* 檢定一起使用。*d* 指數意指在具有共同標準差的情況下，兩組平均數之間的距離。所謂「共同標準差」（common standard deviation）是指如果我們可以在被取樣並分成兩個群組的兩個次母群體內測得標準差，那麼我們會發現它們的標準差相等。

如圖 6-2 所示，三個研究的假設性研究結果比較了用以提升老年人活動量的介入方案和無介入方案的情況，它也可以用來說明 *d* 指數。就最上方的圖而言，研究結果支持虛無假設，所以 *d* 指數等於零。亦即，在運動介入方案和無介入方案組的平均數之間沒有差距。在中間的圖中，研究結果顯示 *d* 指數為 .40，也就是說，介入方案組的平均數落在無介入方案組的平均數右邊第 4/10 個標準差的位置上。在第三個例子中，說明的是 .85 的 *d* 指數。在這張圖中，介入方案組的平均數落在無介入方案組的平均數右邊第 85/100 個標準差的位置上。

計算 *d* 指數很簡單。公式如下：

$$d = \frac{\overline{x_1} - \overline{x_2}}{SD_{組內}} \tag{2}$$

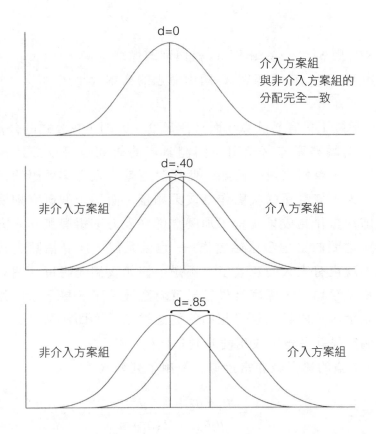

圖 6-2　在運動介入方案與非介入方案組之間的三個假設性關聯性

其中：

　　X_1 與 X_2 ＝兩個群組的平均數。

　　$SD_{組內}$ ＝兩群組的估計共同標準差。

　　若要估算 $SD_{組內}$，你可以使用下列公式：

$$SD_{組內} = \sqrt{\frac{(n_1-1)SD_1^2 + (n_2-1)SD_2^2}{n_1 + n_2 - 2}} \qquad (3)$$

其中：

SD_1 與 $SD_2 = X_1$ 組與 X_2 組個別的標準差。

n_1 與 $n_2 = $ 在 X_1 組與 X_2 組中個別的樣本大小。

d 指數不只容易計算，而且無尺度。亦即，在公式的分母中，標準差的調整意味著使用不同測量表的研究也可以被比較或合併。所以，舉例來說，假如一個探討運動介入方案效應的研究使用老年人上健身房的次數作為成果測量，而另一個研究則使用他們的肺活量作為成果測量，那麼合併介入方案組與無介入方案組平均數之間的這兩項原始差異——也就是說，將 d 指數公式的分子相加就沒有太大的意義了。不過，假如我們先將每一個結果轉換成標準平均差，那麼合併結果就有意義多了。接下來，如果我們假定這兩項成果測量了相同的概念變項（亦即活動量），那麼這兩個結果就會轉換成相同的測量指標。

d 指數的變異數非常近似於使用下列公式：

$$v_d = \frac{n_1 + n_2}{n_1 n_2} + \frac{d^2}{2(n_1 + n_2)} \tag{4}$$

其中所有的變項定義如上。

那麼計算出來的 d 指數 95% 的信賴區間為：

$$d - 1.95\sqrt{v_d} \le d \ge d + 1.95\sqrt{v_d}$$

在許多情況中，後設分析人員將發現初級研究人員並未陳述各個群組的平均數與標準差，但是卻陳述了與平均差有關的 t 檢定與 F 檢定，以及其關聯性的方向。在這樣的情況下，Rosenthal（1984）提出一個計算公式，它近似於 d 指數，但是不要求後設分析人員要取得特定的平均數與標準差。該公式如下：

$$d = \frac{2t}{\sqrt{df_{誤差}}} \tag{5}$$

其中：

t ＝相關比較的 t 檢定值。

$df_{誤差}$＝與 t 檢定的誤差項相關的自由度（ $n_1+n_2 - 2$ ）。

若已知在分子部分，F 檢定具有單一自由度，那麼在上面的公式中，F 值的平方根（亦即 $t=\sqrt{F}$ ）及其分母的自由度就可以被取代。也就是說，這些 d 指數的近似值預期後設分析人員知道平均差的方向性。

r 指數（相關係數）

第二個效應值，也就是 r 指數，其實就是皮爾遜積差相關係數（Pearson product-moment correlation coefficient）。當研究人員想要描述兩個連續變項之間的關聯性時，r 指數是最適合表達效應值的測量指標。因此，舉例來說，假如我們想要探究參與者接觸色情刊物的數量與他們認為女性也要為性犯罪負起過失責任之間的關聯性，那麼我們就應該使用相關係數來評估這個關聯性。

大多數的社會科學家都熟悉 r 指數，但是它的公式需要兩個連續變項的變異數與共變項，所以它幾乎不太可能用一般出現在初級研究報告中的資料來計算。幸好，只要有用上 r 指數，初級研究人員在多數情況下都會提及。不過，只要提供與 r 指數相關的 t 檢定的數值，就可以用下列公式計算出 r 指數：

$$r = \sqrt{\frac{t^2}{t^2 + df_{誤差}}} \tag{6}$$

其中所有名詞定義如上。

r 指數的變異數可以用下列公式計算而得：

$$v_r = \frac{(1-r^2)^2}{n-1} \tag{7}$$

而且可以被用來計算 95% 的信賴區間為：

$$r - 1.95\sqrt{v_r} \le r \ge r + 1.95\sqrt{v_r}$$

OR（勝算比）

　　當兩個變項為二分項時，就可以應用第三個效應值測量指標，例如，老年人加入或未加入體能活動的介入方案，以及成果變項為他們在接下來的五年內是否遭遇心臟問題。這種效應的測量值被稱為勝算比（odds ratio），它常被用在醫學研究中，因為研究人員常會對於死亡率或是疾病出現與否的操作變因之效應感興趣。它也常被應用在刑事司法研究中，譬如成果變項可能是累犯，或者在教育研究中，可能以中學畢業作為重要的成果。

　　就如同其名稱所表明的，勝算比是描述兩組變項之間的關聯性。舉例來說，假若後設分析人員遇到一個探討提升老年人活動量的介入方案之效應的研究。有二百個人加入或未加入介入方案，並且在五年後，被詢問是否經歷心臟問題。研究結果如下：

	介入方案	無介入方案
無心臟問題	75	60
有心臟問題	25	40

　　為了計算勝算比，後設分析人員先判斷一名參與者在加入介

入方案的情況下有心臟問題的勝算為 3 比 1（75 比 25）。在無介入方案情況下有心臟問題的勝算為 1.5 比 1（60 比 40）。在這種情況下，勝算比為 2，意思是說無介入方案組經歷心臟問題的勝算為介入方案組的兩倍。當在兩個情況下的勝算相同時（亦即，當虛無假設為真時），勝算比為 1。勝算比可以從表中直接計算而得，方法是將主對角線的項目乘積除以反對角線的項目乘積，在我們的例子中，就是 (75×40)／(60×25)。

　　因為在社會科學中比較少應用勝算比，因此在下一節我們不會延伸討論。不過，在下一節中所討論的多數技巧都很容易調整，以方便使用。當二分變項相互產生關聯時，還有許多其他的測量指標可以被使用；Fleiss 和 Berlin（2009）整理了許多用來評估兩個二分變項之間的關聯性之效應估計值的概要。

估計效應值的實務問題

　　計算效應值的公式都簡單易懂。不過，在實務上，後設分析人員在試圖計算效應強度時，他們面臨到許多技術問題。這些問題中最重要的就是遺漏資料，我曾在第四章提過，也將在下一章再深入討論。其他問題會發生是因為不同的研究使用些許不同的設計，而且因為效應值測量指標本身具有一些獨有的特性。我將會在後續段落中稍作說明。

■當各研究有不同的設計時，如何選擇測量指標

　　有些初級研究人員會利用參數統計（假設為常態分配的統計），有些則使用非參數統計（對於分配未做假設的統計）來檢驗和陳述相同的關聯性。例如，假如有一位研究人員在探討選擇的研究中，計算每一位參與者在自由活動期間於所選擇的任務上所花費的平均時間（決定使用參數檢驗的連續變項）以測量內在

動機，而另一位研究人員只是記錄每一名參與者在自由活動期間
是否選擇了任務（決定使用非參數檢驗的二分變項）。在大多數
情況下，以某一組假設為依據的統計技巧會大大超過另外一個。
然後，比較少被使用的統計法就會被轉換成使用優勢方法的對等
式，而且就好像它們也採用優勢方法的假設般被加以彙整。只要
這些轉換的數量不多，結果就不會產生太大的扭曲。假如有實質
的理由要在成果變項之間做區隔，或者如果參數檢定與無參數檢
定之間的區分相對平均的話，那麼這兩組研究就應該個別檢視。

　　與研究資料使用不同的統計方法相關的議題是，不同的初級
研究人員有時候將連續變項轉換成二分變項。舉例來說，有些探
討個人差異與對於性犯罪態度之關聯性的初級研究人員可能將人
格分數二分為「高分」與「低分」兩種分數。然後，他們可能會
使用 t 檢定來判斷在對於性犯罪態度的一個連續測量值上，「高
分」組與「低分」組的平均數是否不同。這表示 d 指數最適合用
來評估這個關聯性。不過，其他的研究人員可能會保留相同人格
量表的連續形式，然後陳述它們之間的相關性。很方便的是，不
同的效應值測量指標很容易相互轉換。使用下列公式就可以將 r
指數轉換成 d 指數：

$$d = \frac{2r}{\sqrt{1-r^2}} \qquad\qquad (8)$$

或是使用下列公式將 d 指數轉換成 r 指數：

$$r = \frac{d}{\sqrt{d^2 + a}} \qquad\qquad (9)$$

其中：

　　a ＝調整兩群組間不同樣本大小的校正因子。

a 這個校正因子可以用下列公式來計算：

$$a = \frac{(n_1 + n_2)^2}{n_1 n_2} \qquad (10)$$

其中所有的變項定義如上。

假如樣本大小相同，那麼校正因子永遠都是 4。**表 6-2** 顯示在樣本大小相等的情況下，d 指數與 r 指數的對應值。

當卡方統計伴隨一張 2×2 的列聯表出現時，r 指數可以用下列公式計算：

$$r = \sqrt{\frac{\chi^2}{n}} \qquad (11)$$

其中：

$\chi^2 =$ 與比較值相關的卡方值。

$n =$ 在比較值中的總觀察量。

Cohen（1988）也提出一個與卡方值相關的效應值（不是勝算比），稱為 w 指數。當 $df = 1$ 時，這個測量指標與 r 指數完全相同。

即使測量指標可以很容易地被轉換，但是後設分析人員仍然必須挑選單一測量指標來說明他們的研究結果。選擇陳述這個效應值的方式，應該根據哪一個測量指標最適合用來測定，以及最適合變項的設計特性來決定。換言之，所使用的效應值測量指標應該以概念變項的特性為依據。因此，當我們在評估研究統合時，應該要問的一個重要問題是：

若是進行後設分析，是否採用合適的效應值測量指標？

表 6-2　*d* 指數與 *r* 指數的對應值

d	*r*
0	.000
.1	.050
.2	.100
.3	.148
.4	.196
.5	.243
.6	.287
.7	.330
.8	.371
.9	.410
1.0	.447
1.1	.482
1.2	.514
1.3	.545
1.4	.573
1.5	.600
1.6	.625
1.7	.648
1.8	.669
1.9	.689
2.0	.707
2.2	.740
2.4	.768
2.6	.793
2.8	.814
3.0	.832
3.2	.848
3.4	.862
3.6	.874
3.8	.885
4.0	.894

資料來源：摘自 Cohen (1988). Copyright 1988 by Taylor & Francis Group LLC, p. 22. Adapted with permission.

當我們要探討個體差異與性犯罪態度之間的關聯性時，r 指數在多數情況下都是適用的（例如，當人格面向息息相關時），因為兩個變項在本質上都屬於概念型連續變項。假如一個研究用二分法將連續性的個體差異測量值分成高分與低分兩個「人為造成的」組別，我們就會計算出比較組別平均數的 d 指數，然後使用公式 (9) 將它轉換成 r 指數。

■為 d 指數的標準差選擇一個估計值

顯然，對 d 指數會產生重要影響的是用來估計關於群組平均數變異量的標準差大小。而且我之前提過 d 指數的公式根據兩組別之間的標準差相等的假設。很多時候，後設分析人員沒有選擇，只能做這種假設，因為 d 指數必須從一個相關的 t 檢定或 F 檢定來估計，它就是做這種假設。不過，在可以獲得有關標準差的資料的情況下，而且它們似乎並不相等時，後設分析人員可以選擇一個群組的標準差來當做 d 指數的分母，以達到將平均差標準化的目的。舉例來說，如果將介入方案組與無介入方案組做比較，而且發現兩者的標準差似乎不同（或許是因為介入方案造成了成果的差異以及群組平均數的轉變），那麼就應該使用控制組的標準差。

■當研究資料比較兩個以上的群組時，如何估計效應值

假如我們發現一個探討提升活動量的介入方案的研究比較了三個群組，比方說，一個運動組、一個資訊組，還有一個是無介入方案組。在這種情況下，我們可能會計算兩個 d 指數，一個比較運動組與無介入方案組，另一個則比較資訊組和無介入方案組（我們也可以考慮比較兩種不同的介入方案，假如這是我們後設分析的重點的話）。這兩個 d 指數並非統計獨立事件，因為兩者皆仰賴同一個無介入方案組的平均數與標準差。不過，這個使問題複雜化的因子比另一個使用與多組推論檢定相關的效應值測量

指標的方法要來得好。原因說明如下。

當同時有兩個以上的組別被比較時,有一個效應值測量指標可以使用,即計算由群組全體成員所解釋的相依變項中變異量的百分比。這個效應值剛開始有吸引人的特性,亦即無論在研究中有多少群組都可以使用(事實上,就算有兩個連續測量值也可以使用)。因此,它的應用非常普遍。不過,它也有不吸引人的特性——其所產生的效應值並沒有告訴我們在多重情況下,哪一個具有最高的平均數,或者說得更精確一點,平均數的量值如何排序,以及每一個平均數與其他平均數之間的差距。所以,完全相同的已解釋變異量(variance explained)百分比可能來自於許多不同的群組平均數的排序或是群組平均數之間的差距。因此,後設分析人員要做出關於不同群組相互比較後如何「加總」的結論是不可能的。事實上,如果我們觀察單一自由度的比較,那麼這些結果可能會相互抵消,亦即表示各組之間沒有差別。已解釋變異量百分比不會注意到這點。這就是為什麼後設分析人員極少使用它的原因。

■從包含多重預測因子變項的分析中估計效應值

研究設計影響效應值的另一個方式就是在初級資料分析步驟中所使用的因子數量。例如,一名檢驗有家庭作業 vs. 無家庭作業對成績之影響的研究人員在多重因子的變異數分析中,也可能納入個體差異的變項——譬如學生的性別或是智商,或甚至是他們在成果評量中的前測成績。初級研究人員也可能未陳述家庭作業組和無家庭作業組的簡單平均數和標準差。那麼後設分析人員就必須面臨兩個抉擇。

首先,他們可以根據研究人員所提出的 F 檢定來計算效應的估計值。不過,該檢定使用了一個因為包含了外加的因子而減

少的誤差項。這將減少在 d 指數公式中 $SD_{組內}$ 的估計量大小。這個方法製造了一個問題：進入同一個量化統合研究的不同效應值有可能產生系統化的差異，亦即組內的標準差被計算的方式皆不同。相同地，假如在分析中其餘因子與成績成果測量中的變異數相關，那麼這份研究將會比一個在分析中未包含這些外加因子但其他條件皆相同的研究對於家庭作業產生較大的效應值。

第二個方法是嘗試檢索出當所有外部的因素都被忽略（未被包含在用以計算 F 檢定的誤差項中）時才會出現的標準差。只要在可能的情況下，就應該使用這個策略，也就是說，應該嘗試計算效應值，就好像重要相關的比較值是分析中唯一的比較值。最佳的做法就是聯繫初級研究的作者，看看他們是否能提供你所需要的資料。或許一個比較切合實際的做法就是藉由估計外加變項與成果評量之間的相關性來調整效應值。Borenstein（2009）提出幾種方式來計算這些測量值。這裡的問題在於所產生的效應估計值只是與用來調整的關聯性估計值差不多。

因此，具體來說，如果初級研究報告沒有提供的話，後設分析人員很難檢索出兩個組別未調整過的標準差估計值，以及簡單 t 檢定或是單一自由度的 F 檢定。在這種情況下，當你在尋找對研究成果的影響力時，你應該：(1) 如果影響不多，就將這些估計值略過，或者 (2) 檢視包含在分析中的因子數量是否與效應值有關。假如找到某項關聯性，你應該分別陳述從只採用單一相關因素的研究分析中所得到的結果。所以，舉例來說，在家庭作業研究的後設分析中，我們發現一個實驗性的研究資料，它只在一個只有幾個共變項的共變項分析中描述了家庭作業的效應。這份研究結果不能跟未調整共變項的研究合併。我們也發現其他研究只在多元迴歸分析中陳述關於花在家庭作業上的時間與成績之間關聯性的研究結果。這些都無法與提出簡單的雙變項相關性的研究合併。

■從母群體值的小樣本估計值中消除偏誤

一個樣本統計數據——例如效應值、平均數或是標準差——通常是根據從一個較大的母群體中所抽樣的一小撮人所進行的測量計算而得。假如我們可以測量母群體中的每個個體,那麼這些樣本統計數據一定會與我們所測得的數值不同。後設分析人員設計出一些方法來調整已知的偏誤發生,因為根據樣本所得到的效應估計值不見得總是能真正反映出其母群體的量值。

Hedges（1980）指出,根據小型樣本所計算出的 d 指數可能會有點高估了在母群體中效應的大小。不過,如果樣本大小超過 20 人,偏誤就會非常小。假如一名後設分析人員根據少於 20 人的小型樣本從初級研究中計算 d 指數,那麼就應該使用Hedges（1980）的校正因子。有些計算勝算比的方法也可能導致高估或低估（參見 Fleiss & Berlin, 2009）。

除了效應估計值的小型樣本之外,後設分析人員在根據少量的資料點解讀任何效應值時應該時時刻刻謹慎小心。當樣本很小時,單一極端值可能造成異常大的效應估計值。

■將 r 指數的分配常態化

當 r 指數很大時,亦即,當它們估計的母群體值與零的差距很大時,它們就會呈現非常態的樣本分配。這個情況會發生是因為 r 指數的量值只限於 ＋ 1.00 到 － 1.00 之間。因此,當母群體值接近其中任何一個界限時,那麼樣本估計值可能的數值範圍將侷限在趨近值的尾端（參見 Shadish & Haddock, 2009）。

為了調整這種現象,大多數的後設分析人員在為了調節因子而合併或是檢驗效應估計值之前,會先將 r 指數轉換成相關的 z 分數。z 分數沒有量值限制,而且屬於常態分配。基本上,兩者的轉換「延伸」了該分配原本受限的尾端,並恢復成鐘型的曲線。

表 6-3　r 指數與 z 指數轉換表

r	z	r	z	r	z	r	z	r	z
.000	.000	.200	.203	.400	.424	.600	.693	.800	1.099
.005	.005	.205	.208	.405	.430	.605	.701	.805	1.113
.010	.010	.210	.213	.410	.436	.610	.709	.810	1.127
.015	.015	.215	.218	.415	.442	.615	.717	.815	1.142
.020	.020	.220	.224	.420	.448	.620	.725	.820	1.157
.025	.025	.225	.229	.425	.454	.625	.733	.825	1.172
.030	.030	.230	.234	.430	.460	.630	.741	.830	1.188
.035	.035	.235	.239	.435	.466	.635	.750	.835	1.204
.040	.040	.240	.245	.440	.472	.640	.758	.840	1.221
.045	.045	.245	.250	.445	.478	.645	.767	.845	1.238
.050	.050	.250	.255	.450	.485	.650	.775	.850	1.256
.055	.055	.255	.261	.455	.491	.655	.784	.855	1.274
.060	.060	.260	.266	.460	.497	.660	.793	.860	1.293
.065	.065	.265	.271	.465	.504	.665	.802	.865	1.313
.070	.070	.270	.277	.470	.510	.670	.811	.870	1.333
.075	.075	.275	.282	.475	.517	.675	.820	.875	1.354
.080	.080	.280	.288	.480	.523	.680	.829	.880	1.376
.085	.085	.285	.293	.485	.530	.685	.838	.885	1.398
.090	.090	.290	.299	.490	.536	.690	.848	.890	1.422
.095	.095	.295	.304	.495	.543	.695	.858	.895	1.447
.100	.100	.300	.310	.500	.549	.700	.867	.900	1.472
.105	.105	.305	.315	.505	.556	.705	.877	.905	1.499
.110	.110	.310	.321	.510	.563	.710	.887	.910	1.528
.115	.116	.315	.326	.515	.570	.715	.897	.915	1.557
.120	.121	.320	.332	.520	.576	.720	.908	.920	1.589
.125	.126	.325	.337	.525	.583	.725	.918	.925	1.623
.130	.131	.330	.343	.530	.590	.730	.929	.930	1.658
.135	.136	.335	.348	.535	.597	.735	.940	.935	1.697
.140	.141	.340	.354	.540	.604	.740	.950	.940	1.738
.145	.146	.345	.360	.545	.611	.745	.962	.945	1.783
.150	.151	.350	.365	.550	.618	.750	.973	.950	1.832
.155	.156	.355	.371	.555	.626	.755	.984	.955	1.886
.160	.161	.360	.377	.560	.633	.760	.996	.960	1.946
.165	.167	.365	.383	.565	.640	.765	1.008	.965	2.014
.170	.172	.370	.388	.570	.648	.770	1.020	.970	2.092
.175	.177	.375	.394	.575	.655	.775	1.033	.975	2.185
.180	.182	.380	.400	.580	.662	.780	1.045	.980	2.298
.185	.187	.385	.406	.585	.670	.785	1.058	.985	2.443
.190	.192	.390	.412	.590	.678	.790	1.071	.990	2.647
.195	.198	.395	.418	.595	.685	.795	1.085	.995	2.994

一旦計算出平均的 z 分數,它就可以再轉換成 r 指數。當我們檢視了**表 6-3** 中所列出的 r 指數與 z 指數轉換後會發現,當 $r = .25$ 之前,兩個數值幾乎一模一樣。然而,當 r 指數等於 .50 時,相對 z 分數等於 .55,而當 r 指數等於 .8 時,相對 z 分數則等於 1.1。

■針對研究方法人為因素的影響做調整

效應值的強度也會受到在初級資料蒐集過程中研究方法人為因素的影響。Hunter 與 Schmidt(2004)描述了許多這類的人為因素——例如,包括取樣的量值範圍有限,而且在測量方法上缺乏可信度等——以及在後設分析中如何處理這些問題。

在測量方法比較不可靠的情況下,誤差愈多的測量值在偵測概念變項的關聯性時愈不敏感。例如,假若有兩個人格面向在對於性犯罪的態度上具同樣「真正的」關聯性。不過,假如有一個人格變項在測量時產生的誤差比另一個多,那麼這個比較不可靠的測量值就會產生較小的相關性,其他條件都相同。因此,後設分析人員可能會藉由取得不同測量值的可信度(例如,內部一致性)來評估測量值的可信度對於效應值所造成的影響。當後設分析人員採用 Hunter 與 Schmidt(2004)所提出的步驟時,如果所有的測量值都十分可靠,就能估算出效應值。或者這種可信度的檢測也可以用在調節因子分析中,看看效應值是否與測量值的可信度相關。

將效應值編碼

在你比較一般性的編碼步驟中,應該要蒐集計算效應值所需要的統計數據以及接下來會提到的所有其他的統計數據。**表 6-4** 提供了一個簡單的範例,說明編碼者可能蒐集到的關於研究統計結果的資訊。這個範例是關於家庭作業對成績所產生之效應的實驗研究。大部分比較兩種情況的後設分析(任務選擇的差異、參

表 6-4　編碼表範例：探討家庭作業對成績之效應的實驗研究的統計結果

效應值估計	
E1. 家庭作業對於成績測驗的影響為何？ 　　＋＝正向 　　－＝負向	＿＿
E2. 關於每個實驗群組的資料（註：如果未説明則留空白。M＝平均數。SD＝標準差）	
家庭作業組	
研究成果的前測 M（如果有的話）	＿＿ ＿＿ ＿＿ ．＿＿
前測 SD	＿＿ ＿＿ ＿＿ ．＿＿
研究成果的後測 M	＿＿ ＿＿ ＿＿ ．＿＿
後測 SD	＿＿ ＿＿ ＿＿ ．＿＿
樣本大小	＿＿ ＿＿ ＿＿
無家庭作業組	
研究成果的前測 M（如果有的話）	＿＿ ＿＿ ＿＿ ．＿＿
前測 SD	＿＿ ＿＿ ＿＿ ．＿＿
研究成果的後測 M	＿＿ ＿＿ ＿＿ ．＿＿
後測 SD	＿＿ ＿＿ ＿＿ ．＿＿
樣本大小	＿＿ ＿＿ ＿＿
總樣本大小（如果未提供每一組個別的資料的話）	＿＿ ＿＿ ＿＿
E3. 關於虛無假設顯著性檢驗的資料	
獨立 t 統計量（或是在單因子變異數分析中 F 檢定的 $\sqrt{}$）	＿＿ ＿＿ ．＿＿ ＿＿
檢定的自由度	＿＿ ＿＿ ＿＿
來自檢定的 p 值	＜．＿＿ ＿＿ ＿＿
相依 t 統計量	＿＿ ＿＿ ．＿＿ ＿＿
檢定的自由度	＿＿ ＿＿ ＿＿
來自檢定的 p 值	＜．＿＿ ＿＿ ＿＿
F 統計量（當包含在多因子變異數分析中時）	＿＿ ＿＿ ．＿＿ ＿＿
F 檢定的分母自由度	＿＿ ＿＿ ＿＿
來自 F 檢定的 p 值	＜．＿＿ ＿＿ ＿＿
在多因子變異數分析中變項的數量	＿＿ ＿＿

與 vs. 未參與提升活動量的介入方案）看起來都很類似。相關性
研究或是關於兩個二分變項的研究所使用的編碼表也會很類似，
但是這些甚至有點太過簡單。在編碼表上有些資料可能永遠用不
到，有許多資訊也會留空白。例如，當研究資料提供了平均數和
標準差，你可能從未使用關於 t 檢定的資料。不過，當平均數和
／或標準差遺漏時，你就需要關於虛無假設顯著性檢定的資料來
計算 d 指數。或者假如你想要檢視在實驗組和控制組中的標準差
是否大致相等的話，不論你用何種方式計算 d 指數，你都需要這
份資料。所以，你可能要等到開始著手進行你的分析之後，才會
確切知道哪些資料對你而言是重要的。

合併各研究資料的效應值

　　一旦計算出每個效應值，接下來後設分析人員就要將用來評
估相同比較值或相關性的效應值加以平均。一般都認為這些平均
數應該根據在它們個別的樣本中參與者的數量來衡量各效應值的
重要性。這是因為較大的樣本能夠產生較精確的母群體估計值。
舉例來說，與一個根據 50 名參與者所計算出來的估計值相較之
下，一個根據 500 名參與者所計算出來的 d 指數或 r 指數將對於
其母群體效應值導出一個比較精確的估計值。平均效應值應該反
映出這個事實。所以，雖然未加權的平均效應值偶爾會出現在後
設分析中，但是它們一般都會與加權平均數伴隨出現。

　　當計算平均效應值時，有個方法將效應值的準確度考慮進
去，那就是將每個估計值乘上其樣本大小，然後再將這些乘積的
總和除以樣本大小的總和。不過，Hedges 與 Olkin（1985）詳
細介紹了一個更精確的步驟，它具備了許多優點，但是也包含了
更多複雜的計算。

d 指數

就 *d* 指數而言，這個步驟首先要求後設分析人員計算一個加權因子 w_i，它是與每一個 *d* 指數估計值相關的變異數之倒數。它的計算方式是將公式 (4) 的結果倒過來，或是更直接地利用下列公式來計算：

$$w_i = \frac{2(n_{i1} + n_{i2})n_{i1}n_{i2}}{2(n_{i1} + n_{i2})^2 + n_{i1}n_{i2}d_i^2} \qquad (12)$$

其中：

n_{i1} 與 n_{i2} = 在研究 *i* 中第 1 組與第 2 組的資料點數目。

d_i = 考量中的比較值的 *d* 指數。

雖然計算 w_i 的公式看起來很壯觀，但是它真的只是三個數字的簡單四則運算，只要計算出 *d* 指數，就能得到這三個數字。編寫一個統計套裝軟體的程式來執行這個不可或缺的計算式也很容易。設計用來執行後設分析的程式通常也都會為你處理到好。

表 6-5 列出群組的樣本大小、*d* 指數以及與七個假設性比較值相關的加權因子（w_is）。讓我們假設這七個比較值來自於比較有家庭作業 vs. 無家庭作業對於學業成就評量之效應的實驗。這七個數值所獲得的結果全都支持有家庭作業的效應。

為了進一步揭開加權因子的面紗，請注意**表 6-5** 中，w_i 的數值幾乎相當於群組中平均樣本大小的一半（當兩個群組的樣本大小差距比較大時，它就不再近似於平均樣本大小的一半）。下一步是要取得加權平均效應值，這應該沒什麼好意外的，方法是將每個 *d* 指數乘上其相關的 w_i，然後將這些乘積的總和除以加權因子的總和。計算公式如下：

$$d. = \frac{\sum_{i=1}^{k} d_i w_i}{\sum_{i=1}^{k} w_i} \tag{13}$$

其中:

k =比較值的總數;其他所有名詞定義如上。

表 6-5 顯示七個比較值的加權平均 d 指數為 .115。

使用 $w_i s$ 當作加權因子而不是樣本大小的優點是 $w_i s$ 可以被用來計算關於平均效應估計值的信賴區間。為此,必須計算出平均效應值的估計變異數。首先,要找出 $w_i s$ 總數的倒數。然後,將這個變異數的平方根乘上與信賴區間相關的 z 分數。因此,計算 95% 的信賴區間的公式如下:

$$Cl_{d.95\%} = d. \pm \sqrt{\frac{1}{\sum_{i=1}^{k} w_i}} \tag{14}$$

其中所有名詞定義如上。

表 6-5 顯示七個家庭作業比較值 95% 的信賴區間含括的 d 指數量值為介於 .084 以上及平均 d 指數以下。因此,我們預期這個效應估計值有 95% 落於 $d = .031$ 和 $d = .199$ 之間。需注意的是,該區間並未包含 $d = 0$ 的數值。這個資訊可以作為證明母群體中並無關聯性存在的虛無假設的檢定,它取代了直接合併虛無假設檢定的顯著水準。在本例中,我們拒絕了虛無假設——在有做家庭作業和未做家庭作業的學生之間的成績並無差異。

表 6-5　*d* 指數估計與同質性檢定之範例

研究	n_{i1}	n_{i2}	d_i	w_i	$d_i^2 w_i$	$d_i w_i$	Q_b 編組
1	259	265	.02	130.98	.052	2.619	A
2	57	62	.07	29.68	.145	2.078	A
3	43	50	.24	22.95	1.322	5.509	A
4	230	228	.11	114.32	1.383	12.576	A
5	296	291	.09	146.59	1.187	13.193	B
6	129	131	.32	64.17	6.571	20.536	B
7	69	74	.17	35.58	1.028	6.048	B
Σ	1083	1101	1.02	544.27	11.69	62.56	

註：加權平均 $d. = \dfrac{62.56}{544.27} = +.115$

$CI_{d.95\%} - .115 \pm 1.96\sqrt{\dfrac{1}{544.27}} = .115 \pm .084$

$Q_i = 11.69 - \dfrac{62.56^2}{544.27} = 4.5$

$Q_w = 1.16 + 2.36 = 3.52$

$Q_b = 4.5 - 3.52 = .98$

r 指數

　　尋找平均加權 *r* 指數及其相關信賴區間的步驟相類似。在此，我將說明當每個 *r* 指數要轉換成其對應的 *z* 分數（z_i）時該怎麼做。在這種情況下，可以應用下列公式：

$$z. = \frac{\sum_{i}^{k}(n_i - 3)z_i}{\sum_{i=1}^{k}(n_i - 3)} \tag{15}$$

其中：

n_i ＝第 i 個比較值的總樣本大小

其他名詞定義如上。

要注意的是，計算平均效應值的公式全都依循相同的格式：
將效應值乘上一個加權值、將乘積加總，並且除以加權值的總和。
所以，直接合併 r 指數、每個 r 指數乘上其加權因子——在這種情
況下，就像 d 指數一樣，它是其變異數的倒數（公式 [7]）——然後
將該乘積的總和除以加權值的總和，就像計算 d 指數的算法一樣。

為計算平均 z 分數的信賴區間，公式如下：

$$Clz_{95\%} = z. \pm \frac{1.96}{\sqrt{\sum_{i=1}^{k}(n_i - 3)}} \qquad (16)$$

為了計算直接合併的 r 指數的信賴區間，只要替換在公式
(16) 中分母的加權值總和即可。

表 6-3 列出了 r 指數與 z 指數的轉換。一旦建立了信賴區間，
後設分析人員就可以回頭查閱**表 6-3**，以檢索對應於平均 r 指數
的 z 指數，以及信賴區間的界限。

表 6-6 為計算平均 r 指數的範例。舉例來說，這六個相關
性可能來自於探討學生回報在家庭作業上所花費的時間數以及它
們在成績測量上的分數之間關聯性的研究。平均 z_i 為 .207，其
95% 的信賴區間落在 .195 到 .219 之間。要注意的是，這個信賴
區間相當狹窄。這是因為效應估計值乃根據大型樣本計算而得。
同時也要注意 r 指數與 z 指數的轉換只會造成兩個 r 指數的數值
微小的改變。但是如果 r 指數較大的情況，那就另當別論了。就
像前述的例子一樣，z_i 並未被包含在信賴區間內。因此，我們可

表 6-6 　r 指數（已轉換成 z 分數）估計與同質性檢定之範例

研究	n_i	r_i	z_i	n_i-3	$(n_i\text{-}3)z_i$	$(n_i\text{-}3)z_i^2$	Q_b 編組
1	3,505	.06	.06	3,502	210.12	12.61	A
2	3,606	.12	.12	3,603	432.36	51.88	A
3	4,157	.22	.22	4,154	913.88	201.05	A
4	1,021	.08	.08	1,018	81.44	6.52	B
5	1,955	.27	.28	1,952	546.56	153.04	B
6	12,146	.26	.27	12,143	3278.61	885.22	B
Σ	26,390	1.01	1.03	26,372	5462.97	1310.32	

註：加權平均 $z. = \dfrac{5462.97}{26,372} = .207$

$CI_{z95\%} = .207 \pm \dfrac{1.96}{\sqrt{26,372}} = .207 \pm .012$

$Q_i = 1310.32 - \dfrac{(5462.97)^2}{26,372} = 178.66$

$Q_w = 34.95 + 50.40 = 85.35$

$Q_b = 178.66 - 85.35 = 93.31$

以拒絕虛無假設——在學生回報在家庭作業上所花費的時間數與他們的成績水準之間並無關聯性。

　　總之，每一個效應值測量指標都可以在各研究間被加以平均，而且信賴區間可以被置於這些平均估計值的範圍內。因此，當我們在評估一個研究統合時，要思考的重要問題是：

　　若是進行後設分析，是否 (1) 陳述了平均效應值與信賴區間；(2) 採用適當的模型以評估獨立效應與效應值之誤差？

統合範例

在我們的統合研究範例中，都有使用標準化的平均差以及相關係數。在家庭作業效應的統合研究中，d 指數被用來表示刻意操作的家庭作業比較值的研究發現，然後根據單元測驗分數來測量其差異。五個研究的加權平均 d 指數為 $d = .60$，95% 的信賴區間落在 $d = .38$ 到 $d = .82$ 之間。顯然，虛無假設可以被拒絕。家庭作業統合研究也使用相關係數評估學生或家長回報花在家庭作業上的時間數以及各種成績測量值之間的關聯性。在六十九則相關性中，有五十則為正向，十九則為負向。加權平均相關性為 $r = .24$，95% 的信賴區間非常狹窄，落在 .24 到 .25 之間。這個信賴區間很小是因為在這些研究中參與者人數眾多；調整後的平均樣本大小為 7,742 人。

個體差異與對於性犯罪態度的後設分析也使用相關係數作為關聯性強度的測量值。在與個體差異相關的許多相關性中，我們發現，譬如在十五則相關性中，較年長的參與者對性犯罪的接受度比較年輕的參與者來得高，平均 r 指數為 .12（95% CI = .10 − .14）。

探討 (1) 提升老年人運動量的介入方案，及 (2) 選擇對內在動機之效應的後設分析，均使用標準化的平均差來測量效應值。四十三個研究的加權平均 d 指數顯示，和未參與方案者相較之下，參與介入方案的老年人比較可能參加後續的體能活動，$d = .26$（95% CI = .21 − .31）。在選擇對於內在效應測量值之影響的研究中，四十七個估計值的平均加權效應值為 $d = .30$（95% CI = .25 − .35），顯示選擇將引發更大的內在動機。

🕐 在研究發現中效應值的變異數分析

目前所介紹的分析步驟說明了如何估計效應值，將它們平均，然後使用包含該平均數的信賴區間來檢定虛無假設，亦即兩

個平均數之間的差異或是相關性的大小為 0 的假設。另一套統計方法有助於後設分析人員發現為什麼效應值會因比較值的不同而產生差異。在這些分析裡，在個別比較值中所發現的效應值為相依或預測變項，而比較的特性就是預測因子變項。後設分析人員要探究的是在一個比較值中，兩個變項之間的關聯性強度是否受到研究被設計或是執行的方式所影響。

在**表 6-5** 和**表 6-6** 中，可以看到效應值有一個明顯的特徵，它們會隨比較值的改變而不同。對於這種變化的解釋不只重要，它也代表研究統合最獨特的貢獻。後設分析人員分析效應值的差異後，他們就能進一步瞭解影響關聯性強度的因子，即使這些因子在單一實驗中從未被研究過。舉例來說，假設列於**表 6-5** 中的前四個研究在小學裡執行，但後三個研究則是在中學執行。那麼家庭作業的效應會因學生的級別不同而產生差異嗎？即使沒有單一研究同時包含了小學生與中學生以及去檢測學生的級別是否會調節家庭作業的影響，這個問題還是可以透過後續要介紹的分析技術來處理。

接下來要介紹的技術是分析效應值中的變異數，這只是許多步驟中的一些範例。我並未納入一些比較複雜的統合技術。尤其是，我省略了信心概況法（Confidence Profile Method, Eddy）（Hasselblad, & Schacter, 1992）以及貝氏定理法（Sutton et al., 2000）。這兩者需要較進階的統計概念知識與公式。我在這裡介紹都是概念化和簡要的描述。我的用意是讓你對於後設分析人員做的事有一個基本的瞭解，並且提供一些當你在執行自己的基本後設分析時所需要的技巧。假如你對於比較複雜的問題和技巧感興趣，你應該要先在比較詳盡的處理方法上檢視這些要項，特別是在 Cooper、Hedges 和 Valentine（2009）書中所描述的方法。

傳統的推論統計

　　欲分析效應值中的變異數，其中一種方法就是應用初級研究人員所使用的傳統推論步驟。後設分析人員如果想探討一個介入方案對於老年人的活動量所產生的效應是否在男性身上強過女性，那麼可以在單獨以男性為對象的比較值 vs. 單獨以女性為對象的比較值中，針對所發現的效應值之間的差異做 t 檢定。或者，假如後設分析人員想要探討介入方案的效應值是否受到在介入方案與活動量測量之間延期長度的影響，那麼後設分析人員可以找出在每個比較值中延期長度與其效應值的關聯性。在這種情況下，預測因子與相依變項是連續的，因此與相關係數有關的顯著性檢定將是合適的推論統計法。對於比較複雜的問題，統合研究人員可能會將效應值分成多重因素組別——例如，根據參與者的性別與年齡——並執行一個變異數分析或是效應值的多元迴歸。在**表** 6-5 中，假如執行一個單因子變異數分析 （one-way analysis of variance），比較了前四個 d 指數與後三個 d 指數，那麼結果將不具統計顯著性。

　　標準推論步驟起初是幾位後設分析人員用來檢視效應變異量的技術。Glass 等人（1981）詳述了這個方法應該如何執行。不過，在後設分析中使用傳統的推論步驟至少會產生兩個問題。第一個是傳統的推論步驟並未檢驗「效應值中的變化只是因為抽樣誤差」的假設（回想本章稍早的討論）。因此，傳統的推論步驟可以顯示設計特性與效應值之間的關聯性，而不需要先判斷在效應中整體的變異量是否比抽樣誤差所預期的來得大。

　　同時，因為效應值可能根據不同數量的資料點（樣本大小）計算而得，因此它們可能有跟該因素相關的不同抽樣變異量——亦即，它們被測量的方式帶有不同的誤差數量。假如是這種狀況

（而且常常是），那麼效應值即違反了傳統推論檢定的基礎——變異數同質性的假設。因為這兩個原因，當執行後設分析時，傳統推論統計不再被使用。

比較可觀察變異數與預期變異數

有若干取代傳統步驟的方法獲得認可。有個方法是由 Hunter 和 Schmidt（2004）所提出。這個方法比較了在可觀察到的效應值中的變化以及如果只有抽樣誤差造成效應估計值的差異所預期的變化。該方法包含了計算 (1) 從已知的研究發現所獲得的效應值中可觀察到的變異量；(2) 在這些效應值中預期的變異量，假如全都在估算相同的母群體值。抽樣理論讓我們能夠準確計算出在一群效應值中可預期的抽樣變異之估計值。這個期望值會隨著平均效應估計值、估計值的數量及其樣本大小而改變。

接著後設分析人員應比較可觀察的變異數和預期的變異數。Hunter 和 Schmidt（2004）建議後設分析人員要避免以正式的檢驗來判斷可觀察和預期的變異數之間是否存在顯著差異。相反地，他們建議如果可觀察的變異數是預期抽樣變異數的兩倍大，那麼我們就應該假定這兩者肯定不同。無論標準為何，假如變異數估計值被認為並無不同，那麼抽樣誤差就是效應值變異數最簡單的解釋。假如被認為有所差異，也就是說，如果因為抽樣誤差而導致可觀察到的變異數比預期變異數大得多，那麼後設分析人員就要開始尋找對於效應值所造成的系統性影響。

Hunter 和 Schmidt（2004）也建議後設分析人員調整效應估計值以說明研究方法的人為因素。稍早，當我在討論影響效應估計值的因素時，我曾舉例說明。

同質性分析

同質性分析（homogeneity analysis）也比較了可觀察的變異數與抽樣誤差所預期的變異數。不過，不像第一個方法，它包含一個計算：如果只是抽樣誤差造成它們的差異，那麼效應值所呈現的變異數被觀察到的可能性有多高。這是後設分析人員最常使用的方法，所以我將詳細說明。

同質性分析會先問一個問題：「在具有統計顯著性的效應值中可觀察到的變異數與只是因抽樣誤差所預期的變異數不同嗎？」假如答案為否，那麼有些統計學家就會建議後設分析人員停止分析。畢竟，偶然發生的機率或是抽樣誤差是效應值為何不同最簡單也最簡略的解釋。如果答案為是，亦即，假如效應值剛好呈現比預期明顯更多的變化，那麼後設分析人員就要開始檢視研究特性是否與效應值的變異性具有系統性的關聯。有些後設分析人員認為，假如有很好的理論或實務上理由須選擇調節因子，無論抽樣誤差為導致效應值產生變異的唯一原因是否被拒絕，尋找調節因子的工作都應該繼續進行。這就是我通常會採取的策略。無論你偏好使用何種方法，當你在評估研究統合時，你要思考的一個重要問題是：

若是進行後設分析，是否檢驗了效應值的同質性？

假若後設分析顯示了一個帶有相關 p 值為 .05 的同質性統計數據。這表示 100 次裡只有 5 次的抽樣誤差會造成效應值中的變異。因此，後設分析人員將拒絕只有抽樣誤差能解釋效應值變異性的虛無假設，而且他們會開始尋找其他的影響因素。然後他們會檢驗研究特性是否能解釋效應值中的變異性。研究資料通常是以共同特徵來分類，群組平均效應值的同質性也要被檢驗，方法跟整體平均效應值相同。

我們要介紹一個同質性分析的方法，Rosenthal 與 Rubin（1982）以及 Hedges（1982）也曾介紹過。我們將在這裡描述 Hedges 與 Olkin（1985；亦參見 Hedges, 1994）所提出的公式，並且先說明使用 *d* 指數的步驟。

■ *d* 指數

為了檢驗一組 *d* 指數是否具有同質性，後設分析人員必須計算 Hedges 與 Olkin 命名為 Q_t 的統計量。公式如下：

$$Q_t = \sum_{i=1}^{k} w_i d_i^{2} - \frac{(\sum_{i=1}^{k} w_i d_i)^2}{\sum_{i=1}^{k} w_i} \tag{17}$$

其中所有名詞定義如上。

Q 統計量為具有自由度 $k-1$（或是比較值數量－1）的卡方分配。後設分析人員可以利用卡方值表（右尾）查閱可獲得的 Q_t 值。假如在選定的顯著水準下，採用卡方的右尾檢定，可獲得的數值大於臨界值，那麼後設分析人員應拒絕在效應值中的變異數只因抽樣誤差造成的虛無假設。**表** 6-7 列出在指定的機率水準上的卡方臨界值。

就**表** 6-5 所提供的比較值來計算，Q_t 值等於 4.5。在 $p <$ .05，自由度為 6 的卡方臨界值為 12.6。因此，以抽樣誤差來解釋在這些 *d* 指數中的差異之假設無法被拒絕。

欲檢驗研究資料之間的研究方法或概念的差別是否可解釋效應值中的變異性包含三個步驟。首先，要分別計算每個比較值的次群組的 Q 統計量。例如，比較**表** 6-5 中的前四個 *d* 指數與後三

個 d 指數,計算出每一群組的個別 Q 統計量。接下來,將這些 Q 統計量加總,形成一個稱為 Q_w 的數值。然後以 Q_t 減去 Q_w,就可得到 Q_b:

$$Q_b = Q_t - Q_w \tag{18}$$

其中所有名詞定義如上。

統計量 Q_b 被用來檢驗從這兩個群組計算得到的平均效應是否具有同質性。我們可以利用群組數減 1 的自由度查閱卡方值表來找到它。假如平均 d 指數具有同質性,那麼除了與抽樣誤差有關的變異性之外,分組因素並不能解釋效應值中的變異性。假如 Q_b 超出了臨界值,那麼分組因素顯然就是效應值變異性的導因。

在**表 6-5** 中,比較了前四個與後三個 d 指數的 Q_b 值為 .98。在自由度為 1 的情況下,這個結果並不顯著。所以,如果前四個效應值取自以小學生為研究對象,探討家庭作業對於成績所產生之效應的研究,而後三個則是以中學生為對象,那麼我們就無法拒絕在兩組學生的母群體中效應值相等的虛無假設。

■ r 指數

根據轉換成 z 分數的 r 指數來執行同質性分析的相似步驟,公式如下:

$$Q_i = \sum_{i=1}^{k} (n_i - 3) z_i^{\;2} - \frac{\left[\sum_{i=1}^{k} (n_i - 3) z_i \right]^2}{\sum_{i=1}^{k} (n_i - 3)} \tag{19}$$

其中所有名詞定義如上。

為比較 r 指數群，我們可以利用公式 (19) 分別計算各組別的 Q_t，再用 Q_t 減去這些結果的總和 Q_w，得到 Q_b。

表 6-6 列出利用 r 指數的 z 轉換值所獲得的同質性分析的結果。根據自由度為 5 的卡方檢定計算出 178.66 的 Q_t 值具有高度顯著性。雖然從 .06 到 .27 的 r 指數範圍似乎不算大得離譜，但是 Q_t 告訴我們，假如這些估計值是根據樣本大小計算而得，那麼效應值的變異性就會大得無法僅以抽樣誤差來解釋。有可能是抽樣誤差以外的其他因素造成 r 指數的變異性。

假如我們知道在**表 6-6** 中的前三個相關性來自於中學生樣本，後三個則是小學生樣本。根據 r 指數的強度來檢驗級別效應的同質性分析，顯示 Q_b 為 93.31。根據自由度為 1 的卡方檢定，這個數值具有高度的統計顯著性。對中學生而言，平均加權 r 指數為 .253，然而就小學生而言，$r = .136$。因此，虛無假設可以被拒絕，學生的級別是 r 指數產生變異性其中一個可能的解釋。

■使用電腦統計套裝軟體

徒手計算加權平均效應值以及同質性統計數據相當耗時而且容易出錯。今天，後設分析人員很少像我在前面的例子所做的那樣親手計算統計數據。主要的電腦統計套裝軟體，像是 SAS（Wang & Bushman, 1999）、SPSS（1990），以及 STATA 都可以很方便地用來做計算。更方便的是，還有專門的後設分析套裝軟體，譬如 Comprehensive Meta-Analysis（Borenstein, Hedges, Higgins, & Rothstein, 2005），它將為你計算出所有的結果，而且在執行分析的方法上，你有許多選擇。無論統計數據以何種方式計算出來，當你在評估一份研究統合時，你應該要思考：

是否將下列項目視為研究結果可能的調節變項而加以檢驗

表 6-7   指定機率水準的卡方臨界值

DF	右尾機率					
	.500	.250	.100	.050	.025	.010
1	.455	1.32	2.71	3.84	5.02	6.63
2	1.39	2.77	4.61	5.99	7.38	9.21
3	2.37	4.11	6.25	7.81	9.35	11.3
4	3.36	5.39	7.78	9.49	11.1	13.3
5	4.35	6.63	9.24	11.1	12.8	15.1
6	5.35	7.84	10.6	12.6	14.4	16.8
7	6.35	9.04	12.0	14.1	16.0	18.5
8	7.34	10.2	13.4	15.5	17.5	20.1
9	8.34	11.4	14.7	16.9	19.0	21.7
10	9.34	12.5	16.0	18.3	20.5	23.2
11	10.3	13.7	17.3	19.7	21.9	24.7
12	11.3	14.8	18.5	21.0	23.3	26.2
13	12.3	16.0	19.8	22.4	24.7	27.7
14	13.3	17.1	21.1	23.7	26.1	29.1
15	14.3	18.2	22.3	25.0	27.5	30.6
16	15.3	19.4	23.5	26.3	28.8	32.0
17	16.3	20.5	24.8	27.6	30.2	33.4
18	17.3	21.6	26.0	28.9	31.5	34.8
19	18.3	22.7	27.2	30.1	32.9	36.2
20	19.3	23.8	28.4	31.4	34.2	37.6
21	20.3	24.9	29.6	32.7	35.5	33.9
22	21.3	26.0	30.8	33.9	36.8	40.3
23	22.3	27.1	32.0	35.2	38.1	41.6
24	23.3	28.2	33.2	36.4	39.4	43.0
25	24.3	29.3	34.4	37.7	40.6	44.3
26	25.3	30.4	35.6	38.9	41.9	45.6
27	26.3	31.5	36.7	40.1	43.2	47.0
28	27.3	32.6	37.9	41.3	44.5	48.3
29	28.3	33.7	39.1	42.6	45.7	49.6
30	29.3	34.8	40.3	43.8	47.0	50.9
40	49.3	45.6	51.8	55.8	59.3	63.7
60	59.3	67.0	74.4	79.1	83.3	88.4
	.500	.750	.900	.950	.975	.990
	左尾機率					

之？（1）研究設計與執行的特性；（2）其他重要的研究特性，包括歷史、理論以及實務上的變項。

後設分析的議題

在不同的誤差模型之間做選擇

當你在執行後設分析時，你要做一個重要的決定：是否應該用固定效應或是隨機效應誤差模型來計算各研究資料中平均過後的效應估計值的變異性。如同前述，固定效應模型所計算的誤差只反映出由於參與者的抽樣所導致的研究成果的變異性。然而，其他的研究特性也可以被視為對成果的隨機影響因素。在許多情況下，從所有研究資料的母群體中隨機抽樣研究資料可能是最適合的做法。當使用固定效應模型時，由於研究方法中的變異而可能被加在誤差估計值中的變異性就會被忽略。在隨機效應模型中，研究資料層級的變異被認為是其他來源的隨機影響因素。

因此，你必須回答的一個問題就是：你是否認為資料組中的效應值顯然是由研究資料層級的隨機影響因素所決定。遺憾的是，並沒有一個不可動搖的法則來做這樣的判斷。我們很難清楚劃分哪一個模型──固定效應或是隨機效應──最適合某組特定效應值。在實務上，許多後設分析人員選擇固定效應的假設，因為在分析時比較容易掌控。但是有些後設分析人員卻認為固定效應被使用得太過頻繁，而忘了有些時候隨機效應模型比較適合（且穩當）。有些後設分析人員反駁這樣的論點，他們主張假如分析策略中以詳盡、適當的方式尋找效應值的調節因子──亦即，後設分析人員檢視了研究資料層級的影響因素系統化的效應──那

麼就可以使用固定效應模型，而且如此一來，在研究資料層級上隨機效應的問題就變得毫無意義了。

你應該根據哪些因素來做決定呢？其中一個方法就是根據使用固定效應模型所檢驗出的效應同質性的結果來做決定；假如同質性效應的假設在固定效應的假設下被拒絕，那麼你就轉向隨機效應模型。或者許多熱衷於評估應用型介入方案（譬如提升老年人活動量的計畫）的研究人員往往會選擇隨機效應模型，因為他們認為隨機抽樣研究資料比較能解釋現實狀況，而且對於介入方案可能會產生的影響範圍也能夠導引出一個比較穩妥的結論。所以，假如你懷疑是因研究資料層級的隨機誤差來源所造成的巨大影響，那麼為了將這些變異來源列入考量，使用隨機效應模型是最適合的。探討基本社會過程——它們可能不會因為研究的背景脈絡而產生太大的變化（譬如，認知功能的測驗）——的研究人員則傾向偏好固定效應模型。Hedges 與 Vevea（1998, p. 3）提到，當研究目標「只是推論關於在這組被觀察的研究資料中效應值的參數（或者是除了與受試者的抽樣相關的不確定性之外，一組跟可觀察的研究資料完全相同的資料）」，固定效應誤差模型最為適用。在基本過程的研究資料中，這種推論可能就已經足夠，因為你做了超統計（extrastatistical）的假設，也就是說你所探討的相關性大部分對於其脈絡都不敏感。須進一步考量的是，在尋找調節因子時，假如違反其假設，那麼固定效應模型可能嚴重低估了誤差變異性，而隨機效應模型則可能嚴重高估了誤差變異性（Overton, 1998）。

由於這些矛盾衝突的考量，所以你也可以考慮同時使用兩種模型。尤其是，所有的分析都可以被執行兩次，一次使用固定效應假設，而一次使用隨機效應假設。根據所採用的假設所導致的結果差異可以併入你的研究發現的解讀與討論中。我在第七章將

回頭討論解讀固定效應和隨機效應誤差模型的問題。

　　欲計算平均效應值、信賴區間、同質性統計量，以及調解因子分析的隨機效應估計值非常複雜而且包含兩階段的過程，首先後設分析人員必須估計研究資料間的變異量，然後在這組研究資料以統計方法合併之前，這些估計值要先被加進每份研究資料的變異數中。因為這層複雜性，我在本章所提供的公式適用於固定效應模型。假如你對於計算隨機效應模型的操作過程感興趣，你可以在 Hedges 與 Olkin（1985）以及 Raudenbush（2009）的著作中找到答案。幸好，特別為後設分析所設計的統計套裝軟體以及比較一般的統計套裝軟體的巨集程式讓你可以同時使用固定效應和隨機效應假設來執行分析。

合併多元迴歸的斜率

　　到目前為止，合併及比較研究結果的步驟均假設效應的測量值是平均數、相關性或是勝算比之間的差異。不過，迴歸分析（regression analysis）在社會科學中是常被使用的技術，尤其是在許多變項都被用來預測單一準則的非實驗性研究中。與標準平均差或是相關係數類似的是，迴歸係數 b 或者標準迴歸係數 β 也是效應值的測量值。一般而言，後設分析人員對於 β 最感興趣，因為就像 d 指數和 r 指數一樣，當同一個概念變項的不同測量值被使用在不同研究資料中時，它會將效應估計值標準化。β 代表的是在一個標準化的預測變項中的變化，倘若在效標變項（criterion variable）中有一個標準單位改變，它就會控制其他所有的預測因子。

　　迴歸係數的後設分析因為種種原因執行不易。首先，關於使用未標準化的 b 加權值，這就像是使用原始分數差異作為效應測量值一般——通常各研究資料所使用的預測因子和成果的度量

單位都不相同。若直接將它們合併可能導致無法解讀的結果。這個問題可以利用 β 來解決，因為它是為某個特定預測因子以完全標準化的估計值所計算出來的斜率[3]。但是，通常各研究資料中使用多元迴歸而被包含在模型中的其他變項也各有不同（請參考稍早關於變異數的多重因素分析的討論）。每份研究資料可能在迴歸模型中包含了不同的預測因子，因此相關的預測因子斜率代表的是在每份研究資料中不同的局部關聯性（Becker & Wu, 2007）。舉例來說，在我們探討家庭作業與成績的後設分析中，我們發現許多研究進行了關於做家庭作業的時間與成績之間相關性的分析，它們都提出了 β 值。不過，每一份研究資料均以一個包含不同的外加變項的迴歸模型為基礎。這使得 β_s 是否應該被直接合併受到質疑。我們分別說明這些研究資料中的 β_s 以及各研究中 β 值的範圍，而不是將它們加以平均。這些數值都具有毋庸置疑的正向性，一般都是根據非常大的樣本計算而得，而且使用各種成績成果的測量值。正因如此，它們更加鞏固我們認為家庭作業對成績產生正向效應的主張，這些主張乃根據一些刻意操作家庭作業，並在單一有限的成果測量值（單元測驗分數）上檢驗其效應的小型研究而來。

　　當 (1) 各研究以類似的方式測量相關重要的成果與預測因子；(2) 各研究間在模型中的其他預測因子皆相同；(3) 預測因子與成果的分數有類似的分配時，迴歸斜率可以被直接合併（Becker, 2005）。這三個假設很少能夠全部符合；一般而言，各研究資料的測量值皆不同，而且迴歸模型也會因為它們所包含的外加變項而變化多端。

---

3 當只有成果不同時，半標準化（half-standardizing）是另一種計算類似斜率的方法（參見 Greenwald, Hedges, & Laine, 1996）。

同時或依序考量多重調節因子

當後設分析人員希望一次不只檢驗一個效應值的調節因子時，同質性統計量可能就會變得不可靠，而且難以解讀。Hedges 與 Olkin（1985）提出一個檢驗多重調節因子的方法。該模型使用同時或依序的同質性檢驗法。它排除了因某個調節因子所造成的效應值變異性，然後再從剩下的變異性中排除因為下一個調節因子所造成的其他變異。所以，舉例來說，在控制了學生的級別後，假如我們想要探討學生的性別是否會影響家庭作業對於成績所產生的效應，我們就會先檢驗級別作為一個調節因子，然後再檢驗學生的性別作為在每一個年級類別中的一個調節因子。

這個步驟常常難以應用，因為研究特性往往互有關聯，而且在類別中效應值的數目很快就會變小。例如，假設我們想要檢驗家庭作業對於成績的效應是否會受到學生的級別以及成績測量型式的影響。我們可能會發現這兩個研究特性往往相互混淆——以中學生為對象的研究較多使用標準化測驗，而以小學生為對象的研究較常使用班級成績，很少使用標準化測驗。假如有第三個變項加入混合變項中，那麼這個問題將會變得更難解。

最後，另一個同時或依序檢驗效應值的多重調節因子的統計方法稱為綜合迴歸（meta-regression）。如同其名稱所示，這個方法就是模擬多元迴歸的後設分析。在綜合迴歸中，效應值為效標變項，而研究特性就是預測因子（Hartung, Knapp, & Sinha, 2008）。當預測因子相互關聯時（研究統合資料中一個可能的特性），而且當資料點的數目（在綜合迴歸中的效應值）很小時，綜合迴歸也會出現多元迴歸在解讀分析結果時會遭遇的所有的問題。綜合迴歸在醫學領域中的應用比在社會科學中來得多。我猜想，當後設分析套裝軟體中也包含綜合迴歸時，社會科學家會對它更熟悉。

另一個處理研究特性交互相關性的方法就是先分別計算每個特性的同質性統計量，也就是重複 Q 統計量的計算。接下來，當有關效應值調節因子的結果被解讀時，後設分析人員也檢視了調節因子之間交互相關性的背景。如此一來，後設分析人員就能夠提醒讀者要小心可能被混淆的研究特性，並且在心中以這些關聯性做推論。舉例來說，我們在選擇對內在動機所產生之效應的後設分析中就依循這樣的步驟。我們發現提供選擇影響孩童內在動機的效應比影響成人的動機要來得更正向。但是我們也發現參與者的年齡與選擇實驗執行時的環境具有相關性；比起以孩童為對象的研究，以成人為對象的研究比較可能在傳統實驗室的環境中進行。這表示選擇對於孩童及成人的動機所產生的不同效應可能不是因為參與者的年齡，而是研究執行時的地點。

　　總之，當你在執行一項後設研究時，你必須做許多切合實際的決定，而且做這些判斷的準則並不如我們所期盼的那樣清楚。雖然很顯然地，在任何包含大量比較值的研究統合中，關於效應值變異性的正式分析是不可或缺的部分，但是也很顯然你在應用這些統計量而且在描述它們的應用方法時必須非常謹慎小心。

若干進階的後設分析技巧

模組化後設分析

　　目前所描述的後設分析統計步驟適用於統合來自於實驗性與描述性研究的雙變項關聯性。後設分析研究方法的學者們正努力將統計學的統合步驟擴充為較複雜的方法，以陳述變項之間的關聯性。稍早我討論過欲整合與包含在多元迴歸中的某個變項相關的效應值有其困難之處。但是萬一要研究的問題必須整合全部的迴

歸方程式的結果該怎麼辦？舉例來說，假如我們想要探討五個人格變項（或許是在五因素模型中）如何共同預測對性犯罪的態度？就這一點而言，我們會希望根據一組研究資料的結果，從一個後設分析中發展出一個迴歸方程式，或者可能是一個建構式方程式的模型。為了完成這項工作，我們必須整合的研究結果不是關於在我們感興趣的模型中變項之間的某個相關性，而是關於所有變項的整體相關性矩陣。構成多元迴歸模型的基礎正是這個相關性矩陣。用這個方法來完成這項工作仍在探索階段，就像後設分析人員也在探索使用它們時會面臨的問題一樣。舉例來說，我們能否針對矩陣中的每一個相關係數單純地進行個別的後設分析，然後使用所產生的矩陣來構成迴歸方程式呢？答案是「可能不行」。個別的相關性會以不同的參與者樣本為依據，而且使用它們來計算的迴歸分析可能產生無意義的結果，譬如在效標變項中解釋超過 100% 變異性的預測方程式。不過，也有將這些後設分析應用在複雜問題中的情況，結果獲得相當多有用的資訊。Becker（2009）針對模組化後設分析的前景與問題提出了一個深入的探討。

利用個別參與者資料的後設分析

欲合併獨立研究的結果最好用的方法就是從每個相關的比較值或是關聯性的估計值中取得可用的原始資料並加以整合（Cooper & Patall, 2009）。接下來，個別參與者的資料（IPD）就可以被放入新的初級資料分析中，該分析所使用的比較值所產生的資料被當作集區變項（blocking variable）。當已知 IPD 時，後設分析人員就可以：

1. 進行最初的資料蒐集者未執行的次群組分析。
2. 檢查原始研究中的資料。

3. 確認原始分析是否執行適當。

4. 增加新資料到資料組中。

5. 以具有較大影響力的調節效應值的變項來檢驗。

6. 檢驗組間與組內的調節變項。

很顯然的，欲整合 IPD 的情況很難達成。IPD 很少被收錄在研究報告中，而且想要從研究人員手上獲得原始資料的行動往往徒勞無功。假如檢索出 IPD，由於不同研究中使用不同的測量指標，也會限制了以統計方法合併研究結果的能力。同時因為要將資料集轉錄成類似的形式與內容，而使得採用 IPD 的後設分析所費不貲。所以採用 IPD 的後設分析不太可能在短時間內隨時就被前述的後設分析技術所取代。然而，IPD 的後設分析是一個吸引人的另類選擇，它在醫學文獻中獲得相當大的關注，而且當原始資料組更方便取得時，它可能會大受歡迎。

本章習題

研究發現	n_{i1}	n_{i2}	d_i
1	193	173	-.08
2	54	42	.35
3	120	160	.47
4	62	60	.00
5	70	84	.33
6	60	60	.41
7	72	72	-.28

1. 從這張表的研究發現來看，加權平均 d 指數為何？

2. 七份研究效應值具有同質性嗎？分別以徒手方式和使用電腦統計套裝軟體來計算出你的答案。

7

步驟六：
解讀實證資料

從累積的研究實證資料中，可以得出哪些結論？

- 遺漏的資料
- 統計敏感度分析
- 特殊性與概括性
- 因研究而產生與因統合而產生的實證資料
- 效應值的實質解讀
- 對一般讀者有意義的測量指標
- 結論

在研究統合中所發揮的主要功能：

摘要整理累積的研究實證資料之周延性、概括性及限制。

可能導致不同結論的步驟差異：

以下情況可能導致對於研究發現有不同的解讀：(1) 將研究結果列為「重要」的標準；(2) 對研究報告細節的重視。

在研究統合中解讀累積的實證資料時須思考的問題：

- 所進行的分析是否測試了研究結果受到統計假設過多的影響？假如是，這些分析能夠用來協助解讀實證資料嗎？
- 研究統合有無：(1) 討論實證資料庫裡遺漏資料的範圍；(2) 檢視統合研究發現的潛在影響？
- 研究統合有無討論統合研究發現之概括性與限制？
- 解讀統合結果時，統合研究人員是否在因研究而產生與因統合而產生的實證資料之間，做一適當的區分？
- 若是進行後設分析，統合研究人員是否：(1) 將效應強度與其他相關效應值相互比對和／或 (2) 就效應之顯著性提出實務上的解讀？

本章綱要

- 如何說明遺漏的資料。
- 統計敏感度分析。
- 研究發現的概括性與特殊性。
- 因研究而產生與因統合而產生的實證資料。
- 效應值的具體解讀。

　　欲適當解讀你的研究統合的結果，你必須：(1) 陳述你想要根據實證資料所做的主張；(2) 說明每一個主張根據哪些結果做成；(3) 清楚描述你必須提出的主張有哪些適當的條件限制。在本章裡，我將討論五個與如何解讀統合研究結果相關的重要議題：

1. 遺漏的資料對於結論的影響。
2. 你的結論對於資料的統計特性之假設發生改變有多大的敏感度。
3. 你能否將你的結論概推到不包含在研究資料中的人和環境中。
4. 結論是否根據因研究而產生或是因統合而產生的實證資料做成。
5. 效應值的具體解讀。

遺漏的資料

　　即使對於研究報告加以謹慎的規劃、檢索和編碼，遺漏的資料也可能會影響統合研究所做出來的結論。當資料呈現系統性的遺漏時，不僅你所蒐集到的實證資料的數量減少，就連你的研究結果的代表性也會降低。在第四章中，我討論過遺漏資料的問題，並建議當你在為研究資料編碼時遇到這類問題該如何處理。但是即使有這些評估遺漏資料的方法，也無法完全解決這個問題。我們無法擁有相同的機會來檢索每一篇研究資料，所以可能會有一些研究被你的資料組合完全遺漏。另外，在某些例子中，你所擁有的研究資料可能蒐集了關於研究成果的資料，而且也檢驗過資料的有效性，但是在報告中卻沒有提到它。這些完全遺漏的研究結果無法用第四章所說明的步驟來衡量。使這個問題更加嚴重的

是，在許多情況中，完全遺漏的資料高得不成比例，而這些資料
都與不具有統計顯著性的效應值有關。如此一來，它們在估計值
的分配中就會形成較小的效應值。這就表示你所找出的效應值可
能高估了母群體真正的量值。

不過，你並非無計可施。**你可以利用許多的圖表和統計方
法來評估是否有可能完全遺漏的資料，以及對於你的研究結果的
解讀具有何種意義，將以上至少一種方式應用在你的資料中會是
一個不錯的做法**。這些技術包括迴歸法，譬如等級相關性檢驗
（Rank Correlation Test, Begg & Mazumdar, 1994）。 我
們發現特別有用的一個方法是剪補法（trim-and-fill method,
Duval & Tweedie, 2000a, 2000b）。

雖然剪補法並不完美，但是它卻對遺漏的資料做了合理的
假定，在直覺上它是很吸引人且容易理解的。剪補法檢驗的是，
如果估計值對稱分配在平均數的兩側，那麼用在分析中的效應值
的分配是否與預測的分配一致。假如所觀察到的效應值的分配被
發現在某種程度上並不對稱——表示因為檢索上的限制或者是初
級研究人員方面的資料審查等緣故，而造成可能的效應值遺漏了
——這時剪補法就能用來估算遺漏的研究所包含的數值，如此便
能改善分配的對稱性。接下來，在估算完這些數值之後，就能讓
你估計資料審查對於所觀察到的平均數以及效應值變異的影響。
Duval（2005）在他的書中詳細介紹了如何執行剪補法分析。

在家庭作業後設分析中，我們利用我們找到的五個效應值對
於操控學生是否有家庭作業的研究資料進行剪補法。圖 7-1 以漏
斗圖（funnel plot）顯示分析的結果。你可以看到剪補法分析顯
示，如果效應值的分配真的對稱的話，那麼漏斗圖左邊遺漏了兩
篇研究。利用方法計算出這些數值可能是多少（在固定效應與隨
機效應模型之下），然後重新計算平均效應值和信賴區間。在本

以平均數中的標準差計算標準誤的漏斗圖

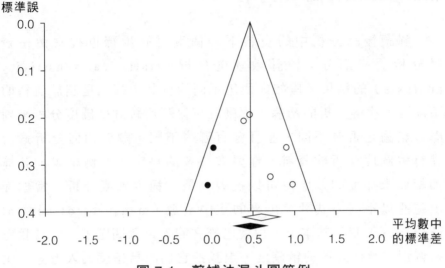

圖 7-1　剪補法漏斗圖範例

例中，重新計算家庭作業的平均效應後，得出一個較小的平均效應值（$d = .48$），不過仍具有高度的統計顯著性。因此，這個估計完全遺漏的效應值的方法讓我們對我們的結果更有信心，就算後來找到了遺漏的資料，也不會有太大幅度的改變。

　　無論你使用何種技術，**你都有義務討論每一篇研究報告遺漏了多少資料、你如何處理，以及為什麼你選擇以此種方式來處理遺漏的資料**。因此，當你在評估統合研究時，關於遺漏的資料，你要思考的一個重要問題是：

　　統合研究是否 (1) 討論了實證資料庫中遺漏資料的程度；
　　(2) 檢視了遺漏資料對於統合研究發現可能造成的影響？

🕐 統計敏感度分析

　　解讀後設分析中的資料下一個重要的步驟也被當做是資料分析的一部分：統計敏感度分析（statistical sensitivity analysis）的結果。假如你使用不同的統計步驟或是關於資料的不同假設獲得分析的結論，那麼就可以利用統計敏感度分析來判斷該結論是否會不同，並且會有哪些不同。關於如何分析適合進行敏感度分析的資料，你要做許多的決定。舉例來說，計算加權與未加權的效應值可以被視為是一種敏感度分析。當你提出這些以不同方式計算出來的集中量數（measures of central tendency）時，基本上，你就已經在回答這個問題了。「當我忽略個別效應估計值的精確度，跟我把它們的精確度列入考慮，兩種情況相較之下，我會對於平均效應值做出不同的結論嗎？」

　　你或許也可以考慮進行兩次分析，就像我們在探討學生花在家庭作業的時間數與成績之間關聯性的後設分析中所做的一樣，一次使用固定效應模型，一次使用隨機效應模型。我們不是選擇以單一模型來找誤差，而是選擇同時使用兩種模型來分析資料。藉由使用敏感度分析，根據我們使用哪一組關於誤差的假定而導致研究結果的差異，這也可以成為我們解讀結果的一部分。假如分析顯示，研究發現在固定效應的假設下呈現顯著，在隨機效應假設下卻否，那麼這個結果就表示研究發現只跟過往研究的發現有關，但是不見得與數量龐大的相仿研究可能的結果有關。舉例來說，我們發現在小學生做家庭作業的時間與成績之間存在一個很小但顯著的負面相關性，若使用固定效應模型呈現統計顯著性，但是使用隨機效應模型則未呈現統計顯著性。在家長回報做家庭作業時間的情況下，也出現了一組類似的關聯性結果。而且，我們也發現四個使用固定效應模型的調節變項產生顯著效應，其

中兩個使用隨機效應模型也呈現顯著性（在學生自己回報做家庭作業的時間而不是家長回報的情況下，中學生呈現的關聯性比小學生更強），但是另外兩個使用隨機效應模型的調節變項卻未呈現顯著（成果評量的類型與科目）。

　　每一次你在做敏感度分析時，你都在試圖判斷一個特定的研究發現在以不同組的統計假設所進行的各個分析之間是否夠強健。在解讀實證資料時，若研究發現使用不同的統計檢定或假設也不會導致結論有所改變，這就意味著可以對結論更有信心。**如果在不同的假設之下，研究結果產生改變，這表示當你在跟統合研究的使用者分享研究結果時，就必須提醒讀者或是提出不同的解讀**。因此，當你在評估統合研究中研究結果的解讀時，你要問的另一個問題是：

　　所進行的分析是否測試了研究結果受到統計假設過多的影響？假如是，這些分析能夠用來協助解讀實證資料嗎？

◕ 特殊性與概括性

　　研究統合就像所有的研究一樣，必須詳細說明目標參與者、計畫或是介入方案的類型、時機、環境以及成果。當你在解讀你的結果時，你必須評估每一個目標要素是否在實證資料庫中具有足夠的代表性。例如，若你想要宣稱提升老年人體能活動之計畫的效能，你必須注意是否含括了重要的目標群體或者參與者樣本中遺漏了他們。

　　如果被評估的樣本中的要素並非具有代表性的目標要素，即便它們是目標群眾、計畫、環境、時間或是成果，那麼主張所有關於研究發現概括性的可信度就會降低。因此，你可能發現，一

且你完成資料分析後，你必須重新說明你所包含的因素。舉例來說，假如在探討提升活動量之計畫的研究中，只包括有心臟病的老年人，那麼關於這些計畫之效能的主張要不是一定會被參與者的特定型態所限，就是在你的資料解讀中必須提供在所包含的參與者型態之外推論的理論基礎。

因此，你能否推論出有效的概括性乃受限於初級研究人員所抽樣的要素型態。不過，研究統合的概括性為討論帶來一些樂觀的希望。有很好的理由相信研究統合將會比各個初級研究與目標參與者、計畫、環境、時間與成果（或者是與更多這些目標對象中的次群體）更直接相關。累積的文獻可能包括以不同的特性在不同的時間、環境下使用不同的成果評量針對參與者與計畫所執行的研究。對於某些包含許多複製內容的主題而言，統合研究人員能接觸到的參與者和實驗環境可能比單一的初級研究更接近目標要素。例如，假如某些提升活動的計畫只包含心臟病患者，而其他則排除有心血管疾病的對象，那麼統合研究人員可以思考在這兩類參與者之間，計畫的效應是否相似或不同，如果是單一研究是無法回答這個問題的。

整合各研究間交互作用的研究結果

在解讀研究統合的結果時，有一個問題與概括性的問題有關，那就是解讀交互作用。往往，整合研究統合結果的交互作用並不像在每個研究中將效應值加以平均那麼簡單。圖 7-2 以兩個假設性研究的結果來說明這個問題，它們在比較家庭作業 vs. 在校學習對於學生從記憶中喚回學習內容的能力之影響。這兩個研究檢驗了兩個教學策略的效應是否會受到在教學發生與舉行記憶力測驗之間的延遲產生調節影響。在研究 1 中，比較了在介入方案實施後第一週和第八週，學生的記憶力。在研究 2 中，延遲的

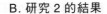

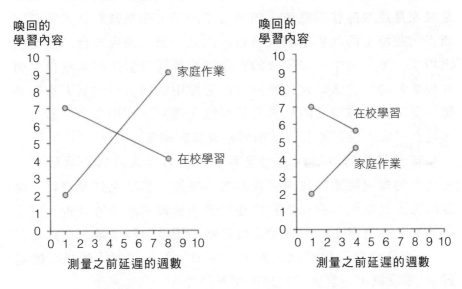

圖 7-2　比較家庭作業與在校學習對記憶力之影響的兩個假設性研
究的結果

時間間隔為第一週和第四週。研究 1 可能不會產生顯著的主效應，
不過評量間隔卻產生顯著的交互作用，但是研究 2 可能只會呈現
顯著的主效應。

　　假如你發現這兩篇研究，但是卻未檢視確切的資料類型，你
可能很容易就下結論說它們產生不一致的結果。然而，檢視這兩
張圖之後就會發現為什麼這可能不是適當的解讀。假如研究 2 的
測量延遲週數與研究 1 一樣的話，那麼研究 2 的結果與研究 1 的
結果很接近。請注意在研究 1 與研究 2 中兩個群組的線段斜率幾
乎一模一樣。

　　這個例子說明了統合研究人員不應該假設經由不同研究資料
所發現的不同交互作用的強度必定意味著不一致的結果。**統合研**

究人員必須檢視在不同研究中所使用的變項值的不同範圍，無論是被測量或被操作的數值。如果可能的話，你應該將結果繪製成圖表，並將不同的程度列入考量。如此一來，研究統合的優勢就出現了。雖然其中一篇研究的作者可能推論說當比較家庭作業與在校學習時，評量延遲週數對於從記憶中喚回資料的能力沒有影響，但是另一篇研究的作者可能推論此種交互作用存在，而另一名統合研究人員可能發現這兩個結果其實相當一致。

　　統合研究的這項好處也強調了初級研究人員對於其研究中所使用的變項範圍陳述詳細資料的重要性。若缺乏這類資料，統合研究人員便無法執行如我們在範例中所做的跨研究分析。假如在研究 1 與研究 2 中的研究人員忽略了要說明測量延遲週數的範圍——或許他們只說他們比較了「較短」的延遲與「較長」的延遲——那麼就不可能證明結果的可共量性。

　　我應該順便一提，變項值的範圍變化也可能造成雙變項關係或主效應關係的結果相矛盾。例如，假如研究 1 包含一週的記憶力評量，研究 2 四週，研究 3 八週，那麼三個研究就會有三個不同的結果。在這種情況下，我們會希望統合研究人員檢視調節變項的測量延遲週數，並顯示它對於研究結果的影響。我會在交互作用的例子中提到數值範圍的影響是因為在這種情況下，問題最不可能被發覺，而且就算發現了，也最難補救。

　　所以一般而言，當你在評估統合研究的解讀時，你要思考的下一個問題是：

　　研究統合有無討論統合研究發現之概括性與限制？

因研究而產生與因統合而產生的實證資料

在第二章，我強調研究統合可能包含關於研究問題或假設的兩個不同的實證資料來源。當單一研究中包含了直接檢驗關聯性的研究結果，那麼就會呈現因研究而產生的實證資料。因統合而產生的實證資料並非來自單一研究，但是從各研究間的步驟差異性而來。我注意到，因研究而產生的實證資料只有以實驗研究為基礎時，才能讓你做出關於因果關係的陳述。再回到此處的重點，我要強調的是**區分你的統合研究中的實證資料，哪些支持因果關係以及哪些不支持是適當解讀研究結果的一個重要面向**。因此，當你在評估統合研究中解讀實證資料時，你要思考的下一個重要的問題是：

> 解讀統合結果時，統合研究人員是否在因研究而產生與因統合而產生的實證資料之間，做一適當的區分？

效應值的實質解讀

在量化統合分析中，討論的功能之一就是解讀效應值，無論是群組差異或是相關性的強度。一旦你計算出效應值，你如何得知它們是大是小、有意義或是不重要？既然統計顯著性不能當做是一個參照基準——很小的效應可能呈現統計顯著性，而大的效應卻不顯著——所以必須建立一套規則來判斷一個特定效應強度的實際「價值」[1]。

---

1 這部分的討論包含了著者書中（2009）所提供的類似討論，惟經過些許修正。

關聯性的大小

　　為了有助於解讀效應值，社會科學家使用標籤來描述兩個變項之間的關係強度。Jacob Cohen 在他討論統計檢定力分析的著作（1977 年版）中最早提出以這種方式來解讀效應值的準則（Cohen, 1988 再版）。他提出一套數值作為小型、中型、大型效應的定義。Cohen 意識到對於「大型」、「小型」的判斷是相對的。為了判別大小，必須在兩個項目之間做比較，為可觀察的效應選擇對照因素有許多不同的規則可遵循。不過，有趣的是，Cohen 原本並未打算將他的標籤當作社會科學家進行實質解讀的準則。相反地，他意圖在規劃未來的研究時以他的規則來進行考驗力分析，目的截然不同。不過，既然這些規則經常被用來進行實質解讀，我們就應該看瞭解一下它們的特性。

　　Cohen 在定義強度的形容詞時，他比較了他在行為科學中所遇到的不同的平均效應值。他將小型的效應界定為 $d = .2$ 或 $r = .1$（同等量值），從他的經驗中得知，在人格心理學、社會心理學以及臨床心理學研究中所找到的數值都很典型。大型的效應，$d = .8$ 或 $r = .5$ 則比較可能在社會學、經濟學以及實驗心理學或是生理心理學中找到。中型效應，$d = .5$ 或 $r = .3$ 則落在上述兩者之間。根據 Cohen 的說法，在與所有的行為科學效應比較時，探討選擇對內在動機之影響的社會心理學家可能會將 $d = .2$ 的效應值解讀為小型，但是與社會心理學中其他所有的效應相比較時，則不相上下。

　　Cohen（1988）謹慎強調他的慣例「只有在沒有更好的基本原則來估計效應值」（p. 25）的情況下才被使用。今天，由於後設分析的效應估計值數量繁多，我們常常可以找到更相關的對照效應。所以，當你在解讀效應的強度時，使用跟你的研究主題比較接近的對照因素會比使用 Cohen 的參照基準能獲得更多的訊息。

舉例來說，我們在提升老年人體能活動的介入方案之後設分析中發現，這類介入方案的平均效應是 $d = .26$，意指平均而言，在後續活動中參與者的分數比非參與者的分數大約高出四分之一個標準差。若使用 Cohen 的準則，我們會將該效應標記為「小型」。不過，我們也可以使用其他的對照因素。這些可能來自其他後設分析，它們以完全不同的方式來提升老年人的活動量，譬如藥物治療。因此，欲解讀提升活動量的介入方案之效應，其中一個方法就是詢問它們是否顯示比其他類型的介入方案有較小或較大的效應。

此外，其他的後設分析可能有共同的處理方式，但是在成果評量方面卻不同。舉例來說，有些提升活動量的介入方案之研究可能會檢視參與者的生活品質評比，而不是後續的活動量。接下來，一個好的解讀將考量提升活動量的介入方案是否在後續活動上有較小或較大的效應，而不是考量可覺察的生活品質（當然，這些解讀型態可能發生在同一個研究統合的各研究結果中）。

當你發現後設分析與你的研究主題不太一致時，你或許可以找到雖然離題較遠但主題卻相關的後設分析概要，它仍然會比 Cohen 的參照基準更接近你的主題。例如，Lipsey 與 Wilson（1993）彙集了三百零二篇後設分析，範圍橫跨教育、心理衛生以及組織心理學。在教育學中，作者記載了一百八十一個平均效應值。中間的五分之一的範圍從 $d = .35$ 到 $d = .49$。前五分之一的效應估計值高於 $d = .70$，後五分之一則低於 $d = .20$。所以，在我們檢視家庭作業對於學生單元測驗分數之效應的實驗研究的後設分析中，我們得到一個大約為 $.60$ 的 d 指數。將該數值與 Lipsey 和 Wilson 的估計值相比較，我們可能會將家庭作業效應標示為「高於平均」。

與初級研究中所使用的研究方法相關的效應值也必須被解

讀。Cohen（1988）也認同這一點，他指出田野研究所期望的效應應該比實驗室研究小。此外，提供較密集的介入方案之研究（例如，較常與老年參與者面談）比另一個限定版的介入方案之研究更可能呈現大型效應，即使這兩個介入方案在類似的條件下接受檢驗同樣有效。或者從成果評量中消除更多誤差（或許是使用較可靠的測量）的研究應該會比容許成果受到外部影響的研究產生更大的效應。因此，當要做關於相對效應值的結論時，必須考量研究設計差異；在其他條件相同的情況下，我們可以期望較敏感的研究設計以及較少隨機誤差的測驗能夠顯示較大的效應值。

總之，選擇對照要素在解讀效應強度時至為重要。事實上，幾乎任何效應都可被視為大或小，端視所選擇的對照值而定。此外，對照因素常常隨著不同面向而改變，而不是它們所「估算」的操作變項或預測變項的影響。重點是：(1) 所選擇的對照因素要讓研究設計中已知會影響效應估計值的那些面向維持不變，而不是介入方案本身固有的面向，或是 (2) 當在解讀效應之間的對比時，考量研究設計的差異性。

使用形容詞來表達效應的「顯著性」

研究人員十分清楚「顯著效應」（significant effect）這個詞對於統計學家和一般大眾而言有不同涵義。對於那些計算社會科學統計數據的人而言，顯著效應一般是指容許拒絕虛無假設的研究可以有些微可能的誤差，通常是二十分之一。但是，對一般大眾而言，「顯著效應」的意義就不同了。在《新簡明牛津英語辭典》（*New Shorter Oxford English Dictionary*, 1993）中，「顯著」（significance）的第一條定義為「意義」，第二條是「重要結果」。大多數的研究人員瞭解在口語使用以及科學用法之間的差別，當他們在公開談話中使用「顯著效應」這個詞時，通常

是指重要、引人注目、意義重大，而不是以統計的概念在使用它。

所以這個問題變成，你何時可以使用「顯著」、「重要」、「引人注目」、「意義重大」（或是其反義詞）來描述效應值？至少有兩個機構將門檻設在 $d = .25$（Promising Practices Network, 2007; What Works Clearinghouse, 2007）。 相反地，在比較完心理教育學與醫學領域的的後設分析結果後，Lipsey 與 Wilson（1993）下結論說：「我們不能武斷地將統計上不算高的數值（即使是 0.10 或 0.20 的標準差）駁斥為明顯的不重要。」（p. 1199）。

你也可以評估你的統合研究使用者會給予所有的關聯性多少的評價？這類評估工作並不容易，你必須對顯著性做出切實的判斷。例如，與 Cohen 的參照基準以及其他的對照因素相比，老年人活動量的效應值 $d = .26$ 可能是「小型」的。另外，我們可能會主張這樣的進步轉換成相等的測量表示相當數量的老年人直到晚年都能維持健康（參見 Rosenthal, 1990，也有類似的論點）。可能也會有人主張介入方案的成本相較於生活滿意度的改變或甚至是參與者所省下的健康照護成本實在少之又少。Levin（2002）設計了一些基本規則為教育計畫執行這類成本效益分析。

關於課後輔導課程之效應的情況也類似，Kane（2004）解釋了效應的解讀也一定會受到我們對於介入方案或操作方式的效應具有合理預期所影響。Kane 對於課後輔導課程的價值評估讓他使用一個甚至低於 Lipsey 與 Wilson 所建議的門檻。他指出，全國的樣本顯示五年級生在春季時的測驗分數比他們在四年級春季時所測得的分數在閱讀方面高出三分之一個標準差，在數學方面則高出二分之一個標準差。這個效應是「在四年級期末和五年級期末發生在學生身上所有事件」（p. 3）的結果。考慮到這個效應，Kane 主張即使從經由課後輔導課程所能獲得的額外教學

中，期待一個 $d = .20$ 的效應值也不合理（Cohen 所定義的小型效應）。接著，他還主張若要對介入方案（譬如課後輔導課程）有更合理的期待，可藉由計算 (1) 一學年中學生花在這類計畫中的時間，或是 (2) 為抵消該計畫的成本，在往後的人生中需增加的收入。Kane 認為在兩種情況下，對於課後輔導課程的重要效應比較合理的期待是介於 $d = .05$ 和 $d = .07$ 之間。

因此，標示為顯著、重要或是意義重大的效應值的標準似乎也各不相同，而且也證實擬定這樣的標準所要求之效應的脈絡化與相對於其他效應而對某一效應值給予標記的脈絡化有些微不同。

使用形容詞來表達研究發現「被證實」和「有發展性」

另外兩個描述有關計畫評估之研究結果的辭彙近來獲得一些社會學家的注意：「被證實」和「有發展性」。舉例來說，發展性實務工作網絡（Promising Practices Network, PPN, 2007）要求一個計畫或是實務工作若要被標記為「被證實」，那麼相關證據必須符合以下標準：

1. 該計畫必須直接影響其中一個重要相關的指標。
2. 至少有一個成果被改變了 20%、$d = .25$ 或更高。
3. 至少有一個成果有重大的效應值，而且統計顯著性達 5% 的水準。
4. 研究設計利用一個具有說服力的比較組來確認計畫的影響力，包括使用隨機分配或是一些類實驗設計的研究。
5. 在介入方案組與比較組中，評估的樣本大小都超過 30 人。
6. 該報告可公開取得。

這些標準少到似乎只是在討論一個研究。

　　要宣稱任何事物透過研究「被證實」向來困難重重，就像大部分的科學哲學家接受「在任何統計水準下拒絕虛無假設並非證實任何特定的另一假設」的觀念一樣（Popper, 2002）。當然，對於另一假設有不同程度的不確定性，這要根據符合資料的其他解釋的數量和性質來決定。

　　PPN 接著又將「有發展性」定義如下：

1. 該計畫可能影響中間成果，有證據顯示它與其中一個重要指標相關。
2. 與成果相關的改變超過 1%。
3. 成果改變顯著，達到 10% 的水準。
4. 該研究有一個比較組，但是可能顯現出一些缺點；例如，這些群組在預先存在的變項上缺乏比較性，或者分析並沒有採用適當的統計控制。
5. 在計畫組與比較組中，樣本大小都超過 10 人。
6. 該報告可公開取得。

　　《新簡明牛津英語辭典》將「有發展性」（promising）定義為「結果可能變好；充滿成功的跡象；有希望的。」因此，如果我們假設會影響中介變項，並且使用較不理想的研究設計還是能讓我們抱持希望，認為這個做法將會在未來比較直接和嚴謹地檢驗介入方案的研究中產生正面結果，那麼 PPN 的定義與一般用法之間就會有些一致。不過，PPN 對於「被證實」和「有發展性」這兩個詞的定義也包含了計畫效應強度之意涵。所以，即使一個計畫測量了最重要的成果，並使用較嚴謹的設計，但是卻呈現出比 PPN 認為一個計畫「被證實」所需要的效應值還小（亦即，至少有一個成果被改變了 20%、$d = .25$ 或更高），那麼這個計畫似乎還是會被標記為「有發展性」。這種對於實證資料的可信度

以及效應強度的混淆可能偏離了我們對於「被證實」和「有發展性」之意義的日常理解。

研究人員應該提供標籤嗎？

Cohen（1988）提醒我們，用在效應值的強度標籤其實是武斷地選擇對照因素。為了滿足讀者需要，**最好的做法就是提出多重的對照因素，或許挑選一些對照因素，使得重要效應看似比較小，其他因素則看起來比較大**。搜尋「顯著性」的定義會發現到，相較而言，小型強度的效應可能並不重要。而且，比小型效應還更小的效應或許就是我們對於一些介入方案所保持的合理期望。試圖提供這類基準是很有勇氣的，而且至少不忘提醒你若未提供太多額外的脈絡給你的讀者，甚至是多重脈絡，就不要採用標記效應的方法。

再者，我懷疑定義像是「被證實」和「有發展性」這類詞語的做法——無論研究特性與結果的組合是否根據研究資料和參與者的數量、使用的研究設計、結果的統計顯著性、效應值等等不同的要素所構成，都將這類詞語與不同組合的研究特性與結果產生關聯。定義這些標籤的做法似乎注定總是會遇到瓶頸，導致人們對於哪些實證資料的組合可以證明這些標籤是否合理缺乏共識，而且或許最讓人關心的是，對於平常使用的字眼賦予深奧難懂的定義，使得人們無法將這些詞語與日常用語被理解的方式相連結。

🕐 對一般讀者有意義的測量指標

有一個方法可以讓你避免使用質化的標籤，那就是嘗試以對讀者有意義的測量指標陳述你的後設分析的量化結果。假如可以

做到這點，讀者應該能夠將他們自己的質化標籤應用在量化結果中，而且或許可以思考他們所採用的不同標籤的合適性。簡單地說，假如你可以清楚傳達「1 盎司」是由哪些因素所構成，那麼讀者應該可以判斷或是思考 8 盎司的杯子裝了 4 盎司的液體是半空還是半滿。接下來我要描述一些方法，將效應值的測量值轉化成有充分直觀意義的特定脈絡，一般讀者可以加以應用並思考不同標籤的合適性。

原始分數與常見的轉換分數

許多測量值都是一般人耳熟能詳的，即使沒有受過深厚的統計訓練的讀者也能心領神會。這些測量值包括一些原始形式的數值，譬如一個人的血壓。所以，如果你告訴你的讀者說提升老年人活動量的介入方案使得收縮壓降低 10 分，而舒張壓降低 5 分，那麼你不需要提供標籤，你的讀者或許就能夠將這個研究發現解讀為「重要」或「不重要」，即便你或許仍然想要陳述其他一些達到相同結果的介入方案之效應，以及一個比較性的成本效益分析。其他分數都是原始分數的常見轉換分數。舉例來說，智商（IQ）以及學術能力測驗（SAT）分數（譯註：SAT 為美國各大學申請入學的參考條件之一）。你可以陳述在這些常見的轉換分數因為受到介入方案的影響所產生的變化（例如，介入方案 X 使得 SAT 分數進步 50 分），而且你會相當確信一般大眾也能瞭解這個結果。

以原始分數和常見的轉換分數來陳述效應量的缺點之一就是**無法結合各種不同型態的測量值**。舉例來說，表示 SAT 分數變化的效應值無法直接與美國大學入學測驗（ACT）分數的變化相結合。因此，與每一種測量值相關的結果必須個別陳述。假如你認為保持這些成果之間的區別性很重要，那麼這不見得是件壞事，

即便所有的測量值都與同一個較廣泛的概念相關。如果你想要說明一個介入方案對於標準化成就測驗的普遍影響,那麼在你著手進行之前,就必須要先將這些效應值予以標準化。

標準平均差的轉化

在後設分析中最常使用的三個效應量測量指標——*d* 指數、*r* 指數,以及勝算比——就是標準化效應值的例子。不過,若未額外解釋就向一般讀者描述這些數值恐怕會讓許多人摸不著頭腦。

就標準化的標準差而言,我設計出兩種方式來為一般讀者說明 *d* 指數,如此將有助於解釋介入方案對於成績的影響(見 Cooper, 2007a)。這兩種方法都是以跟 *d* 指數相關的測量指標為基礎,Cohen(1988)稱其為 U_3。U_3 代表在平均數較低的群組中個體的百分比,該群組的分數比平均數較高的群組低了 50%。**表 7-1** 顯示 *d* 指數與 U_3 的對應值。因此,U_3 回答了這個問題:「平均數較高的群組的平均分數超越了平均數較低的群組的平均分數多少個百分比?」就以隨機分配的中學生群組為例,有一半的學生接受如何通過代數測驗的指導,另外一半則未接受指導。代數的單元結束測驗是主要的成果評量。如果研究發現 *d* 指數為 .30,那麼就會對應到 61.8% 的 U_3 值。這就表示接受學習技能指導的一般生(第 50 個百分位)在單元測驗中得分比 61.8% 沒有接受指導的學生要來得高。

但是我們沒必要停留在 U_3 這裡。U_3 仍然相當抽象,而且不見得比 *d* 指數更直觀。當學生成績以曲線來分等級時,U_3 也可以用來表示因介入方案而造成的成績變化。就這點而言,你必須一開始就設定分級曲線。在本例中,研究人員呈現方案效應的方式是證明只要某位一般生接受介入方案,該學生的分數就會改變。**圖 7-3** 呈現了這類分級曲線。該圖也說明了代數學習技能的假設

表 7-1 d 指數所對應的 U_3 效應量測量值

d	$U_3(\%)$
0	50.0
.1	54.0
.2	57.9
.3	61.8
.4	65.5
.5	69.1
.6	72.6
.7	75.8
.8	78.8
.9	81.6
1.0	84.1
1.1	86.4
1.2	88.5
1.3	90.3
1.4	91.9
1.5	93.3
1.6	94.5
1.7	95.5
1.8	96.4
1.9	97.1
2.0	97.7
2.2	98.6
2.4	99.2
2.6	99.5
2.8	99.7
3.0	99.9
3.2	99.9
3.4	[a]
3.6	[a]
3.8	[a]
4.0	[a]

註：*a.* > 99.9

資料來源：Cohen (1988, p.22). Copyright 1988 by Taylor & Francis Group LLC. Reprinted with permission.

性教學對於該名一般生的單元測驗成績會產生的效應（假如並未實施指導的話）。就如同**圖 7-3** 所示，該名一般生在學生接受學習技能指導的班級裡會獲得中間 C 的分數。假如該名學生是班上唯一獲得學習技能指導的學生（其他條件都不變），那麼介入方案可將該生成績提升到 C+，該落點就落在預設的曲線上。

配分曲線──在一個接受學習技能指導的班級中，代數測驗得到中間 C 分數的學生，如果在一個沒有其他學生接受指導的班級裡，分數會進步到 C+

	成績	分數的 %
當只有該名一般生獲得學習技能指導時，他／她的成績將會……	A	4
	A －	5
	B +	6.5
	B	7
	B －	8.5
到這裡	C +	11.5
從這裡	C	15
	C －	11.5
	D +	8.5
	D	7
	D －	6.5
	F +	5
	F	4

圖 7-3　假設性學習技巧介入方案的「配分曲線」

資料來源：Cooper (2009). Copyright 2008 by Blackwell Publishing. Reprinted with permission.

　　重要的是，你要向你的讀者指出你已提供了分數曲線，其他曲線可能或多或少會受到成果評量變化的影響。因此，**圖 7-3** 中所使用的分數曲線以今天的標準來看，可能會被認為非常嚴格；一般生得到 C，而只有 9% 的學生得到 A 或 A －。假如使用「較柔和」的曲線，那麼中間分數可能高於 C，而在曲線前半部的分

數的區別性就會降低。這個結果顯示分數因為學習技能指導的因素所產生的變化並不多。

為什麼為效應的強度和顯著性提供一個任意的分數曲線會比提供一個武斷的評判標準（譬如 Cohen 的形容詞）要來得好呢？首先，分數曲線測量指標相當清楚易懂。我們已知它所有的假設，而且也很容易呈現。大多數的讀者都熟悉它所有的數值。其次，因為讀者對它並不陌生，所以如果他們願意，也可以評估曲線的合適性並自行調整介入方案對於分數所產生的效應。最後，讀者並不需要特別的專業知識──亦即，瞭解其他的研究成果可能被用來當做評判標準──就能將研究發現轉化成他們認為更合理的其他曲線。

我第二次使用 U_3 是要避免在眾多分數曲線中擇一。它顯示一個學生的班級排名可能因為介入方案而改變。例如，假設一個介入方案是為隨機選取的九年級生群組提供一個一般學習技能的課程，而且成果評量是學生畢業時各科成績加權平均分數。再假設介入方案的效應同樣是 $d = .3$ 和 $U_3 = 61.8\%$。在這種條件下，假如該生是唯一獲得指導的學生，那麼原本在班級排名位於中間的他／她將會超越 11% 的學生（11 個百分點是介於第 50 個百分位和第 61.8 個百分位的學生之間全面性的差異）。**圖 7-4** 呈現出一個有 100 位學生的畢業班的結果。

這只是如何將標準化的效應量脈絡化以便向一般讀者傳遞較直觀意義的兩個例子。當應用在原本就適用配分曲線的成果評量上時，譬如班級測驗，分數曲線的轉換最有意義。不過，必須提供一個配分曲線是其使用上的缺點。在對於成績（如上述的各科成績加權平均分數）可產生普遍效應的中學介入方案的脈絡下，班級排名的轉換最有意義，而且班級排名之所以有意義是因為它會被當做大學錄取的參考。

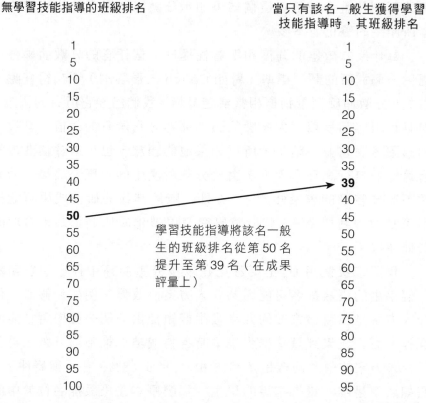

圖 7-4　由於學習技能指導而導致學生的班級排名產生假設性的變化

資料來源：Cooper (2009). Copyright 2008 by Blackwell Publishing. Reprinted with permission.

二項效應量陳列的轉換

Rosenthal 和 Rubin（1982）為二分成果中獨立介入方案的效應提供了一種轉換法，稱為二項效應量陳列的轉換（binomial effect size display, BESD）。他們建議其他效應量測量指標也可以採用這種方法。BESD 將 d 指數和 r 指數轉換成一個 2×2

的表格，假設其行與列的邊緣總數皆相等。Rosenthal 和 Rubin 在他們的例子中假定有 100 名參與者，兩項條件各有 50 名參與者，有五十個成果顯示介入方案成功，有五十個顯示失敗。他們證明 Cohen 提出 $d = .20$ 的較「小型」效應（相當於 $r = .1$，解釋了 1% 的變異）與成功率從 45% 增加至 55% 有關。舉例來說，有一個介入方案用來提升學生閱讀分數超越精熟的門檻，其效應量意味著在每一百個孩童中有超過 10 人符合最低要求。這應該是大多數的一般讀者都可以瞭解的測量指標。

BESD 並非無可批評（但在這個領域裡幾乎沒有），尤其因為它的邊緣數值的假定（Randolph & Shawn, 2005）。即便如此，當介入方案成果為二分時，BESD 似乎是直覺上最吸引人的效應表示法，如果可以獲取可觀察到的邊緣總數更是如此。事實上，當蒐集到這份資料時，BESD 就會簡化為原始分數結果的陳列。當它要求讀者在腦中將連續的成果評量轉換成二分成果時，在應用上會更困難。

包含兩項連續測量之效應的轉換

若要將兩個連續變項——加權以及 r 指數——之間的關聯性做轉換，則必須先瞭解原始量表以及預測因子和成果的標準差。有了這份資料，你就可以描述與增加接觸介入方案指定的數量相關之成果的改變。例如，假設一個預測因子變項是一個問題行為的孩童每週接受諮商的分鐘數，該變項的標準差為 30 分鐘。成果變項為學校的缺課數，其標準差為 4。兩者的測量都是橫跨全學年。在本例中，$-.50$ 的加權或是 r 指數就表示平均而言，在樣本中每週接受 30 分鐘諮商的學生，該年的缺課數就會少兩堂。

結論

　　因此，為了在做結論時也一併考量檢視遺漏資料之影響的分析以及做統計分析時會產生變化的假設，當我們在評估後設分析中的效應量的解讀時，應該要思考的下一個問題是：

　　若是進行後設分析，統合研究人員是否 (1) 將效應強度與其他相關效應值相互比對和／或 (2) 就效應之顯著性提出實務上的解讀？

　　完整詳盡的評估統合研究的概括性，而且你確信能從中獲得因果推論，也是你如何解讀一份統合研究的發現很重要的部分。

本章習題

找出兩篇探討相同主題但研究方法不同的初級研究報告，然後：

1. 計算每一篇報告中的效應值。

2. 相互比較兩者的效應值，將它們使用不同研究方法的影響列入考量。

3. 決定你是否要將效應值的強度列為：

　(1) 大型、中型或小型。

　(2) 重要或不重要。

4. 為你的決定提出合理解釋。

8

步驟七：
撰寫研究結果

在統合研究報告中應該包含哪些資料？

● 撰寫社會科學研究報告
● 後設分析報告撰寫標準

在研究統合中所發揮的主要功能：

找出該報告的讀者為評估該份統合研究必須瞭解的方法與結果面向。

可能導致不同結論的步驟差異：

撰寫報告的方式不同，可能會 (1) 讓讀者更相信或更不信服研究統合的結果；(2) 影響其他人複製研究結果的能力。

在撰寫統合研究方法與結果時須思考的問題：

研究統合的步驟與結果是否清楚且完整地被記錄建檔？

本章綱要

- 研究報告統合的格式。
- 如何在統合研究中呈現列表資料。

　　將你的筆記、列印資料以編碼表格轉譯成風格統一的公開文件來描述你的統合研究，對於累積知識而言，是一個意義深長的工具。你必須謹慎小心地在報告中描述你的統合研究，否則你卯足全力執行一個可靠且具有說服力的研究文獻的統整工作將會付諸東流。

撰寫社會科學研究報告

　　許多社會科學學門撰寫初級研究所使用的編纂準則都包含在美國心理協會的《出版手冊》(*Publication Manual*, 2001)中。

《出版手冊》對於報告的風格與格式解說地相當詳盡，書中甚至提供一些關於文法以及清楚表達概念的指引。本書告訴研究人員如何擬定一份論文原稿應該要有哪些主要的章節標題、當撰寫統計分析結果時會使用哪些慣例，以及其他許多準備撰寫報告的細節。不過，一份研究發現為何對讀者具有重要意義的評判著墨卻不多。要闡述一套放諸四海皆準的規則來定義結果的科學重要性是不太可能的。幸好，前一章提供給你一些指引，教你如何解讀你的統合研究中的研究發現。

 由於研究結果的整合愈來愈重要，有些人努力發展出撰寫研究統合的標準，尤其是包含後設分析的統合研究。至於哪些資料應該被納入後設分析的報告中，醫學研究領域的研究人員和統計人員提出四點建議。這些建議包括：QUOROM 敘述（後設分析報告的品質；Moher et al., 1999）及其修訂版、PRISMA（系統性回顧與後設分析較建議的書寫項目；Moher, Tetzlaff, Altman, & the PRISMA Group, 2008）、MOOSE（流行病學觀察研究的後設分析；Stroup et al., 2000）、波斯坦後設分析諮詢（Cook, Sackett, & Spitzer, 1995）。在社會科學領域中，美國心理協會的一支工作小組提出一套後設分析的報告撰寫標準，稱為 MARS（Meta-Analysis Reporting Standards; APA Publications and Communications Board Working Group on Journal Article Reporting Standards, 2008）[1]。首先，MARS 的建立是比較上述四套標準的內容，並擬定一份清單，列出包含在這些標準中的要素。第二，這張表單上的項目經過改寫，使用社會科學的讀者較熟悉的專有名詞。第三，工作團隊的成員加入一些他們自訂的項目。然後，這套項目送到統合研究方法學學會（Society for Research Synthesis

---

1 為了完全開誠布公，我應該提及我曾擔任該委員會之主席。

Methodology），請學會成員建議納入項目，或是刪除看似不必要的項目。最後，美國心理協會的出版與通訊委員會也對這些項目做出了回應。在收到這些回應後，工作小組製成包含在**表 8-1**中的推薦表。這些撰寫報告的準則對於社會科學的進展相當重要，因為它們促使後設分析在方法與結果的撰寫上更加完整清晰。接下來，我將提供更多有關於 MARS 的項目背景與細節。

後設分析報告撰寫標準

如**表 8-1** 所示，撰寫後設分析的格式已經進展到看起來有一點像是初級研究的報告，包含了緒論、方法部分、結果部分以及討論。假如一份統合研究並未包含後設分析，那麼**表 8-1** 仍然有許多良好的建言可用於準備一份報告，不過在方法與結果部分列出的許多項目可能是無關的。接下來，我將假定你的報告採用後設分析方法在描述統合研究的結果。

標題

如果你有執行後設分析 ，那麼在你的報告標題中包含「後設分析」一詞是很重要的，如果未執行後設分析，那麼「研究統合」、「研究回顧」或是相關名詞就很重要了。這些名詞清楚傳達了你的報告內容。而且，如果正在尋找探討相關主題之文獻的人們只對於尋找包含文獻摘要整理的論文感興趣的話，他們使用這些名詞就能在電腦化的參考資料庫中找到。假如你的標題並未包含這幾個詞，而且又只做標題搜尋的話，那麼你的報告將不會出現在搜尋結果中。所以，舉例來說，我們的標題「選擇對內在動機之影響以及相關成果之後設分析」即包含了對於有興趣尋找這類論文的人在搜尋中最可能使用的三個詞彙。

表 8-1　後設分析報告撰寫規格

論文章節與主題	說明
標題	1. 清楚呈現該報告在介紹統合研究而且包含了「後設分析」（如果有的話） 2. 附註經費來源
摘要	1. 欲探討的問題或關聯性 2. 研究資料篩選標準 3. 初級資料所包含的參與者類型 4. 後設分析方法（指出是否使用固定或任意的模式） 5. 主要的結果（包含比較重要的效應值以及這些效應值中的重要調節因子） 6. 結論（包括研究限制） 7. 理論、政策和／或實務上的意涵
緒論	清楚描述研究中的問題或關聯性： 1. 歷史背景 2. 與重要問題或關聯性相關的理論、政策和／或實務議題 3. 篩選與編碼研究結果潛在的調節因子與中介因子的理論基礎 4. 初級研究所使用的研究設計類型，描述其優缺點 5. 所使用的預測因子與成果評量，其心理測量特性 6. 問題或關聯性相關的母群體 7. 假設（如果有的話）
方法	
收錄和排除標準	1. 獨立（預測因子）變項和相依（成果）變項的操作特性 2. 合乎條件的參與者母群體 3. 合乎條件的研究設計特性（例如，只用隨機分配、樣本大小的最低底限） 4. 研究必須被執行的時間長度 5. 地理和／或文化限制
調節因子與 中介因子的分析	所有用來測試重要相關性的調節因子與中介因子的編碼類別之定義
檢索策略	1. 搜尋的參考資料庫和引文資料庫 2. 搜尋的檔案庫（包括未來可能使用的） 　(1) 使用關鍵字進入資料庫和檔案庫 　(2) 使用的搜尋軟體與版本

（續）表 8-1　後設分析報告撰寫規格

方法	
檢索策略	3. 研究必須被執行的時間長度（如果有的話） 4. 以其他方式檢索所有可獲得的研究資料，例如： 　(1) 詢問郵件論壇 　(2) 與作者連絡（以及如何挑選作者） 　(3) 檢視的研究報告參考書目清單 5. 英文以外的其他語言研究報告處理方式 6. 判斷研究資料合乎條件與否的過程 7. 檢視的報告面向（亦即，標題、摘要和／或全文）： 　(1) 相關性評判者的人數與素質 　(2) 共識程度的指標數字 　(3) 如何解決歧見 8. 未出版的研究的處理方式
編碼步驟	1. 編碼者的人數與素質（例如，在該領域的專業程度、接受的訓練） 2. 編碼者間的信度或共識 3. 每篇研究報告是否由一位以上的編碼者編寫，若是，如何解決歧見 4. 研究品質的評估： 　(1) 若有使用品質量表，請說明使用的標準以及步驟 　(2) 假如是為研究設計特性編碼，請列出 5. 如何處理遺漏的資料
統計方法	1. 效應值測量： 　(1) 效應值計算公式 　　（例如，平均數和標準差，使用單變量 F 值轉換成 r 值等） 　(2) 效應值的修正 　　（例如，小樣本偏差、非對等樣本大小的修正） 2. 效應值的平均和／或加權方法 3. 如何計算出效應值的信賴區間（或是標準誤） 4. 如何計算出效應值的可信度區間（如果有使用的話） 5. 若研究不只有一個效應值，該如何處理 6. 是否使用固定和／或任意的效應模式以及選擇該模式的理由 7. 如何評估和估算效應值的異質性 8. 如果重點是概念層次的關聯性，請說明測量結果的平均數與標準差

（續）表 8-1　後設分析報告撰寫規格

方法	
統計方法	9. 資料審查的檢測與調整（例如，出版偏誤、選擇性的書寫報告） 10. 統計離群值的檢驗 11. 後設分析的統計檢定力 12. 用來執行統計分析的統計程式或是套裝軟體
結果	1. 用來檢視相關性的引文數量 2. 包含在統合研究中的引文表 3. 符合許多項（但並非全部）的收錄標準但卻背後設分析排除的引文數量 4. 根據每個剔除標準而被排除的資料數量（例如無法被計算的效應值），請舉例說明 5. 將包含在研究中的每筆描述性資料製表，包含效應值與樣本大小 6. 研究品質的評估（如果有的話） 7. 表格與圖解的摘要整理 　(1) 資料庫整體的特性（例如有不同研究設計的研究數量） 　(2) 整體的效應估計值，包括不確定性的測量 　　（例如，信賴區間和／或可信度區間） 8. 調節因子與中介因子分析的結果（研究子集的分析） 　(1) 每個調節因子分析的研究數量與總樣本大小 　(2) 調節因子與中介因子的分析所使用的變項之間相互關係的評估 9. 偏誤評估，包含可能的資料審查
討論	1. 陳述主要的研究發現 2. 考慮可觀察的結果有無其他的解釋： 　資料審查的影響 3. 結論的概括性，例如 　(1) 相關的母群體 　(2) 實驗變項的變異 　(3) 相依變項（成果變項） 　(4) 研究設計等等 4. 一般的限制（包括收錄的研究資料品質的評估） 5. 理論、政策和／或實務上的意涵與解讀 6. 未來研究的參考方向

資料來源：APA Publications and Communications Board Working Group on Journal Article Roporting Standards (2008).

摘要

　　一份研究統合的摘要所依循的規則與初級研究的摘要相同。因為摘要篇幅短，你只能以一兩句話陳述問題、包含在後設分析中的研究資料類別、研究方法與結果，以及主要的結論。跟寫標題一樣，在寫摘要時，考慮到做文獻檢索的人們也很重要。記得要納入你認為對你的主題感興趣的檢索者在電腦上搜尋時可能會挑選的關鍵字。同時，要記住許多人只讀你的摘要，所以你必須告訴他們關於你的後設分析最重要的內容。

緒論部分

　　一篇研究統合的緒論是為接下來要上場的實證結果搭建舞台。緒論應該包含研究問題的概念性說明，以及問題重要性的陳述。在初級研究報告中，緒論通常篇幅不多。但是在統合研究中，緒論內容應該更加詳盡。你應該嘗試對研究問題做一個完整的概述，包括理論、實務以及方法學的演變。研究所含括的概念來自於哪裡？是根據理論而來的嗎──例如內在動機的觀念；或者是在實際的環境中得來──例如家庭作業的概念？有沒有跟這些概念的意義或效用相關的理論辯論？理論如何預測這些概念互有關聯？有沒有跟不同理論相矛盾的預測？不同的理論、學者或是實務工作者所建議的變項，有哪些可能影響關聯性的強度？

　　統合研究的緒論必須介紹研究問題的來龍去脈。尤其是當統合研究人員有意撰寫一篇後設研究時，一定要投注心力在與研究問題密切相關的研究品質與歷史演變的討論上。否則，你將會遭受批評，說你只是將數字算一算，卻忘了評估賦予實證資料意義的概念與背景的理論基礎。

　　一旦鋪陳了問題的背景，接下來緒論應該要描述你所發覺的

重要問題如何引導你決定執行後設分析的方式。你如何將理論、
實務和歷史演變的問題與辯論轉化成你所選擇要探究的調節變
項？有沒有關於研究如何被設計與執行的議題，這些在你的後設
分析中也有陳述嗎？

　　在研究統合的緒論中，你也應該討論前人針對同一主題所做
的整合工作。描述過去的統合研究應該要強調的是從這些整合工
作中學到什麼，並指出其中的前後矛盾之處以及方法學上的優缺
點。你的新整合工作的貢獻應該要將重點放在清楚陳述未解決的
實證問題以及你的新研究所處理的爭議上。

　　總之，研究統合的緒論應該要陳述與研究問題密切相關的理
論、概念和／或實務議題的完整概要。緒論中應該陳述主題領域
中仍須解決的爭議，這些就是新統合研究工作的重點。另外，緒
論中也應該描述之前的統合研究，它們的貢獻以及缺失，以及你
的統合研究有何創新與重要之處。

方法部分

　　方法部分的目的是描述研究執行的方式。統合研究的方法部
分與初級研究的方法部分差異甚大。MARS 建議後設分析的方法
部分必須處理五個問題組——收錄與排除標準、調節因子與中介
因子的分析、檢索策略、編碼步驟，以及統計方法。順序可以調
動，但是你應該考慮在報告中利用這些主題當做副標題。

■收錄與排除標準

　　方法部分應該處理的是由文獻檢索所發現的研究資料相關
性的標準。哪些研究特性被用來判斷某一特別的研究工作是否跟
研究主題相關？舉例來說，在選擇對內在動機之影響的統合研究
中，裡面所收錄的每篇研究資料必須符合三個標準：(1) 該研究

資料必須包含一個選擇的實驗操作（而非選擇的自然式測量）；
(2)該研究資料必須使用一個內在動機或是一個相關成果的測量，
譬如投注心力、工作表現、後續學習，或是可覺察的能力；(3)
該研究資料必須提出足夠的資料，讓我們能夠計算效應值。

　　接下來，你必須描述哪些研究特性會導致你的統合研究排除
這些研究資料，即使它們符合收錄的標準。你也應該陳述有多少
研究因為特定的原因而被排除。例如，選擇對內在動機之影響的
後設分析即排除了符合三個收錄標準，但卻未在美國或加拿大的
常態母群體中執行的研究。這個規則使得二個針對有學習障礙或
行為障礙的兒童所做的研究以及八個在北美以外地區執行的研究
被排除在外。

　　當讀者在檢視統合研究所採用的相關性研究時，他們就會批
判性地評估你的概念與操作過程如何相配合。關於某篇特定統合
研究的成果有相當多的討論可能將重點放在這些決策上。有些讀
者可能發現你的相關性標準太過廣泛——他們認為被納入的概念，
其操作型定義並不相關。當然，你可能預料到會有這些擔憂，且
使用有爭議的標準作為區分研究資料的分水嶺，並當作研究結果
的潛在調節因子來分析它們。有些讀者可能發現你的操作型定義
太過狹隘。舉例來說，有些讀者可能認為在我們的選擇與內在動
機統合研究中應該收錄來自北美以外國家的樣本。但是，我們所
持的理由是使用非北美樣本的研究非常少，而且只有少數國家能
作為代表。因此，我們認為即便收錄這些研究仍無法保證能夠將
我們的結論概推到住在北美以外的人們身上。調節因子分析可以
被用來判斷選擇的影響是否隨著不同國家的樣本而改變，但是我
們認為可以找到的研究太少，執行這類分析的可信度不高。不過，
這些排除的標準可能引導讀者去檢視被剔除的研究資料以判斷收
錄這些研究發現是否會影響統合研究的成果。

　　除了收錄與排除實證資料的一般描述外，這部分也很適合描述在初級研究中所發現的典型方法學。提出典型研究是描述常見研究方法的良好途徑。你可以選擇幾篇研究資料以證明該研究方法用在其他許多研究中，並描述這些調查研究特定的細節。在發現僅有一些研究資料相關的例子中，這個做法可能沒有必要──用在每個研究中的研究方法的說明可以與研究結果的描述相結合。在我們的家庭作業後設分析中，即採用這種方式來描述使用家庭作業實驗操作的少數研究資料的方法與結果。

■調節因子與中介因子的分析

　　跟收錄與排除標準類似的是，當你檢驗了作為研究結果的調節因子或中介因子後，你的描述讓讀者知道你定義了這些變項，尤其是你根據它們在這些變項方面的不同情況，決定在這些研究當中做區分的方式。所以，舉例來說，在選擇與內在動機的後設分析中將「每個選擇的選項數量」視為可能中介選擇效應的潛在變項。我們的方法學部分定義了這個變項，並告訴讀者我們將研究資料分成三類：每個選擇有 (1) 兩個選項；(2) 三到五個選項；(3) 超過五個選項。

■檢索策略

　　文獻檢索中所包含的資料來源、關鍵字以及年分等資訊可以讓讀者評估你的檢索的完整性，以及因此對於你的統合研究的結論可以產生多高的可信度。若說到嘗試複製，那麼當其他學者試圖理解為什麼探討同一主題但不同的統合研究會做出類似或相反的結論時，就會先檢視文獻檢索的描述。若能對於資料來源的選擇提供理論根據就更好了，尤其是關於如何利用不同的資料來源相互補強以降低研究樣本中的偏誤。

■編碼步驟

　　方法學的第三小節應該描述檢索資料的人員特性、用來訓練他們的步驟，以及如何評估該資料的可信度，還有這個評估所透露的訊息。在這裡討論如何處理遺失的資料也很重要。例如，在選擇與內在動機的後設分析中，我們計算出效應值以作為收錄標準。因此研究報告會被檢視，以判斷是否能夠在為其他資料編碼前就先從中計算出效應值。如果無法算出效應值，就無法繼續其他的編碼工作。在其他的後設分析中，估算的過程可以用來填補這些空白。對於其他遺漏的研究特性也是如此。舉例來說，假如一篇研究欠缺是否採用隨機分配的資料，那麼這篇研究會被視為未提供這類資料。其他時候，你可以發展出一個慣例：假如未提及是否使用隨機分配，那麼就假設該研究並未使用隨機分配。這幾個規則應該在你的報告中的這一小節加以說明。

　　你也可以在編碼部分描述你如何評判研究品質。在許多章節中都適合加入討論研究品質的資料，所以最好是放在能闡述地最清楚的地方。假如研究資料根據其研究設計或執行方式而被排除，那麼就要以其他的收錄與排除標準來說明。

■統計方法

　　在研究統合的方法學部分最後要說明的主題是用來執行研究結果量化分析的步驟和慣例。為什麼會選擇某個特定的效應值來測量，還有它是如何被計算出來的？哪些分析技巧被用來整合假設的各項檢驗的結果並檢視各項檢驗中研究發現的變異性？這個部分應該包含你所使用的每個步驟的選擇理由與慣例，並且應該說明每個選擇對於統合研究的成果會產生的預期影響為何。

　　本小節另一個要包含的重要主題是關於你如何找出獨立的研究發現（參考第四章）。你應該詳細闡明你用來判斷你認為獨立

或依存多重假設檢驗是否來自於相同的實驗室、報告或是研究資料的的標準。

結果部分

結果部分應該陳述文獻的摘要整理以及後設分析的研究發現。它也應該要陳述用來檢驗關於資料的各種假定之意涵的所有統合研究結果，譬如不同的誤差模型以及不同的遺漏資料形式。雖然統合研究的結果部分有相當大的程度會隨著研究主題與實證資料的本質而出現差異，但是 MARS 提供了一個陳述結果的良好策略。接下來，我花了一些篇幅來整理結果的陳述，還有一些關於如何以圖表展示你的研究發現的建議。其他關於後設分析的資料陳述之建議請參考 Borman 和 Grigg（2009）的著作。

■文獻檢索的結果

往往，統合研究人員會製作表格，列出所有包含在後設分析中的研究資料。這張表也會描述每篇研究中一些重要的特性。舉例來說，**表 8-2** 重現了我們用在家庭作業統合研究中的表格，來說明六篇採用實驗操作來檢驗家庭作業影響的研究。我們決定了在表中所要包含的最重要的資料，除了掛名首位的作者姓名以及研究報告發表的年分外，就是研究設計、研究裡所包含的班級數與學生數、學生的年級、家庭作業的科目、成就成果評量，以及效應值。幾乎所有這類表格都包括作者與年分、樣本大小，以及效應值的資訊，所以這是相當簡單的例子。有時候你想在表格中陳述的資料非常龐雜，若是如此，使用縮寫是個不錯的選擇。**表 8-3** 即為此類表格的範例，它是從我們探討選擇與內在動機的後設分析中複製而來。在這種情況下，我們採用一長篇附註來說明這些縮寫。

表 8-2　操控有家庭作業 vs. 無家庭作業條件之研究

作者 （年分）	研究設計	班級學生 ESS[a]	年級	科目	成就 評量類型	效應值
Finstad (1987)	無前測差異的不對等控制	2 39 5.2	2	數到100	由 Harcourt Brace Jovanvich 設計的單元測驗	＋.97
Foyle (1984)	1. 隨機挑選班級 2. 分析學生表現	6 131 15.8	9-12	美國歷史	由老師所設計的單元測驗	＋.46
Foyle (1990)	1. 隨機挑選班級 2. 分析學生表現	4 64 10.2	5	社會科	由老師所設計的單元測驗	＋.90
McGrath (1992)	1. 隨機挑選班級 2. 分析學生表現	3 94 8.0	12	莎士比亞	由 Harcourt Brace Jovanvich 設計的單元測驗	＋.39
Meloy (1987)	不順利的隨機分配，接著又有前測的不對等控制	5 70 12.6	3	英文能力	1. 由 McDougal Littell 設計的單元測驗	＋
		3 36 7.4	4		2. 愛荷華基本能力測驗語言分測驗（研究人員精簡版）	－
					3. 由 McDougal Littell 設計的單元測驗	＋
					4. 愛荷華基本能力測驗語言分測驗（研究人員精簡版）	－
Townsend (1995)	無等化的不對等控制	2 40 5.2	3	字彙	由老師所設計的單元測驗	＋.71

註：ESS 表示根據假設的 .35 組內相關所形成的有效樣本大小。

資料來源：Cooper, Robinson, and Patall (2006, p.18). Copyright 2006 by the American Educational Research Association. Reprinted with permission.

表 8-3　檢視選擇對內在動機之影響的精選實驗研究的特性

作者（年分）	文檔類型	樣本	選擇數量	選項	選擇類型	控制組類型	知道有其他選擇	設計	環境	獎賞狀況	成果	測量類型	效應值
Abrahams 1 (1988)	D	48aA	4SC	IND	IR	RAC	UAW	Y	TUL	NRW	FCTS	B	＋.90
											I/E/L	S	＋.84
											TP	B	＋.18
Abrahams 2 (1988)	D	42bA	4SC	IND	IR	RAC	UAW	Y	TUL	NRW	FCTS	B	＋.51
											I/E	S	＋.12
											WTE	S	＋.41
Amabile & Gitomer (1984)	J	28C	5MC	10	IR	NSOC	AW	Y	LNS	NRW	FCTS	B	＋.79
											CR	S	＋1.06
Bartleme (1983)	D	104A	8MC	IND	IR	RAC	UAW	Y	TUL	CLPSD	E/L	S	＋.07
											E/L	S	－.11
											E/L	S	＋.08
											WTE	S	－.16
											TP	B	－.05
											SL	B	－.22
		34A								NRW	E/L	S	＋.46
											E/L	S	－.53
											E/L	S	＋.15
											WTE	S	＋.10
											TP	B	＋.17
											SL	B	－.22
		70A								RWd	E/L	S	－.17
											E/L	S	－.05
											E/L	S	＋.10
											WTE	S	－.56
											TP	B	－.17
											SL	B	－.17
Becker (1997)	J	41A	1	2	IR	NSOC	UAW	M	NS	NRW	GIMe	S	＋.58
											TP	B	＋1.25

（續）表 8-3　檢視選擇對內在動機之影響的精選實驗研究的特性

註：D＝博士論文，J＝期刊文章，MT＝碩士論文，R＝研究報告，A＝成人，C＝兒童，MC＝從選單中複選，SC＝連選，IND＝不確定選項數，ACT＝活動選擇，V＝版本選擇，IR＝與教學相關的選擇，IIR＝與教學無關的選擇，CRW＝獎賞選擇，MX＝混合的，SOC＝其他重要的控制，NSOC＝其他不重要的控制，RAC＝隨機分配控制，DC＝拒選，SGC＝建議的選擇控制，SMC＝某一選擇控制，AW＝發覺有其他選擇，UAW＝未發覺有其他選擇，Y＝共軛的，M＝相符，NYM＝非共軛或相符，TUL＝傳統的大學實驗室，LNS＝在自然環境中的實驗室，NS＝自然環境，NRW＝無獎賞，RW＝獎賞，FCTS＝自由選擇所花費的時間，FCE＝參與活動的自由選擇，I＝興趣，E/L＝樂趣／嗜好，WTE＝願意再次參與任務，I/E/L＝興趣／樂趣／嗜好，GIM＝一般內在動機測量，CIM＝合併的內在動機測量，TP＝任務表現，EF＝努力，SL＝後續學習，CR＝創造力，PFC＝偏好挑戰，PC＝可察覺的選擇，P/T＝壓力／緊張，SF＝滿意度，B＝行為的，S＝自我回報，NA＝不適用，NR＝不清楚，VRD＝多樣的，CLPSD＝失效的狀況。對於有許多次群體的研究資料而言，次群體的效應值與所有次群體間失效的整體效應值均會出現。所有次群體間失效的整體效應值出現在每個包含多重次群體的研究中那排最上方。要注意的是，整體效應值並不等於取用次群體效應的平均值。這是因為整體效應值是利用原始論文的平均數、標準差、*t* 檢驗或 *F* 檢驗計算出來，而不是由次群體的各效應值平均而來。

資料來源：Patall, Cooper, and Robinson (2008, 281-286). Copyright 2008 by the American Psychological Association. Adapted with permission.

　　在某些例子中，你也可能想要提供一份表格來說明可能相關但是被排除的研究資料。MARS 將這些研究稱為「與多數但非全部的收錄標準相關的」研究。這張表看起來或許像**表 8-2** 或 **8-3**；它通常篇幅不長，而且包含了顯示相關性標準的欄位，或者至少有一欄用來解釋研究資料被排除的標準。

　　表 8-3 只包括實際表格中一小部分的研究。因為描述進入後設分析的研究資料的表格可能相當長，現在有期刊提供輔助網站，這些資料可以刊登在上面，而不是列於紙本論文中。在電子版的文章中，該表格可能分屬不同的網頁，但是與文章相連結，只要在研究報告中點擊一下，它們就會出現在另一視窗中。當你提交要出版的報告時，你應該要先確認是否包含了這些表格（附在報告中或為獨立的文件），當你的論文被接受時，你和編輯將決定以何種方式陳述你的研究結果最好。

　　評估研究品質。假如你要評估每份研究資料的品質，這部分也可以包含在上述的表格中。或者，如果評判很複雜，你可以考

慮另外用一個表來說明。例如，**表 5-3** 中的資料可以寫成另一張表，其中品質的程度顯示於欄位，品質的評比（**表 5-3** 中的「是」和「否」）則顯示於分屬每個研究的不同欄位中。

■文獻的總體敘述

　　有關文獻的一些總體敘述統計數據也應該要陳述。**表 8-4** 陳述了我們的家庭作業後設分析的一部分，內容顯示了測量學生做家庭作業的數量與學生成就之關聯性的總體研究結果。這個小節包含了下列因素：

1. 後設分析所包含的研究資料數量、效應值以及樣本數。
2. 描述在這些數字中造成差異的研究，亦即研究資料不只包括一個樣本和／或成果評量。
3. 研究報告出現的年分範圍[2]。
4. 在各研究中參與者的總人數，以及樣本大小的範圍、中位數、平均數以及變異數。
5. 檢驗在樣本大小中的統計離群值。
6. 因為 (1) 太多研究遺漏這項資料；(2) 各研究之間的變異量不足，所以無法當作調節因子來檢測的變項。
7. 正、負效應值的數量。
8. 效應值的範圍和中間效應值。
9. 未加權和加權的平均效應值，以及加權平均數的信賴區間。
10. 檢驗效應之間的統計離群值。
11. 遺漏資料的檢測結果，調整遺漏資料對於累積的結果會產生何種影響。

---

2 在性犯罪態度的個別差異的後設分析中，我們用一張圖表來解說探討性犯罪態度的報告出現的頻率，因為我們想要證明這個主題愈來愈受到關注。

表 8-4　彙整後設分析結果的文本總結範例

> 　　文獻檢索發現了三十二篇研究資料，目的都在說明學生花在家庭作業的時間（無論是學生或家長回報）與學業成就測量之間的相關性。這些資料如表 8 所示。這三十二篇研究報告根據三十五個各自獨立的學生樣本，陳述了六十九則個別的相關性。Cooper 等人（1998）陳述了八則相關性，依照學生或家長所回報花在家庭作業上的時間分離出小學生和中學生（兩個獨立樣本）在班級成績以及標準化測驗的效應。Drazen（1992）陳述了十二則相關性，內容是關於閱讀、數學以及多科的三項全國普查（三個獨立樣本）。Bents-Hill（1988）陳述了八個相關性，內容是關於班級成績與標準化成就測驗中的語言能力、數學、閱讀以及多重科目。Epstein（1988）、Olson（1988）和 Walker（2002）分別陳述兩個效應值，一個是關於數學，一個是閱讀。Fehrmann 等人（1992）、Wynn（1996），以及 Keith 和 Benson（1992）也分別陳述兩個效應值，一個是關於班級成績，一個關於成就測驗結果。Hendrix 等人（1990）陳述了三個相關性，一個是關於多重科目，一個是語言能力，還有一個是非語言能力。Mau 和 Lynn（2000）陳述了三個相關性，一個是關於數學，一個是閱讀，還有一個是科學。Singh 等人（2002）陳述了二個相關性，一個是關於數學，一個是科學。
>
> 　　這三十二篇研究報告於 1987 到 2004 年之間發表。樣本大小的範圍從 55 人到大約 58,000 人不等，樣本大小的中位數為 1,584 人，平均數 8,598 人，標準差為 12,856 人，為非常態分配。Grubbs 檢驗顯示，有一個顯著的離群值，$p < .05$。這個樣本在資料組中是最大的，由 Drazen（1992）陳述了六個相關性，資料取自 1980 年美國全國中學以上縱向研究。結果，我們以資料組中下一個最大的樣本大小來取代這六個樣本大小，即 28,051。調整過後的平均樣本大小為 7,742 人，標準差為 10,192。接下來我們提出一個測試結果，以說明這些樣本大小是否為統計離群值。
>
> 　　只有三個研究特別提到學生都是從常規教育班級中抽樣，其中有一個研究還包含了學習障礙學生（Deslandes, 1999）。其他研究並未提供學生成績或能力程度的資訊。有十七篇研究並未提供學生社經地位的資訊，有十一篇陳述樣本的社經地位為「混合」，有三篇描述樣本的社經地位為「中等」，一篇為「較低」。有十七篇研究並未描述樣本的性別組合，但是有十四篇提到樣本為男女皆有。只有一篇研究分別就男性和女性來陳述相關性。由於缺乏各類別間的報告或是變異，因此並無針對這些變項所進行的分析。
>
> 　　在這六十九則相關性中，五十則為正向，十九則為負向。全部三十五個樣本的平均未加權相關性（將每一個樣本中的多重相關性加以平均）為 $r = .14$，中位數為 $r = .17$，相關性範圍從 $-.25$ 到 .65。
>
> 　　使用固定誤差模型，加權平均相關性為 $r = .24$，95% 的信賴區間落在 .24 到 .25 之間。使用隨機誤差模型，加權平均相關性為 $r = .16$，95% 的信賴區間落在 .13 到 .19 之間。那麼很顯然地，家庭作業與成績之間的關聯性為 $r = 0$ 的假設在任何一種誤差模型之下都可能被拒絕。在相關性中並沒有顯著的離群值，所以全部都保留，作為進一步的分析之用。

（續）表 8-4　彙整後設分析結果的文本總結範例

> 　　我們用幾種不同的方式進行剪補法分析。當我們在分配圖的左側尋找可能遺漏的相關性（那些會使正相關減少的數值）時，我們進行這些分析來尋找不對稱性，並利用固定與隨機誤差模型來插補平均相關性，以及利用固定與隨機誤差模型來製作圖表（參見 Borenstein et al., 2005）。這些分析所得到的結果，無一與上述結果不同。若使用隨機誤差模型，有證據顯示三個效應量可能被遺漏，插補之後會將平均相關性降為 *r* = .23（95% *CI*= .22/.23）。所以這項分析的隨機誤差結果為 *r* = .14（95% *CI*= .11/.17）。

資料來源：Cooper, Robinson, and Patall (2006, p.29, 37, 40). Copyright 2006 by the American Educational Research Association. Adapted with permission.

　　你可能會考慮將一些這類的資料放在表格中，但是在家庭作業的例子中，我們覺得資料中有一些細微差異，還有解釋我們的選擇的理論根據可能都會在列表陳述時遺漏。

■以圖像陳述結果

　　要陳述你的後設分析結果，利用森林圖是一個好方法。**圖 8-1** 是我在第六章所使用的假設性後設分析結果的森林圖，用來解釋計算的運作方式（**表 6-5**）。本圖是以統計分析套裝軟體 Comprehensive Meta-Analysis 製 成（Borenstein, Hedges, Higgins, & Rothstein, 2005）。圖中的前三欄表示研究編號、它是屬於 A 組或是 B 組調節因子，及其總樣本大小[3]。接下來的三欄則是顯示每份研究資料的相關性以及該研究 95% 信賴區間的上、下限。Comprehensive Meta-Analysis 的程式也讓我在這張表中呈現其他的統計數據。本圖的森林圖位於右側。在森林圖中，以「盒鬚圖」（box and whiskers）的方式來呈現每一個相

---

3 假如是真正的後設分析，我會將研究編號換成是報告的首位掛名作者的姓名以及年分。

模式	研究名稱	以調節因子分組	每篇研究的統計數據				相關性及95% 的信賴區間
			總計	相關性	下限	上限	
	1.000	A	3505	0.06	0.03	0.09	
	2.000	A	3606	0.12	0.09	0.15	
	3.000	A	4157	0.22	0.19	0.25	
固定		A		0.14	0.12	0.16	
	4.000	B	1021	0.08	0.02	0.14	
	5.000	B		0.27	0.23	0.31	
	6.000	B	1955	0.26	0.25	0.28	
固定		B	12146	0.25	0.24	0.27	
固定		全部		0.20	0.19	0.22	

-0.35 -0.18 0.00 0.18 0.35

支持 A　　　　　支持 B

圖 8-1　第六章所執行的假設式後設分析森林圖

註：本圖使用 Comprehensive Meta-Analysis 第二版製成（Borenstein et al., 2005）。

關性。盒狀圖都集中在研究相關性的數值上。盒狀圖的大小與跟後設分析中其他研究相較之下的研究樣本大小成正比。而盒子兩側的鬚線長度則表示相關性的信賴區間。同時要注意的是，這張圖包含了 A 組與 B 組研究資料以及全組研究資料的加權平均相關性和信賴區間（本圖使用固定效應模型；也可以要求使用隨機效應模型）。在森林圖中，這些平均數是以菱形表示，而不是盒狀圖和鬚線[4]。這種圖用來陳述後設分析的結果愈來愈普遍。

　　另一個以圖表陳述效應值的好方法是莖葉圖。在一個簡單的莖葉圖中，每個效應值的二位數字的第一位被當作莖幹，它被放在一

---

4 圖 8-1 中的計算是根據 *r* 指數轉換成 *z* 分數，然後再轉換回 *r* 指數。因此，會跟**表 6-5** 的結果有些不同。

較低年級	莖幹	較高年級
5	+ .6	
	+ .3	00
6	+ .2	998665
1	+ .2	32200000
5	+ .1	877
1	+ .1	
	+ .0	4
689	− .0	38
1	− .1	
5	− .2	3

圖 8-2　做家庭作業的時間與成績之間相關性的分配會隨年級而改變

註：較低年級指一到六年級。較高年級指七到十二年級或是初中或高中生樣本。

資料來源：Cooper, Robinson, and Patall (2006, p.43). Copyright 2006 by the American Educational Research Association. Reprinted with permission.

條垂直線的左邊。二位數字的第二位被當作葉片，它被放在一條垂直線的右邊。同一個莖幹的效應值葉片會被放在同一條線上。

　　我們的家庭研究後設分析範例即使用了莖葉圖，所以我將它重製成**圖 8-2**。這是一個比較複雜一些的莖葉圖。在此，我們用這個圖來呈現三十三個研究的結果，用以探討學生回報每天晚上所做的家庭作業數量與他們的成就測量之間的相關性。莖幹是相關性的第一位數，也就是該圖的中間欄位。葉片為每個相關性的第二位數。在中間欄位的左邊，我們列出了十個我們所發現的相關性，這些數字是根據小學一到六年級學童的回答計算而得。在中間欄位的右邊，我們列出了二十三個根據第二個學校樣本計算而得的相關性。因此，在無損資料精確度的情況下，這張圖讓讀者看到三十三個相關性的輪廓與離散趨勢，而且也注意到相關性大部分都是正值。但是他們也可以目測得知相關性的程度與學生級別之間的關聯性。

一般而言，描述後設分析總體結果的部分應該要讓讀者對文獻有一個廣泛的量化概念。這樣應該可以與包含在緒論和方法部分的質性概念相輔相成。這部分應該要讓讀者對於包含在研究中的實驗對象類型、步驟以及環境有所概念。這個關於結果的小節是要讓讀者有機會自行評估與目標母群體相關的抽樣對象以及環境的代表性。同時，它也讓讀者對於與研究的主要假設相關的研究發現有一廣泛的概念。

■研究結果的調節因子之分析

　　另一個小節應該描述用來發現可能影響研究成果的研究特性之分析結果。對於每個被檢驗的調節變項而言，報告應該呈現研究特性是否與效應值的變化有統計顯著相關的結果。如果調節因子證實為顯著，那麼該報告應該提出每一個類別的研究之平均效應值以及信賴區間。例如，我們利用一張表來陳述我們搜尋選擇對內在動機影響的調節因子之結果。**表 8-5** 複製了這張表的一部分。要注意的是，研究發現的數字會跟我們所檢驗的每個調節變項有些微差異，因為我們使用了分析單位的轉換。

　　最後，描述調節因子與中介因子分析的部分應該要讓讀者對於效應值的不同預測因子之間的相互關係有所瞭解。因此，舉例來說，在我們探討選擇對內在動機影響的後設分析研究報告中，我們放了一張矩陣圖，說明每一對調節變項之間的相互關係。這些相互關係被用在結果討論中，以提醒讀者在我們的結果中可能發生的混淆。

　　總之，結果部分應該包含所涵蓋的文獻中整體的量化描述、說明關於研究主題的假設與關聯性的整體研究發現，以及尋找關聯性之調節因子與中介因子的成果。這也將為後續的實質討論奠定了基礎。

表 8-5 檢視選擇對內在動機之影響的調節因子分析結果表

調節因子	k	d	95% 的信賴區間		Q_b
			低估計值	高估計值	
出版類型					14.98**(4.04)*
已出版	28	.41**(.46)**	.33(0.31)	.48(.60)	
未出版	18	.20**(.26)**	.13(.14)	.28(.38)	
選擇類型					21.61**(5.63)
活動的選擇	11	.16**(.20)**	.06(.04)	.26(.35)	
版本的選擇	8	.27**(.26)**	.15(.06)	.38(.46)	
與教學無關	8	.59**(.61)**	.43(.29)	.74(.94)	
與教學相關	9	.24**(.33)**	.14(.14)	.34(.51)	
獎賞的選擇	3	.35**(.34)	.09(− .03)	.60(.71)	
每個選擇的選項數量					5.62⁺(3.29)
二個	10	.20**(.19)**	.10(.05)	.29(.33)	
三到五個	13	.38**(.43)**	.26(.16)	.50(.69)	
超過五個	18	.26**(.34)**	.18(.19)	.34(.49)	
選擇數量					32.01**(11.15)*
單一選擇	21	.21**(.23)**	.14(.12)	.28(.33)	
多重選擇	5	.18**(.25)	.04(− 0.2)	.31(.53)	
連續選擇	18	.54**(.58)**	.44(.40)	.64(.77)	
選擇數量					27.66**(10.28)**
單一選擇	21	.21**(.23)**	.14(.12)	.28(.33)	
二到四個選擇	12	.64**(.63)**	.48(.38)	.75(.88)	
超過五個選擇	12	.32**(.45)**	.22(.23)	.43(.66)	
獎賞					24.41**(12.16)**
無獎賞	40	.35**(.40)**	.29(.27)	.41(.52)	
內部獎賞引發選擇操作	5	.35**(.36)**	.16(.08)	.54(.64)	
外部獎賞引發選擇操作	5	− 0.1(− 0.2)	− .15(− .22)	.12(.18)	

註：括號內的數字為隨機效應 Q 值與點估計值。$+ p < .10$，$*p < .05$，$**p < .01$。

資料來源：Patall, Cooper, and Robinson (2008, p.289). Copyright 2008 by the American Psychological Research Association. Adapted with permission.

討論部分

研究統合的討論部分與初級研究中的討論具有相同的功能。討論至少包含五個要素。

第一，你的討論應該提出統合研究主要研究發現的摘要整理。篇幅不應太長，而且重點應該放在你將花時間解釋的研究結果上。

第二，你應該解釋主要的研究發現。解釋中應該要說明重要效應值的強度及其實質意義。這個工作包含了檢視與你在緒論中所做的預測相關的結果。而且，你必須檢視研究結果，看看它們對於在緒論中所呈現的理論以及理論辯論有何建議。

第三，你的討論應該考量關於你的資料還有哪些其他的解釋。通常，這些解釋至少包括考量下列三項因素可能的影響：(1) 遺漏資料；(2) 調節變項之間的相關性；(3) 後設分析所收錄的研究中源自方法學人為操作的問題。

第四，你必須檢視研究發現的概括性。你應該思考：(1) 來自所有相關的次母群體的參與者是否包含在你的後設分析資料庫的研究資料中；(2) 在獨立或是預測因子變項中以及相依或是成果變項中的重要變化是否在研究資料中具有（或不具有）代表性；(3) 用在個別研究中的研究設計以及你希望做出的推論之間的相符程度。

最後，你應該納入在未來的研究中必須被檢視的研究主題的討論。這些討論應該包括：在該統合研究中因為研究成果所引發新問題，以及因為含糊不清的統合研究結果或是缺乏初級研究而無法解決的舊問題。

一般而言，一份統合研究報告的討論部分目的是闡述研究發現的實質解釋、衡量研究發現的概括性、評估過去的爭議是否已經解決，以及建議未來的研究富有成效的方向。

　　我很少見到一份統合研究報告囊括了上述的每一部分，以及在 MARS 中所列出的每個要素。有時候這是可以理解的；因為所描述的文獻之性質，資料的相關性少之又少。有些時候，遺漏資料更令人憂心。讀者會懷疑該如何解釋研究結果，而且歸根究底，研究結果是否可信。因此，當你在考量做研究統合結果的報告時，你要思考一個很重要的問題：

　　研究統合的步驟和結果是否清楚且完整地被記錄建檔？

本章習題

找一份你感興趣的後設分析報告。當你在閱讀時，逐一核對該報告中所包含的 MARS 中的項目。哪些項目遺漏了？它們對於你如何解讀研究發現很重要嗎？如果是，這些遺漏的資料如何動搖你對於統合研究結論的信心？

9
結論：
影響研究統合
結論效度的因素

- 效度議題
- 可行性與成本
- 科學方法與失驗
- 研究統合過程中的創意
- 結語

本章將說明在研究統合的每個階段：

● 在該階段選擇與研究方法相關的一般效度問題。

● 影響效度的特定因素。

● 統合研究人員可以如何設法減少影響因素成為其結論中另一種合理解釋的機會。

● 執行研究統合的成本與可行性。

● 科學領域中失驗（disconfirmation）的重要性。

● 研究統合過程中的創意。

　　為了幫助讀者牢記在執行研究統合時，你所做的決定具有何種意涵，我將在本章提出在你的研究計畫的每個階段可能遇到的一些影響有效性的重要因素。我也摘要整理了一些你可以施作的實務工作，以減少這些影響因素。同時，還有幾個與研究統合相關的議題，所涉及的是在應用前幾章所闡述的準則時，較一般性和哲學性的考量。我簡單扼要地處理這些議題，以本章作為全書的結尾。

效度議題

　　我們回憶一下，Campbell 和 Stanley（1963）對初級研究所列出的效度影響因素清單，之後由 Bracht 和 Glass（1968），Campbell（1969），Cook 與 Campbell（1979），Shadish、Cook 和 Campbell（2002）將其擴充及重新整理。在研究統合領域中，影響效度的因素也同樣經過了擴充和重新整理。在 1984年，本書（Cooper, 1984）第一版即提出了影響效度的十一項因素。Matt 和 Cook（1994）將這份清單擴充為二十一項影響因素；

Shadish、Cook 和 Campbell（2002）又將該清單擴充為二十九項，接著 Matt 和 Cook（2009）又將這二十九項刪減為二十八項。這份影響因素的清單不只擴充又縮減，提出清單的人對於每個特定的影響因素可能相關聯的效度之一般類別（建構、內部、外部或統計），在解釋上也有所出入。這不是一件壞事，反而是好事。因為它凸顯了我們在此努力做的事即為實證的動力理論。如此說來，理論學者的意見相左是沒關係的。這是活力的表徵，而且也預示未來在思考方面將持續進步及精益求精。

　　在表 9-1 到表 9-7 中，我都提供了一份摘要，說明與研究統合的每個步驟相關的效度議題。在每一張表的最上方是與該步驟相關的效度影響因素的一般陳述。接下來，我列出從 Matt 和 Cook（2009，在 Shadish 等人於 2002 年的著作中也可找到）書中擷取對效度具有影響的特定因素，我嘗試將它們與七個步驟連成一氣。就像之前這些製表人對於要將這些影響因素放在不同的較大類別中時，意見分歧一樣，我確信其他人也會不同意我的分類（在最後的定案之前，我自行將幾個影響因素挪到不同的步驟中）。而且，我只將之前的製表者提出的影響因素，列出其中的二十四項。我發現有些影響因素在他們的考量中似乎有點多餘。

　　Matt 和 Cook（1994, 2009）和 Shadish 等人（2002）將一些在研究統合的發展過程中會出現的影響效度的因素編目，這些只是代表在初級研究中普遍存在之問題的延續。例如，在蒐集資料時，統合研究結論效度的兩個影響因素為：(1) 從研究報告中獲得的資料可能不支持關於因果關係的結論；(2) 在所涵蓋的研究中所抽樣的人們可能無法代表目標母群體。假如研究設計的特性出現在大部分所含括的研究中，那麼這顯示任何與某個特定的初級研究設計相關的影響因素也適用於統合研究的結論。因此，研究設計應該仔細檢驗，以作為研究結果的潛在調節變項。

擬定這些「構念關係網」（nomological nets）（Cronbach & Meehl, 1955）可能是你的統合研究最重要的貢獻之一。不過，假如某種類型的研究設計（以及參與者、環境及結果）並未包含在一個研究統合中，那麼與主要設計特色的缺點相關的影響因素也會影響統合研究的結論。

在**表 9-1** 到**表 9-7** 中最後一個項目總結了許多我在前幾章所提到的好方法。在這部分是要說明這個做法如何協助保護你的統合研究，不受上述的因素所影響。當你在規劃並執行計畫時，你可以利用這些表，再加上**表 1-3**（它列出了關於一個研究統合如何被執行的問題），作為摘要指引來協助你。

表 9-1　關於研究統合結論效度的問題：界定問題

一般的效度問題
構念（抽象及操作）和構念之間的關係界定不周，可能導致語意不清和／或將結果誤用在不相關的情況中
影響效度的特定因素
1. 初級研究（介入方案和／或措施）的不可靠性 　説明：假如個別的研究執行不力，便難以準確地界定其介入方案與結果。 2. 典型屬性的代表性不足 　説明：統合研究人員定義其概念的方式可能顯示較籠統的概述比實際用在研究中的操作更有必要
保護效度
1. 當你在做文獻檢索時，要時時記住最廣義的概念型定義。剛開始會有一些重要的操作變項，但是並不排除在文獻中仍會發現其他相關操作變項的可能性。當遇到操作變項的相關性有疑義時，很容易做出過度包容的決定，至少在你的研究計畫早期階段是如此 2. 當在檢索文獻時，重新評估你的概念型定義和你正在尋找的操作變項是否相符。依此方式調整概念型定義，如此便能正確反映出哪些操作變項應用在研究報告中 3. 為了補足概念型定義的廣度，你必須自始至終都留意研究特性的區別。只要是在初步分析時，任何關於研究結果中的某個差異與研究特性中的某個特質相關的提議都應獲得驗證

資料來源：影響效度的特定因素摘自 Shadish 等人（2002）和 Matt 與 Cook（2009）。

表 9-2 關於研究統合結論效度的問題：檢索文獻

一般的效度問題
由文獻檢索發現的研究報告可能方法與結果皆不同，因此可能導致對於累積的實證資料會有不正確的描述

影響效度的特定因素
發表偏差（publication bias） 說明：如果已發表的研究被用在後設分析中，那麼研究發現可能會高估了其中關聯性的 　　　強度

保護效度
1. 進行一次大規模的文獻檢索。完整的文獻檢索至少必須包含搜尋參考資料庫、熟讀相關期刊、在過去相關的初級研究與研究統合中檢視參考書目、並與相關重要的研究人員聯絡。檢索做得愈詳盡，你就會愈有信心地認為當另一名統合研究人員使用類似（但或許不是完全相同）的資料來源時，也會做出相同的結論 2. 如果有數據的話，列出可能的檢索偏差指數。例如，許多研究統合會檢視在已發表和未發表的研究報告中，其研究結果是否存在差異性

資料來源：影響效度的特定因素摘自 Shadish 等人（2002）和 Matt 與 Cook（2009）。

表 9-3 關於研究統合結論效度的問題：從研究報告蒐集資料

一般的效度問題
編碼者可能從研究報告中不正確地檢索出資料，因而在累積的分析中曲解了這些研究

影響效度的特定因素
1. 在後設分析中編碼的不可靠性 　　說明：不可靠的編碼可能削弱後設分析的效應估計值 2. 編碼標準不一 　　說明：編碼者會隨不同的研究而更改他們的編碼標準（因為實務效益、疲憊等等因素） 3. 偏頗的效應量抽樣 　　說明：只將一些看似相關的效應量編碼，而且這些效應量傾向支持某個方向的研究發現。

保護效度
1. 訓練與評鑑步驟的目的應該是要將從研究報告中檢索出來的資料不可靠性降至最低 2. 編碼者之間的共識應該要量化，訓練應該要持續，直到共識達到可接受的程度 3. 導致爭議或是信心不足的編碼應該由多方共同討論 4. 如果可能的話，應由一個以上的編碼者檢視每個研究

資料來源：影響效度的特定因素摘自 Shadish 等人（2002）和 Matt 與 Cook（2009）。

表 9-4　關於研究統合結論效度的問題：評估統合研究中各個研究及預期推論的方法與執行之間的一致性

一般的效度問題
1.在沒有實證資料支持的情況下便推斷因果關係
2.使用不合宜的因素來評估研究可能造成因偏見而排除某些研究，或是在累積的研究結果中不適當地偏重某些研究

影響效度的特定因素
1.缺乏成功隨機分配的研究
2.初級研究流失 說明：這兩個影響有效性的因素發生在每個研究中，所以研究統合人員也無計可施。假如這兩個問題出現在所有或大部分的研究中，那麼它們就會使得統合研究人員可能推論出實證資料不支持的因果關係
3.反應效應 說明：編碼者受到主要的研究調查人員的期望所影響

保護效度
1.盡力確保只有「先驗」（a priori）的概念和方法學的判斷會影響你的統合研究要收錄或排除哪些資料，而不是研究結果
2.假如研究報告受重視的程度不同，那麼你的衡量系統應該要明確且合理
3.用來分類研究方法的取向應該盡可能詳盡論述研究設計的特性。詳細描述每個設計跟研究結果相關的特性並說明分析的結果

資料來源：影響效度的特定因素摘自 Shadish 等人（2002）和 Matt 與 Cook（2009）。

🕐 可行性與成本

　　就時間和金錢的角度而言，若統合研究人員利用本書所闡述的準則進行一項計畫的話，會比採用較不嚴謹的方法執行統合研究要來得昂貴許多。因為需要更多人力的投入，因此必須給予他們所花費的時間有所報酬。況且，必須花較多時間和資源檢索文獻、擬定編碼架構、進行資料分析以及準備報告。

　　考量到這些成本，那麼一位資源有限但是想從事統合研究的

表 9-5　關於研究統合結論效度的問題：從各研究中摘要整理與整合實證資料

一般的效度問題
從各篇研究報告摘要整理與整合資料的規則可能不恰當，因而導致不正確的累積結果

影響效度的特定因素

1. 利用機會
   說明：後設分析人員能夠檢定許多關聯性。假如他們不視情況調整顯著水準，那麼他們可能會誇大研究發現似乎呈現統計顯著性
2. 在效應值之間缺乏統計獨立性
   說明：假如後設分析人員將非獨立的效應值當作獨立效應值來處理，那麼他們將高估其分析的準確性與效力
3. 無法衡量研究資料層級的效應值與其正確性成正比
   說明：未（以反轉抽樣誤差）衡量效應值的後設分析人員將導致平均效應估計值不準確
4. 不正確（低效力）的同質性檢定
   說明：後設分析人員可能會執行低統計效力的同質性檢定
5. 毫無理由地採用固定誤差的模型
   說明：當效應量的同質性顯示隨機效應的模型比較恰當時，後設分析人員卻可能採用固定誤差的模型

保護效度

關於統合研究人員針對其資料做出哪些假設才適當，端視在某個特殊問題領域以及研究統合的目的而定。因此，
1. 當你向讀者傳達你的結論和推論時，引導你的分析之假設須盡可能地明確
2. 決定你的統合研究要使用何種適當的分析單位應該根據統計學上的考量以及特定研究問題的性質而定。你所選擇的取向應該要詳細說明且合理
3. 如果有任何實證資料對你的解讀規則的效度產生影響，也應該要提出

資料來源：影響效度的特定因素摘自 Shadish 等人（2002）和 Matt 與 Cook（2009）。

研究人員應該要打退堂鼓嗎？當然不是；就像世上從來就沒有一個完美、無爭議的初級研究一樣，完美的統合研究也只是一個理想。我所提出的準則是衡量統合研究的參考標準，而不是一套硬性規定。事實上，你應該注意到我用來當作範例的統合研究中，

表 9-6 關於研究統合結論效度的問題：解讀累積的實證資料

一般的效度問題
1. 假如使用不同的統計假設，累積的結果可能也會不同
2. 遺漏資料可能導致結果跟資料齊全的情況不同
3. 在因果推論未明的情況下，統合研究所產生的實證資料可能被用來推論出調節變項具有因果效應
4. 累積的研究發現的概括性、廣度和／或重要性可能被扭曲

影響效度的特定因素
1. 在初級研究中遺漏的效應量 在計算效應量時產生偏誤（一定是從其他的統計中被估計出來的） 　說明：當有資料遺漏時，後設分析人員一定會忽略或大約估算效應量，而且這些概算的過程不一定正確無誤
2. 初級研究有限的範圍 　說明：假如在初級研究中，研究結果的範圍有限，那麼當這些結果被併入後設分析中時，將會減弱效應估計值
3. 調節變項混淆不清 　說明：當某個調節因子與其他調節因子相關時，後設分析人員即宣稱在該調節因子與效應量之間存在因果關係
4. 與載入後設分析的人、環境、介入方案、結果以及時間相關的抽樣偏誤 實質上無關的第三變項有限的異質性 　說明：以上兩個影響因素會發生是因為後設分析人員可能過度概括（overgeneralize），將不包含在研究樣本中的人、環境、介入方案、結果以及時間都囊括在內
5. 無法檢定效應量中的異質性 　說明：後設分析人員可能未檢定引起效應量中系統性變化的調節變項
6. 在同質性檢定中缺乏統計檢定力
7. 在研究分離的群組時缺乏統計檢定力 　說明：當後設分析人員 (1) 將研究的次群體的效應量加以平均，或是 (2) 在研究的次群體內檢測效應量中的差異時，他們可能沒有足夠的統計檢定力揭露重要的發現
8. 非相關性的有限異質性 　說明：當與重要的關聯性無關的研究屬性沒有足夠的變異時，產生了對於後設分析之研究發現的概括性造成影響的一項因素，意即後設分析人員無法檢定在許多情境變異中，該效應是否維持不變

保護效度
1. 當遇到不完整或有錯誤的研究報告時，須清楚說明你使用哪些慣例做法。
2. 盡可能利用需要不同假設的多重步驟來分析你的資料（你對於結果就會更有信心，不會因為根據不同的假設，在不同的分析之間就會產生變化）
3. 將用在各篇研究資料的各個樣本特性做摘要整理。要留意是否遺漏了可能限制概括性的重要遺漏樣本

資料來源：影響效度的特定因素摘自 Shadish 等人（2002）和 Matt 與 Cook（2009）。

表 9-7　　關於研究統合結論效度的問題：撰寫研究統合的方法與結果

一般的效度問題
在統合研究的步驟中，疏忽了關於可能影響效度的因素，可能會導致做出來的結論難以評估，而且難以複製
影響效度的特定因素
無
保護效度
當在撰寫報告時，採用**表 8-1** 所列出的「後設分析報告撰寫規格」（Meta-Analysis Reporting Standard, MARS）

資料來源：影響效度的特定因素摘自 Shadish 等人（2002）和 Matt 與 Cook（2009）。

有若干情況並未完全遵守我提的準則。你不需要把該準則當作是必須達到的絕對標準，反之，它是協助你讓流程更加精良的目標，直到你可以在嚴謹與可行性之間達到良好的平衡。

🕐 科學方法與失驗

　　雖然執行研究統合的實務面可能意味著研究調查人員必須勉強接受一個不太完美的產品，但是科學的完美典型仍然必須嚴格地應用在研究統合的過程中。在雜亂無章的統合研究步驟中可能會遺漏最重要的科學要素，即統合研究人員之前的信念可能會失驗。在大多數的情況下，第一手的研究人員在從事他們的研究時已經有所認知，其研究結果可能會改變他們的信念體系。藉由將科學方法延伸到研究統合中，我們也擴大了失驗的可能性。Ross 與 Lepper（1980）將此種狀況陳述地很貼切：

　　　我們都很清楚科學方法也會受到偏頗的同化作用、因果解

釋以及許多其他的惱人的事物所影響；科學家可能看不到
他們的資料中始料未及或是不適宜的解讀，有時候是故意
的，而且擁護自己的理論不遺餘力。……儘管如此，科學
方法往往負有提升人類理解自然與社會環境的責任。雖然
有所瑕疵，但它仍然是最好的方法，將我們從檢驗這些看
法的直觀信念和直觀方法中拯救出來（p. 33）。

研究統合過程中的創意

在本書之初，我提到反對研究統合使用科學準則的原因之
一就是該系統扼殺了創造力。提出該問題的評論家認為執行與報
告初級研究的規則對於創新思考是種「束縛」。我一點都不同意
這種說法。嚴謹的標準並不會生產出制式化和缺乏創意的統合研
究。你的專長和直覺將會利用機會或是創造機會去獲取、評估和
分析對你的問題領域別有意義的資料。我希望統合研究的範例說
明了採用科學方法的人所要面對的問題充滿多樣性與複雜性。科
學法則製造了這些挑戰，而不是解決它們。

結語

我一開始寫這本書時，原本設想研究統合是資料蒐集的訓
練，必須以非科學標準來評估。由於實證研究的發展，再加上獲
取資訊的管道愈來愈多，除非我們將過程系統化，並且讓它變得
更嚴謹，否則研究統合的結論也變得愈來愈不可信賴。我希望在
本書中所提出的概念和技術讓你相信對社會科學家而言，要求嚴
謹的統合研究是可行且值得期待的。這樣的規則更有可能營造學

者間的共識，並且當衝突確實存在時，也能專注在討論爭議的特定與可檢定的領域中。由於研究統合在我們的知識定義中扮演愈來愈重要的角色，假如社會科學家希望他們的主張保有客觀性，與那些尋求科學家的協助以解決社會問題的研究人員同樣具有可信度，並且增進我們對於社會學領域的瞭解的話，那麼在步驟方面的調整也就在所難免了。

參考書目

American Psychological Association. (2001). *Publication manual* (5th ed.). Washington, DC: Author.

American Psychological Association's Presidential Task Force on Evidence-Based Practice. (2006). Evidence-based practice in psychology. *American Psychologist, 61*, 271–283.

APA Publications and Communications Board Working Group on Journal Article Reporting Standards. (2008). Reporting standards for research in psychology: Why do we need them? What might they be? *American Psychologist, 63*, 839–851.

Anderson, K. B., Cooper, H., & Okamura, L. (1997). Individual differences and attitudes toward rape: A meta-analytic review. *Personality and Social Psychology Bulletin, 23*, 295–315.

Atkinson, D. R., Furlong, M. J., & Wampold, B. E. (1982). Statistical significance, reviewer evaluations, and the scientific process: Is there a (statistically) significant relationship? *Journal of Counseling Psychology, 29*, 189–194.

Barber, T. X. (1978). Expecting expectancy effects: Biased data analyses and failure to exclude alternative interpretations in experimenter expectancy research. *The Behavioral and Brain Sciences, 3*, 388–390.

Barnett, V., & Lewis, T. (1984). *Outliers in statistical data* (2nd ed.). New York: Wiley.

Becker, B. J. (2005, November). *Synthesizing slopes in meta-analysis.* Paper presented at the meeting on Research Synthesis and Meta-Analysis: State of the Art and Future Directions, Durham, NC.

Becker, B. J. (2009). Model-based meta-analysis. In H. Cooper, L. V. Hedges, & J. C. Valentine (Eds.), *The handbook of research synthesis and meta-analysis* (2nd ed., pp. 377–395). New York: Russell Sage Foundation.

Becker, B. J., & Wu, M. (2007). The synthesis of regression slopes in meta-analysis. *Statistical Science, 22*, 414–429.

Begg, C. B., & Berlin, J. A. (1988). Publication bias: A problem in interpreting medical research. *Journal of the Royal Statistical Society, Series A, 151*, 419–463.

Begg, C. B., & Mazumdar, M. (1994). Operating characteristics of a rank correlation test for publication bias. *Biometrics, 50*, 1088–1101.

Bem, D. J. (1967). Self-perception: An alternative interpretation of cognitive dissonance phenomena. *Psychological Review, 74*, 183–200.

Berlin, J. A., & Ghersi, D. (2005). Preventing publication bias: Registers and prospective meta-analysis. In H. R. Rothstein, A. J. Sutton, & M. Borenstein (Eds.), *Publication bias in meta-analysis: Prevention, assessment and adjustments* (pp. 35–48). West Sussex, England: John Wiley & Sons.

Borenstein, M. (2009). Effect sizes for studies with continuous data. In H. Cooper, L. V. Hedges, & J. C. Valentine (Eds.), *The handbook of research synthesis and meta-analysis* (2nd ed., pp. 221–352). New York: Russell Sage Foundation.

Borenstein, M., Hedges, L.V., Higgins J., & Rothstein, H. (2005). *Comprehensive meta-analysis, version 2*. Englewood, NJ: Biostat.

Borman, G. D., & Grigg, J. A. (2009). The visual and narrative interpretation of research synthesis. In H. Cooper, L. V. Hedges, & J. C. Valentine (Eds.), *The handbook of research synthesis and meta-analysis,*(2nd ed., pp. 497–519). New York: Russell Sage Foundation.

Boruch, R. F. (1997). *Randomized experiments for planning and evaluation*. Thousand Oaks, CA: Sage.

Bourque, L. B., & Clark, V. A. (1992). *Processing data*. Newbury Park, CA: Sage.

Bracht, G. H., & Glass, G. V. (1968). The external validity of experiments. *American Educational Research Journal, 5*, 437–474.

Bradley, J. V. (1981). Pernicious publication practices. *Bulletin of Psychonomic Society, 18*, 31–34.

Brown, S. P. (1996). A meta-analysis and review of organizational research on job involvement. *Psychological Bulletin, 120*, 235–255.

Bushman, B. J., & Wang, M. C. (1996). A procedure for combining sample standardized mean differences and vote counts to estimate the population standardized mean difference in fixed effects models. *Psychological Methods, 1*, 66–80.

Bushman, B. J., & Wang, M. C. (2009). Vote counting procedures in meta-analysis. In H. Cooper, L. V. Hedges, & J. C. Valentine (Eds.), *The handbook of research synthesis and meta-analysis* (2nd ed., pp. 207–220). New York: Russell Sage Foundation.

Campbell Collaboration. (2008). *Campbell Collaboration: What helps? What harms? Based on what evidence?* Retrieved February 13, 2008, from http://www.campbell collaboration.org/

Campbell, D. T. (1969). Reforms as experiments. *American Psychologist, 24*, 409–429.

Campbell, D. T., & Stanley, J. C. (1963). *Experimental and quasi-experimental designs for research*. Chicago: Rand McNally.

Carlson, M., & Miller, N. (1987). Explanation of the relation between negative mood and helping. *Psychological Bulletin, 102*, 91–108.

Chalmers, I., Hedges, L. V., & Cooper, H. (2002). A brief history of research synthesis. *Evaluation & the Health Professions, 25, 12–37.*

Coalition for Evidence–Based Policy. (2008). *Coalition for Evidence-Based Policy.* Retrieved February 13, 2008, from http://prod.ceg.rd.net/Programs/ProgramDetail .cfm?ItemNumber=9711&navItemNumber=9447

Cochrane Collaboration. (2008). *The Cochrane Collaboration: Reliable source of evidence in health care.* Retrieved February 13, 2008, from http://www.cochrane.org/ index.htm

Cohen, J. (1988). *Statistical power analysis for the behavior sciences* (2nd ed.). New York: Academic Press.

Cohen, J. (1994). The earth is round (p $<$ .05). *American Psychologist, 49*, 997–1003.

Conn, V. S., Valentine, J. C., & Cooper, H. (2002). Interventions to increase physical activity among aging adults: A meta-analysis. *Annals of Behavior Medicine, 24*, 190–200.

Cook, D. J., Sackett, D. L., & Spitzer, W. O. (1995). Methodologic guidelines for systematic reviews of randomized control trails in health care from the Potsdam consultation on meta-analysis. *Journal of Clinical Epidemiology, 48, 167–171.*

Cook, T. D., & Campbell, D. T. (1979). *Quasi-experimentation*. Chicago: Rand McNally.

Cook, T. D., Cooper, H., Cordray, D. S., Hartmann, H., Hedges, L. V., Light, R. J., et al. (1992). *Meta-analysis for explanation: A casebook*. New York: Russell Sage Foundation.

Cooper, H. (1982). Scientific guidelines for conducting integrative research reviews. *Review of Educational Research, 52*, 291–302.

Cooper, H. (1984). *The integrative research review: A systematic approach*. Newbury Park, CA: Sage.

Cooper, H. (1986). On the social psychology of using research reviews: The case of desegregation and black achievement. In R. Feldman (Ed.), *The social psychology of education* (pp. 341–364). Cambridge, England: Cambridge University Press.

Cooper, H. (1988). Organizing knowledge syntheses: A taxonomy of literature reviews. *Knowledge in Society, 1*, 104–126

Cooper, H. (1989). *Homework*. New York: Longman.

Cooper, H. (2006). Research questions and research designs. In P. A. Alexander, P. H. Winne, & G. Phye (Eds.), *Handbook of research in educational psychology* (2nd ed., pp. 849–877). Mahwah, NJ: Lawrence Erlbaum.

Cooper, H. (2007a). *Evaluating and interpreting research syntheses in adult learning and literacy*. Boston: National College Transition Network, New England Literacy Resource Center/World Education.

Cooper, H. (2007b). *The battle over homework: Common ground for administrators, teachers, and parents* (3rd ed.). Thousand Oaks, CA: Corwin Press.

Cooper, H. (2009). The search for meaningful ways to express the effects of interventions. *Child Development Perspectives, 2*, 181-186.

Cooper, H., Charlton, K., Valentine, J. C., & Muhlenbruck, L. (2000). *Making the most of summer school*. Malden, MA: Blackwell.

Cooper, H., DeNeve, K., & Charlton, K. (1997). Finding the missing science: The fate of studies submitted for review by a human subjects committee. *Psychological Methods, 2*, 447–452.

Cooper, H., Hedges, L. V., & Valentine J. C. (2009). *The handbook of research synthesis and meta-analysis* (2nd ed.). New York: Russell Sage Foundation.

Cooper, H., Jackson, K., Nye, B., & Lindsay, J. J. (2001). A model of homework's influence on the performance evaluations of elementary school students. *Journal of Experimental Education, 69*, 181–202.

Cooper, H., & Patall, E. A. (in press). The relative benefits of meta-analysis using individual participant data and aggregate data. *Psychological Methods*.

Cooper, H. M., Patall, E. A., & Lindsay, J. J. (2009). Research synthesis and meta-analysis. In L. Bickman and D. Rog (Eds.), *Applied social research methods handbook* (2nd ed., pp. 344–370). Thousand Oaks, CA: Sage.

Cooper, H., & Ribble, R. G. (1989). Influences on the outcome of literature searches for integrative research reviews. *Knowledge: Creation, Diffusion, Utilization, 10*, 179–201.

Cooper, H., Robinson, J. C., & Patall, E. A. (2006). Does homework improve academic achievement? A synthesis of research, 1987–2003. *Review of Educational Research, 76*, 1–62.

Cooper, H., & Rosenthal, R. (1980). Statistical versus traditional procedures for summarizing research findings. *Psychological Bulletin, 87*, 442–449.

Crane, D. (1969). Social structure in a group of scientists: A test of the "invisible college" hypothesis. *American Sociological Review, 34*, 335–352.

Cronbach, L. J., & Meehl, P. E., (1955). Construct validity in psychological tests. *Psychological Bulletin, 52*, 281–302.

Cuadra, C. A., & Katter, R. V. (1967). Opening the black box of relevance. *Journal of Documentation, 23*, 291–303.

Davidson, D. (1977). The effects of individual differences of cognitive style on judgments of document relevance. *Journal of the American Society for Information Science, 8*, 273–284.

Deci, E. L. (1980). *The psychology of self-determination*. Lexington, MA: Heath.

Dickerson, K. (2005). Publication bias: Recognizing the problem, understanding its origins and scope, and preventing harm. In H. R. Rothstein, A. J. Sutton, & M. Borenstein (Eds.). *Publication bias in meta-analysis: Prevention, assessment and adjustments* (pp. 11–33). West Sussex, England: John Wiley & Sons.

Duval, S. (2005). The trim-and-fill method. In H. R. Rothstein, A. J. Sutton, & M. Borenstein (Eds.), *Publication bias in meta-analysis: Prevention, assessment and adjustments* (pp. 127–144). Chichester, UK: John Wiley & Sons.

Duval, S., & Tweedie, R. (2000a). A nonparametric "trim and fill" method of accounting for publication bias in meta-analysis. *Journal of the American Statistical Association, 95*, 89–98.

Duval, S., & Tweedie, R. (2000b). Trim and fill: A simple funnel plot-based method of testing and adjusting for publication bias in meta-analysis. *Biometrics, 56*, 276–284.

Eddy, D. M., Hasselblad, V., & Schachter, R. (1992). *Meta-analysis by the confidence profile approach*. Boston: Academic Press.

Egger, M., Davey Smith, G., Schneider, M., & Minder, C. (1997). Bias in meta-analysis detected by a simple, graphical test. *British Medical Journal, 315*, 629–634.

Elmes, D. G., Kantowitz, B. H., & Roediger, H. L. (2005). *Research methods in psychology* (8th ed.). St. Paul, MN: West.

Eysenck, H. J. (1978). An exercise in mega-silliness. *American Psychologist, 33*, 517.

Feldman, K. A. (1971). Using the work of others: Some observations on reviewing and integrating. *Sociology of Education, 4*, 86–102.

Festinger, L., & Carlsmith, J. M. (1959). Cognitive consequences of forced compliance. *Journal of Abnormal and Social Psychology, 58*, 203–210.

Fisher, R. A. (1932). *Statistical methods for research workers*. London, England: Oliver & Boyd.

Fiske, D. W., & Fogg, L. (1990). But the reviewers are making different criticisms of my paper! *American Psychologist, 45*, 591–598.

Fleiss, J. L., & Berlin, J. A. (2009). Measures of effect size for categorical data. In H. Cooper, L.V. Hedges, & J. C. Valentine, *The handbook of research synthesis and meta-analysis* (2nd ed., pp. 237–253). New York: Russell Sage Foundation.

Fowler, F. J. (2002). *Survey research methods* (3rd ed.). Thousand Oaks, CA: Sage.

Garvey, W. D., & Griffith, B. C. (1971). Scientific communication: Its role in the conduct of research and creation of knowledge. *American Psychologist, 26*, 349–361.

Glass, G. V. (1976). Primary, secondary, and meta-analysis of research. *Educational Researcher, 5*, 3–8.

Glass, G. V. (1977). Integrating findings: The meta-analysis of research. In *Review of research in education, Vol. 5*. Itasca, IL: F. E. Peacock.

Glass, G. V., McGaw, B., & Smith, M. L. (1981). *Meta-analysis in social research*. Beverly Hills, CA: Sage.

Glass, G. V., & Smith, M. L. (1978). Reply to Eysenck. *American Psychologist, 33*, 517–518.

Glass, G. V., & Smith, M. L. (1979). Meta-analysis of research on the relationship of class size and achievement. *Educational Evaluation and Policy Analysis, 1*, 2–16.

Gleser, L. J., & Olkin, I. (2009). Stochastically dependent effect sizes. In H. Cooper, L. V. Hedges, & J. C. Valentine (Eds.), *The handbook of research synthesis and meta-analysis* (2nd ed., pp. 357–376). New York: Russell Sage Foundation.

Gottfredson, S. D. (1978). Evaluating psychological research reports. *American Psychologist, 33*, 920–934.

Graham, S. (1994). Motivation in African Americans. *Review of Educational Research, 64*, 55–117.

Greenberg, J., & Folger, R. (1988). *Controversial issues in social research methods*. New York: Springer-Verlag.

Greenwald, A. G. (1975). Consequences of prejudices against the null hypothesis. *Psychological Bulletin, 82*, 1–20.

Greenwald, R., Hedges, L. V., & Laine, R. (1996). The effects of school resources on student achievement. *Review of Educational Research, 66*, 411–416.

Grubbs, F. E. (1950). Sample criteria for testing outlying observations. *Journal of the American Statistical Association, 21*, 27–58.

Hall, L. D., & Romaniuk, B. (2008). *Gale directory of databases*. London: Gale Cengage.

Harris, M. J., & Rosenthal, R. (1985). Mediation of interpersonal expectancy effects: 31 meta-analyses. *Psychological Bulletin, 97*, 363–386.

Hartung, J., Knapp, G., & Sinha, B. K. (2008). *Statistical meta-analysis with applications*. Hoboken, NJ: Wiley.

Hedges, L. V. (1980). Unbiased estimation of effect size. *Evaluation in Education: An International Review Series, 4*, 25–27.

Hedges, L. V. (1982). Fitting categorical models to effect sizes from a series of experiments. *Journal of Educational Statistics, 7*(2), 119–137.

Hedges, L. V. (1994). Fixed effects models. In H. Cooper & L. V. Hedges (Eds.), *The handbook of research synthesis*. New York: Russell Sage Foundation.

Hedges, L. V., & Olkin, I. (1980). Vote-counting methods in research synthesis. *Psychological Bulletin, 88*, 359–369.

Hedges, L., & Olkin, I. (1985). *Statistical methods for meta-analysis*. Orlando: Academic Press.

Hedges, L. V. & Vevea, J. L. (1998). Fixed and random effects models in meta-analysis. *Psychological Methods, 3*, 486–504.

Hunt, M. (1997). *How science takes stock: The story of meta-analysis*. New York: Russell Sage Foundation.

Hunter, J. E., & Schmidt, F. L. (2004). *Methods of meta-analysis: Correcting error and bias in research findings*. Thousand Oaks, CA: Sage.

Hunter, J. E., Schmidt, F. L., & Hunter, R. (1979). Differential validity of employment tests by race: A comprehensive review and analysis. *Psychological Bulletin, 86*, 721–735.

Hunter, J. E., Schmidt, F. L., & Jackson, G. B. (1982). *Meta-analysis: Cumulating research findings across studies.* Beverly Hills, CA: Sage.

Jackson, G. B. (1980). Methods for integrative reviews. *Review of Educational Research, 50,* 438–460.

Johnson, B. T. (1993). DSTAT: Software for the meta-analytic synthesis of research [Book, update, and disc]. Hillsdale, NJ: Erlbaum.

Johnson, B. T., & Eagly, A. H. (2000). Quantitative synthesis of social psychological research. In H. T. Reis & C. M. Judd (Eds.), *Handbook of research methods in social and personality psychology* (pp. 496–528). New York: Cambridge University Press.

Jüni, P., Witshci, A., Bloch, R., & Egger, M. (1999). The hazards of scoring the quality of clinical trials for meta-analysis. *Journal of the American Medical Association, 282,* 1054–1060.

Justice, A. C., Berlin, J. A., Fletcher, S. W., & Fletcher, R. A. (1994). Do readers and peer reviewers agree on manuscript quality? *Journal of the American Medical Association, 272,* 117–119.

Kane, T. J. (2004). *The impact of after-school programs: Interpreting the results of four recent evaluations.* New York: William T. Grant Foundation.

Kazdin, A., Durac, J., & Agteros, T. (1979). Meta–meta analysis: A new method for evaluating therapy outcome. *Behavioral Research and Therapy, 17,* 397–399.

Kline, R. B. (1998). *Principles and practices of structural equation modeling.* New York: Guilford Press.

Kline, R. B. (2004). *Beyond significance testing: Reforming data analysis methods in behavioral research.* Washington, DC: American Psychological Association.

Levin, H. M. (2002). *Cost-effectiveness and educational policy.* Larchmont, NY: Eye on Education.

Light, R. J., & Pillemer, D. B. (1984). *Summing up: The science of reviewing research.* Cambridge, MA: Harvard University.

Light, R. J. & Smith, P. V. (1971). Accumulating evidence: Procedures for resolving contradictions among research studies. *Harvard Educational Review, 41,* 429–471.

Lipsey, M. W., & Wilson, D. B. (1993). The efficacy of psychological, educational, and behavioral treatment: Confirmation from meta-analysis. *American Psychologist, 48,* 1181–1209.

Lipsey, M. W., & Wilson, D. B. (2001). *Practical meta-analysis.* Thousand Oaks, CA: Sage.

Lord, C. G., Ross, L., & Lepper, M. R. (1979). Biased assimilation and attitude polarization: The effects of prior theories on subsequently considered evidence. *Journal of Personality and Social Psychology, 37,* 2098–2109.

Mahoney, M. J. (1977). Publication prejudices: An experimental study of confirmatory bias in the peer review system. *Cognitive Therapy and Research, 1,* 161–175.

Mann, T. (2005). *The Oxford guide to library research.* New York: Oxford University Press.

Mansfield, R. S., & Bussey, T. V. (1977). Meta-analysis of research: A rejoinder to Glass. *Educational Researcher, 6,* 3.

Marsh, H. W., & Ball, S. (1989). The peer review process used to evaluate manuscripts submitted to academic journals: Interjudgmental reliability. *Journal of Experimental Education, 57,* 151–170.

Matt, G. E., & Cook, T. D. (1994). Threats to the validity of research syntheses. In H. Cooper & L. V. Hedges (Eds.), *The handbook of research synthesis* (pp. 503–520). New York: Russell Sage Foundation.

Matt, G. E., & Cook, T. D. (2009). Threats to the validity of generalized inferences from research syntheses. In H. Cooper, L. V. Hedges, & J. C. Valentine (Eds.). *The handbook of research synthesis and meta–analysis* (pp. 537–560). New York: Russell Sage Foundation.

McGrath, J. B. (1992). Student and parental homework practices and the effect of English homework on student test scores. *Dissertation Abstracts International, 53*(10A), 3490. (UMI No. 9231359)

McPadden, K., & Rothstein, H. R. (2006, August). *Finding the missing papers: The fate of best paper proceedings.* Paper presented at AOM Conferences, Academy of Management Annual Meeting, Atlanta, GA.

Miller, N., Lee, J. Y., & Carlson, M. (1991). The validity of inferential judgments when used in theory-testing meta-analysis. *Personality and Social Psychology Bulletin, 17,* 335–343.

Moher, D., Cook, D. J., Eastwood, S., Olkin, I., Rennie, D., & Stroup, D., for the QUOROM group. (1999). Improving the quality of reporting of meta-analysis of randomized controlled trials: The QUOROM statement. *Lancet, 354,* 1896–1900.

Moher, D., Tetzlaff, J., Liberati, A., Altman, D. G., & the PRISMA Group. (2008). *Preferred reporting items for systematic reviews and meta-analysis: the PRISMA statement.* (Manuscript under review).

Mullen, B. (1989). *Advanced BASIC meta-analysis.* Hillsdale, NJ: Lawrence Erlbaum.

New shorter Oxford English dictionary. (1993). Oxford, England: Clarendon Press.

Noblit, G. W., & Hare, R. D. (1988). *Meta-ethnography: Synthesizing qualitative studies.* Newbury Park, CA: Sage.

Noether, G. (1971). *Introduction to statistics: A fresh approach.* Boston: Houghton Mifflin.

Nunnally, J. (1960). The place of statistics in psychology. *Education and Psychological Measurement, 20,* 641–650.

Olkin, I. (1990). History and goals. In K. Wachter & M. Straf (Eds.), *The future of meta-analysis.* New York: Russell Sage Foundation.

Orwin, R. G., & Vevea, J. L. (2009). Evaluating coding decisions. In H. Cooper, L. V. Hedges, & J. C. Valentine, *The handbook of research synthesis and meta-analysis* (2nd ed., pp. 177–203). New York: Russell Sage Foundation.

Overton, R. C. (1998). A comparison of fixed-effects and mixed (random-effects) models for meta–analysis tests of moderator variable effects. *Psychological Methods, 3,* 354–379.

Patall, E. A., Cooper, H., & Robinson, J. C. (2008). The effects of choice on intrinsic motivation and related outcomes: A meta-analysis of research findings. *Psychological Bulletin, 134*(2), 270–300.

Paterson, B. L., Thorne, S. E., Canam, C., & Jillings, C. (2001). *Meta-study of qualitative health research.* Thousand Oaks, CA: Sage.

Pearson, K. (1904). Report on certain enteric fever inoculation statistics. *British Medical Journal, 3,* 1243–1246.

Peek, P., & Pomerantz, J. (1998) Electronic scholarly journal publishing. In M. E. Williams (Ed.), *Annual review of information science and technology* (pp. 321–356). Medford, NJ: Information Today.

Peters, D. P., & Ceci, S. J. (1982). Peer-review practices of psychological journals: The fate of published articles, submitted again. *The Behavioral and Brain Sciences, 5*, 187255.

Pigott, T. D. (2009). Methods for handling missing data in research synthesis. In H. Cooper, L.V. Hedges, & J. C. Valentine (Eds.), *The handbook of research synthesis and meta-analysis* (2nd ed., pp. 399–416). New York: Russell Sage Foundation.

Pope, C., Mays, N., & Popay, J. (2007). *Synthesizing qualitative and quantitative health evidence: A guide to methods.* Berkshire, England: Open University Press.

Popper, K. (2002). *The logic of scientific discovery* (Routledge Classics). London, England: Routledge.

Price, D. (1965). Networks of scientific papers. *Science, 149,* 510–515.

Promising Practices Network (PPN). (2007). *How programs are considered.* Retrieved March 25, 2007, from http://www.promisingpractices.net/criteria.asp

Randolph, J. J., & Shawn, R. (2005). Using the binomial effect size display (BESD) to present the magnitude of effect sizes to the evaluation audiences. *Practical Assessment, Research & Evaluation, 10*(14), 1–7.

Raudenbush, S. W. (2009). Random effects models. In H. Cooper, L. V. Hedges, & J. C. Valentine (Eds.), *The handbook of research synthesis and meta-analysis* (2nd ed., pp. 295–315). New York: Russell Sage Foundation.

Reed, J. G., & Baxter, P. M. (2003). *Library use: A handbook for psychology* (3rd ed.). Washington, DC: American Psychological Association.

Reed, J. G., & Baxter, P. M. (2009). Using reference databases. In H. Cooper, L. V. Hedges, & J. C. Valentine (Eds.), *The handbook of research synthesis and meta-analysis.* New York: Russell Sage Foundation.

Roberts, H., & Petticrew, M. (2006). *Systematic reviews in the social sciences: A practical guide.* Oxford, UK: Blackwell Publishing.

Rosenthal, R. (1978). How often are our numbers wrong? *American Psychologist, 33*, 1005–1008.

Rosenthal, R. (1979a). The "file drawer problem" and tolerance for null results. *Psychological Bulletin, 86*, 638–641.

Rosenthal, R. (1982). Valid interpetation of quantitative research results. *New Directions for Methodology of Social and Behavioral Science, 12*, 59–75.

Rosenthal, R. (1984). *Meta-analytic procedures for social research.* Newbury Park, CA: Sage.

Rosenthal, R. (1990). How are we doing in soft psychology? *American Psychologist, 45*, 775–777.

Rosenthal, R., & Rubin, D. B. (1978). Interpersonal expectancy effects: The first 345 studies. *Behavioral and Brain Sciences, 3*, 377–386.

Rosenthal, R., & Rubin, D. (1982). A simple, general purpose display of magnitude of experimental effect. *Journal of Educational Psychology, 74*, 166–169.

Ross, L., & Lepper, M. R. (1980). The perseverance of beliefs: Empirical and normative considerations. *New Directions for Methodology of Social and Behavioral Science, 4*, 17–36.

SAS. (1992). *SAS* (Version 6) [Computer software]. Cary, NC: SAS Institute.

Scarr, S., & Weber, B. L. R. (1978). The reliability of reviews for the *American Psychologist. American Psychologist, 33*, 935.

Schram, C. M. (1989). *An examination of differential-photocopying*. Paper presented at the annual meeting of the American Educational Research Association, San Francisco.

Shadish, W. R., Cook, T. D., & Campbell, D. T. (2002). *Experimental and quasi-experimental designs for generalized causal inference*. Boston: Houghton Mifflin.

Shadish, W. R., & Haddock, K. (2009). Combining estimates of effect sizes. In H. Cooper, L. V. Hedges, & J. C. Valentine (Eds.), *The handbook of research synthesis and meta-analysis* (2nd ed., pp. 257–277). New York: Russell Sage Foundation.

Shadish, W. R., & Rindskopf, D. M. (2007). Methods for evidence-based practice: Quantitative synthesis of single-subject designs. *New Directions for Evaluation, 113,* 95–109.

Smith, M. L., & Glass, G. V. (1977). Meta-analysis of psychotherapy outcome studies. *American Psychologist, 32,* 752–760.

SPSS. (1990). *SPSS* [Computer software]. Chicago: SPSS.

Stock, W. A., Okun, M. A., Haring, M. J., Miller, W., & Kinney, C. (1982). Rigor and data synthesis: A case study of reliability in meta-analysis. *Educational Researcher, 11*(6), 10–14.

Stroup, D. F., Berlin, J. A., Morton, S. C., Olkin, I., Williamson, G. D., Rennie, D., et al. (2000). Meta-analysis of observational studies in epidemiology. *Journal of the American Medical Association, 283,* 2008–2012.

Sutton, A. J., Abrams, K. R., Jones, D. R., Sheldon, T. A., & Song, F. (2000) *Methods for meta-analysis in medical research*. Chichester, England: John Wiley & Sons.

Taveggia, T.C. (1974). Resolving research controversy through empirical cumulation. *Sociological Methods and Research, 2,* 395–407.

Valentine, J. C., & Cooper, H. (2008). A systematic and transparent approach for assessing the methodological quality of intervention effectiveness research: The study design and implementation assessment device (Study DIAD). *Psychological Methods, 13,* 130–149.

Wachter, K. W., & Straf, M. L. (Eds.). (1990). *The future of meta-analysis*. New York: Russell Sage Foundation.

Wang, M. C., & Bushman, B. J. (1999). *A step-by-step approach to using the SAS system for meta-analysis*. Cary NC: SAS Institute.

Webb, E. J., Campbell, D. T., Schwartz, R. D., Sechrest, L., & Grove, J. B. (1981). *Nonreactive measures in the social sciences*. Boston: Houghton Mifflin.

What Works Clearinghouse (2007). *Review process: Standards*. Retrieved February 26, 2007, from http://ies.ed.gov/ncee/wwc/references/standards/

Wilson, D. B. (2009). Systematic coding for research synthesis. In H. Cooper, L. V. Hedges, & J. C. Valentine, *The handbook of research synthesis and meta-analysis* (2nd ed., pp. 159–176). New York: Russell Sage Foundation.

Xhignesse, L. V., & Osgood, C. (1967). Bibliographical citation characteristics of the psychological journal network in 1950 and 1960. *American Psychologist, 22,* 779–791.

Xu, J., & Corno, L. (1998). Case studies of families doing third grade homework. *Teachers College Record, 100,* 402–436.

Younger, M., & Warrington, M. (1996). Differential achievement of girls and boys at GCSE: Some observations from the perspective of one school. *British Journal of Sociology of Education, 17*(3), 299–313.

國家圖書館出版品預行編目（CIP）資料

研究統合與後設分析 / Harris Cooper 著 ; 張明玲譯.
-- 四版 . -- 新北市：揚智文化, 2013.09
　　面；　公分
　　譯自：Research synthesis and meta-analysis : a
step-by-step approach, 4th ed.
　　ISBN　978-986-298-111-5（平裝）

1. 社會科學　2. 研究方法　3. 後設分析

501.2　　　　　　　　　　　　　　　　102017008

社會叢書

研究統合與後設分析（第四版）

作　　者：Harris Cooper
譯　　者：張明玲
出 版 者：揚智文化事業股份有限公司
發 行 人：葉忠賢
總 編 輯：馬琦涵
編　　輯：吳韻如
內頁設計：稜鏡圖文映像
封面設計：觀點設計
地　　址：222 新北市深坑區北深路 3 段 260 號 8 樓
電　　話：(02)8662-6826
傳　　真：(02)2664-7633
E - m a i l：service@ycrc.com.tw
網　　址：http://www.ycrc.com.tw
印　　刷：鼎易印刷事業股份有限公司
I S B N：978-986-298-111-5
四版一刷：2013 年 9 月
定　　價：新台幣 350 元

English language edition published by SAGE Publications Inc.,
A SAGE Publications Company of Thousand Oaks, London,
New Delhi, Singapore and Washington D.C., © 2010 by SAGE
Publications, Inc.

＊本書如有缺頁、破損、裝訂錯誤，請寄回更換＊